KB107687

Mastering Apache Spark

마스터링 아파치 스파크

마이크 프램톤 지음 | 정기훈 옮김

Korean edition copyright ⓒ 2016 by IPG publishing Co. All rights reserved.

Copyright ⓒ Packt Publishing 2015.
First published in the English language under the title
'Mastering Apache Spark (9781783987146)'

이 책은 Packt Publishing과 정보문화사가 정식 계약하여 번역한 책입니다. 저작권법에 의해 한국 내에서 보호를 받는
저작물로 무단 전재와 복제를 금합니다.

Mastering
Apache Spark

초판 1 쇄 인쇄 | 2016 년 6 월 3 일
초판 1 쇄 발행 | 2016 년 6 월 8 일

지 은 이 | 마이크 프램톤
옮 긴 이 | 정기훈
발 행 인 | 이상만
발 행 처 | 정보문화사

책임편집 | 최동신
편집진행 | 오운용

주   소 | 서울시 종로구 대학로 12 길 38 (정보빌딩)
전   화 | (02)3673-0037(편집부) / (02)3673-0114(代)
팩   스 | (02)3673-0260
등   록 | 1993 년 8 월 20 일 제 1-1013 호
홈페이지 | www.infopub.co.kr

I S B N | 978-89-5674-695-1

이 책은 저작권법에 따라 보호받는 저작물이므로 무단 전재와
무단 복제를 금하며, 이 책 내용의 전부 또는 일부를 사용하려면 반드시
저작권자와 정보문화사 발행인의 서면동의를 받아야 합니다.

※ 책값은 뒤표지에 있습니다.
※ 잘못된 책은 구입한 서점에서 바꿔 드립니다.

추천사

빅데이터는 하루가 다르게 커지고 있다. 이 말은 단순히 전세계에서 수집되는 데이터의 단위가 테라^{Tera}, 페타^{Peta}, 엑사^{Exa}, 제타^{Zetta}, 요타^{Yotta} 바이트가 된다는 것을 의미하는 것이 아니라, 실질적인 빅데이터 생태계에서 사용되는 요소들의 수와 복잡도가 증가하고 있음을 의미한다. 그렇기 때문에 핵심 기술보다는 빅데이터 분야의 용어, 유행어, 신조어 등의 출현과 변화를 추구하기를 바란다. 왜냐하면 기껏 핵심 기술을 열심히 익혀 실무에 적용할 수준의 실력을 쌓게 되는 시점에는 이미 그 기술의 반은 비효율적이거나 아예 사용하지 않는 기술이 되어버릴 것이기 때문이다. 그러나 스파크는 그저 스쳐 지나가는 유행으로 끝나지 않을 것이다. 스파크는 적어도 가까운 미래까지는 충분히 살아남을 것이기 때문에 여러분의 데이터로부터 가치를 창출하기 위해 사용할 기술로서 불확실한 미래가 아닌 바로 지금 뛰어들어도 될만한 가치를 지니고 있다. 스파크 및 관련 기술들은 빅데이터 진화과정에 있어 차세대 핵심 이론들로 만들어진 것으로, 현재 널리 사용되는 하둡^{Hadoop}과 비교하면 메모리에서는 100배 이상, 디스크에서는 10배 이상의 빠른 프로세싱 속도 향상을 보여주고 있다.

오랜 시간 동안 동종업계의 동료로서 같이 일한 경험으로 미루어 본다면 마이크 프램톤$^{Mike\ Frampton}$이 집필한 이 책을 읽는 것이 스파크를 익히는 가장 빠른 지름길이 될 것이라 확신한다. 마이크는 초기 빅데이터 시절부터 이미 데이터 분야의 전문가였으며, 데이터 웨어하우징$^{data\ warehousing}$, 프로세싱, 분석 등 대기업의 수많은 프로젝트를 수행하였다. 이를 통해 마이크는 기존의 데이터 처리 방식이 비효율적이고, 만족스러운 결과를 얻기 힘들다는 것을 충분히 경험하였다. 그러다 빅데이터 분야를 알게 되면서 빅데이터의 발생 배경, 빅데이터가 제공하는 가치, 빅데이터가 지향하는 비전들이 얼마나 직관적인가를 느끼게 되었다. 이를 계기로 마이크는 기존의 데이터 분야에서 손을 떼고 빅데이터 분야에 완전히 빠져들어 빅데이터 전도사가 되었다. 빅데이터 커뮤니티에서 아주 왕성하게 활동할 뿐만 아니라, 관련 서적을 집필하고 SlideShare, 유튜브 등에 프리젠테이션도 제공하고 있다. 그리고 빅데이터 분야의 새로운 기술을 가장 먼저 접하고 테스트하는 것에도 열중하고 있다.

여러분도 곧 느끼게 되겠지만, 빅데이터를 향한 마이크의 열정은 그 전파력이 강할 뿐만 아니라 항상 남들보다 한발 앞서 빅데이터를 활용하는 새롭고 혁신적인 방법을 추구하는 원동력으로 작용하고 있다. 이 책을 통해 여러분은 아주 따끈한 최신 기술들로 이루어진 스파크를 배우게 될 것이다. 이러한 최신 기술 중에는 머신 러닝^{Machine Learning}이나 신경망^{Neural Network} 같은 분야에서 아직도 개발 중인 부분도 있다. 하지만 걱정할 필요 없다. 나이크가 차근차근 친절하게 이러한 기술들의 능력과 유용함을 여러분의 것으로 만들어 바로 실무에 활용할 수 있도록 도와줄 것이기 때문이다.

앤드류 씨만스키(Andrew Szymanski)
Cloudera에서 공인한 하둡 관리자이자 빅데이터 전문가

저자 소개

마이크 프램튼^{Mike Frampton}은 IT 분야에 몸담고 있으며, IT 블로그 및 집필 활동을 통해 새로운 기술이나 빅데이터에 대한 통찰력을 보여주고 있다. 마이크는 1990년부터 IT 분야에서 일하며 테스트, 개발, 지원, 집필 등 폭넓은 경험을 쌓았을 뿐만 아니라 에너지, 금융, 통신, 보험 등과 같은 비 IT 분야에서의 근무 경험도 가지고 있다. 현재 마이크는 뉴질랜드의 파라파라우무^{Paraparaumu} 해변에서 아내와 아들과 함께 살고 있는데, 태국 사람과 결혼하면서 마이크는 파라파라우무와 태국의 로이 엣에 있는 집을 오가며 집필과 IT 컨설팅 업무를 병행하고 있다. 마이크는 빅데이터, 인공지능, IT 분야에 대한 새로운 아이디어와 기술을 접하는 것을 좋아하니 LinkedIn(http://linkedin.com/profile/view?id=73219349)이나 웹 사이트(http://www.semtech-solutions.co.nz/#!/pageHome)에 방문하여 질문이나 간단한 인사를 남겨주기를 바란다.

아파치 스파크와 같은 개발 프로젝트를 지원하기 위하여 자신의 시간, 전문지식, 서비스를 아낌없이 제공하는 오픈소스 개발 커뮤니티의 노고에 감사드린다. 상업용 프로젝트와는 비교도 안 될 만큼 이들의 빠른 개발 속도에 항상 놀라움을 느끼며, 오픈소스 제품들이 지속적으로 발전할 수 있게 만든 이러한 커뮤니티와 기술적 질문에 관해 충실히 답해주고 이 책이 나올 수 있도록 애써준 커뮤니티 구성원분들에게 다시 한 번 감사의 인사를 드린다.

이 책을 집필하는 데 있어 기술적으로 도와준 분들이 너무나 많은데, 지면을 통해 이분들께 감사의 인사를 전하고자 한다. 우선, H2O 분야에 대한 자문을 제공해준 http://h2o.ai/의 미하엘 말로라바^{Michal Malohlava}와 수많은 질문에 흔쾌히 답변해준 https://databricks.com/의 아살란 타바콜리 시라지^{Arsalan Tavakoli-Shiraji}에게 감사의 인사를 드린다. 그리고 자신이 개발한 메이즈러너^{Mazerunner}를 사용할 수 있도록 허락해준 케니 바스타니^{Kenny Bastani}에게도 감사드린다.

팩트^{Packt} 출판사의 리디 툴자푸카^{Riddhi Tuljapurkar} 등을 비롯해 이 책을 검토해준 모든 분께도 감사의 인사를 드린다. 이분들 덕에 이 책을 끝낼 수 있었다. 마지막으로 2015년 한 해 동안 이 책에 집중할 수 있도록 물심양면으로 지원해준 내 가족에게 깊은 감사를 전한다.

역자의 글

빅데이터의 개념이 이론적으로 활발히 연구된 지도 10년이 넘었다. 사실 그 이전에도 빅데이터의 개념이 존재하지 않았던 것은 아니지만 사용되는 분야가 아주 제한적이었다. 그도 그럴 것이 빅데이터를 다루는 비용이 천문학적이었기 때문에 정부나 일부 대기업에서만이 사용할 수 있었던 값비싼 분야로 인식되었다. 하지만 무어의 법칙을 필두로 한 기술의 발전으로 인해 하드웨어 가격은 엄청나게 내려갔으며, 그 결과 우주선을 달로 쏘기 위해 연산하던 과거의 슈퍼컴퓨터보다 현재 가정에서 사용하는 노트북 성능이 더 좋아지게 되었다. 그뿐만 아니라, 네트워크의 발전은 하드웨어 성능향상과 맞물려 낮은 사양의 하드웨어가 높은 사양의 슈퍼컴퓨터의 일을 처리할 수 있게 되었다. 이러한 시대적 기술적 흐름으로 인해 과거의 수많은 패러다임이 바뀌었으며, 빅데이터도 예외는 아니었다.

저렴한 비용으로 빅데이터 연산을 할 수 있도록 많은 연구가 진행된 끝에 하둡 시스템이 빛을 보게 된 지도 몇 년 되지 않아 벌써 차세대 주자인 아파치 스파크가 주도하기 시작하였다. 메모리 가격의 하락에 힘입어 스파크는 디스크가 아닌 메모리에서 연산할 수 있도록 디자인되었으며, 결과는 엄청난 연산 속도 향상으로 이어졌다. 그뿐만 아니라, 호환성도 뛰어나 아마존에서는 상용으로 사용되고 있으며 다른 플랫폼에도 적용되고 있다.

마스터링 아파치 스파크를 번역하면서 새삼 오픈소스 기술의 발전 속도에 경의를 표하지 않을 수 없었다. 수많은 개발자의 시간과 노력으로 만들어진 기술들이 새로운 영역을 만들고, 이 영역의 외관이 채 다듬어지기도 전에 이와 관련된 새로운 연결고리들이 무수히 만들어지고 있다. 또한, 사라지는 시행착오를 통해 새로운 영역의 기술이 더욱 단단해지는 선순환의 모습이 바로 오픈소스가 지향하는 바람도 들었다. 이미 하둡 기반으로 생성된 많은 확장 솔루션들이 아파치 스파크에 적용될 수 있도록 수정되고 있으며, 아파치 스파크만을 위한 새로운 확장 솔루션도 등장하고 있어 몇 년 후면 빅데이터 개발 분야에 있어 제법 넓은 영역을 차지할 것이라 기대한다.

이 책을 번역하면서 될 수 있는 대로 많이 사용되는 표현을 사용하기 위해 노력하였다. 하루가 다르게 새로운 용어가 쏟아지는 분야이다 보니 한글 표현을 사용하기가 쉽지는 않았지만,

최대한 한글 표현을 사용하려고 노력하였으며, 우리말로 차용하기가 모호한 표현에 한해서만 영어로 표기하였다.

마지막으로, 이 책을 번역할 기회를 제공해준 정보문화사와 작업이 잘 마무리될 수 있도록 도와준 오운용 과장님께 감사의 인사를 드린다. 또한, 곁에서 물심양면으로 지원한 사랑스러운 아내와 윤서, 태원에게도 고맙다는 인사를 전한다. 아무쪼록 이 책을 기반으로 빅데이터 분야의 발자국을 남기는 분이 나타나기를 기대한다.

역자 **정기훈**

기술 감수자 소개

안드레아 모스토시[Andrea Mostosi]는 기술 애호가로, 어린 시절부터 혁신을 추구하였으며, 직장 생활을 시작한 2000년도 초반부터 다양한 프로젝트에 참여하며 컴퓨터 과학 분야의 대부분의 일을 접하였다. 현재 그는 채권 금융 회사인 The Fool의 CTO로 있으면서 다양한 데이터를 이해하기 위해 노력을 기울이고 있다.

먼저 무엇을 하든 사랑으로 격려하는 나의 멋진 여자친구인 카디아[Khadija]에게 감사의 인사를 전한다. 그리고 나의 괴짜 친구들 사이먼[Simone M], 대니엘[Daniele V], 루카 T[Luca T], 루이지[Luigi P], 미셸[Michele N], 루카 O[Luca O], 루카 B[Luca B], 디에고[Diego C], 파비오[Fabio B]에게도 감사의 인사를 전한다. 이들은 내가 아는 가장 똑똑한 친구들일 뿐만 아니라 내가 성장할 수 있도록 항상 자극을 주는 선의의 경쟁자들이다.

토니 버바이렌[Toni Verbeiren]은 이론물리학 박사로(2003), 인공 신경망 모델, 수학 모델, 통계, 시뮬레이션, 데이터 모델 및 수치계산 모델 등의 분야에서 일했으며, 인프라 구축 및 관리, 서비스 및 IT 관리, ICT/비즈니스 연계, 기업 아키텍쳐 등 관련업계에서 폭넓게 활동하고 있다. 2010년 즈음부터 새로운 분야에 매료되어 연구를 시작하였는데, 이 분야가 발전하여 현재는 데이터 과학[Data Science]이라고 일컬어지고 있다. 데이터 과학은 데이터와 상식을 결합한 학문으로, 의사결정이나 리스크 분석에 강력한 기반이 될 수 있다.

항상 나에게 직관과 지혜를 공유해준 직원, 고객, 동료들에게 감사드린다. 또한, 앞에서 언급한 분야의 학술 연구 프로젝트를 위한 재정적 지원을 제공한 벨기에와 플랑드르 정부[FWO, IWT]에게도 경의를 표한다.

리지 쉬[Lijie Xu]는 현재 중국과학원[Chinese Academy of Sciences] 소프트웨어 연구소에서 박사과정을 밟고 있으며, 분산 시스템과 대규모 데이터 분석 분야를 중심으로 연구하고 있다. 또한, 학문뿐만 아니라, 마이크로소프트 아시아 연구소, 알리바바 타오바오, 텐센트 등 산업 분야에서도 많은 경험을 쌓고 있다. 그리고 오픈소스 소프트웨어 애호가로서, 아파치 스파크에 많은 이바지를 하고 있으며, 스파크 인터널[Spark Internals, https://github.com/JerryLead/SparkInternals]이라는 유명한 기술 보고서도 작성하였다. 리지 쉬는 *"모든 일은 익숙해지기 전까지는 어렵다"*는 좌우명을 가지고 있다.

서 문

하둡 생태계에 대한 개론서 저술을 끝낸 지 얼마 되지 않았을 때 감사하게도 팩트^{Packt} 출판사로부터 아파치 스파크 집필에 대한 의뢰를 받았다. 유지보수와 지원 분야에서의 실무 경험을 토대로 시스템 구축 및 통합에 관해 흥미를 느끼고 있어서인지 *"이 시스템들이 어떻게 사용되지?", "그것들이 어떻게 맞아떨어지지?", "이것들은 어떤 것과 통합해야 하나?"* 등과 같은 질문을 항상 하였다. 이 책에서는 스파크의 각각의 모듈에 관해 기술하고 이것들이 어떻게 실제로 사용되는지를 설명할 것이다. 또한, 스파크의 기능이 H2O(`http://h2o.ai/`) 같은 추가 라이브러리를 통해 어떻게 확장될 수 있는지도 보여줄 것이다.

그리고 아파치 스파크의 그래프 프로세싱 모듈이 어떻게 아우렐리우스^{Aurelius, 이제 데이터스택스(DataStax)로 바뀌었음}의 타이탄 그래프 데이터베이스와 함께 사용되는지도 보여줄 것이다. 이를 통해 스파크 GraphX와 타이탄을 그룹핑 함으로써 그래프 기반의 프로세스와 스토리지로 엮이는 것을 확인할 수 있을 것이다. 스트리밍 장에서는 아파치 Flume과 Kafka와 같은 툴을 사용하여 어떻게 데이터가 스파크 스트림으로 전달되는지도 보여줄 것이다.

최근 몇 년간 클라우드 기반의 서비스로 옮겨지는 대규모의 이동^{migration}이 있었다는 것을 고려하여 스파크 클라우드 서비스가 유효한지를 `https://databricks.com/`을 통해 점검할 것이다. 실무적인 관점에서 이 책을 기술하였기 때문에 이 책은 *"서버냐 클라우드냐"*와 같은 질문에 대한 답을 제시하지는 않을 것이며, 그 대답은 다른 책에서 다루어야 한다고 믿는다. 이 책에서는 그저 서비스할 수 있는가를 검증하기만 할 뿐이다.

이 책의 구성

1장. 아파치 스파크에서는 스파크에 대한 전체적인 개요, 스파크 모듈의 기능, 프로세싱 및 저장과 관련된 툴에 관해 소개한다. 이와 함께 스파크에서 동작하는 SQL, 스트리밍, GraphX, MLlib, 데이터브릭스, 하이브 등에 관해서도 간략히 소개할 것이다.

2장. 아파치 스파크 MLlib에서는 Machine Learning Library를 뜻하는 MLlib 모듈에 관해 다룬다. 또한, 이 책에서 전반적으로 다루게 될 아파치 하둡과 스파크에 관해 설명하면서

CentOS와 연관된 운영체제에 관해서도 언급할 것이다. 그리고 스칼라^{Scala}와 SBT를 사용하는 개발 환경을 소개한 후, 아파치 스파크를 설치하고 구축하는 방법에 관해서 설명할 것이다. 그리고 예제를 통해 K-평균 클러스터링과 나이브 베이즈 알고리즘을 사용하여 분류하는 방법도 살펴볼 것이다. 마지막으로 버트 그리븐보쉬^{Bert Greevenbosch, www.bertgreevenbosch.nl}의 인공 신경망^{Artificial Neural Network, ANN}을 추가하여 스파크를 확장할 수 있도록 구축하는 예를 보여줄 것이다. 신경망에 관해 항상 관심을 두고 있던 터라 2장에서 버트의 결과물을 사용할 수 있었던 것이 즐거웠다. 2장에서 마지막으로 다루는 내용은 손상된 이미지를 포함한 여러 개의 작은 이미지를 ANN을 사용하여 분류하는 것이다. 생각보다 그 결과가 좋은 것에 놀랄 것이다!

3장. 아파치 스파크 스트리밍에서는 아파치 스파크와 스톰을 비교하고 스파크 스트리밍에 관해 다룰 것이다. 스톰과 비교하였을 때 스파크가 훨씬 더 다양한 기능을 제공한다고 본다. 예를 들어, 하나의 스파크 모듈에서 사용된 데이터는 다른 모듈로 전달되어 사용될 수 있다. 또한, 스파크 스트리밍이 빅데이터를 움직이는 기술인 Flume과 Kafka와 쉽게 통합되는 모습도 볼 수 있을 것이다.

3장은 먼저 검사점^{checkpointing}에 관해 설명하고 이를 사용하는 방법에 관해 알려준다. 그리고 스칼라^{Scala} 예제 코드를 통해 스칼라가 어떻게 사용되는지를 설명하고, 데이터를 HDFS에 저장시키는 방법에 관해 설명한다. 그런 다음, TCP, 파일, Flume, Kafka 스트리밍 예제를 통해 스칼라 코드의 실질적인 활용 예를 보여줄 것이다. 특히 Flume과 Kafka의 예는 RSS 데이터 스트림을 처리하여 HDFS에 저장하는 전체 프로세싱 과정을 보여줄 것이다.

4장. 아파치 스파크 SQL에서는 스칼라 코드를 이용하여 스파크 SQL 문법을 설명한다. 그리고 텍스트, Parquet, JSON 포맷을 이용하여 파일 I/O를 처리하는 방법에 관해서도 설명한다. 계속해서 아파치 스파크 1.3을 이용한 예제를 통해 데이터프레임을 사용하는 방법에 관해 설명하고 이러한 방법을 통해 데이터 분석이 가능하다는 것을 보여줄 것이다. 또한, 스파크 SQL로 임시 테이블을 생성하는 스칼라 기반의 예제를 통해 기존의 SQL 기반의 방법과 어떤 차이를 보이는지에 관해서도 설명할 것이다.

그런 다음, 하이브^{Hive}에 관해 설명한다. 먼저 기존 방식과 하이브 QL을 차례로 실행하여 각각을 비교할 수 있도록 한 후, 스파크 하이브를 사용하기 위해 기존의 CDH 5.3에 하이브를 통합하는 방법에 관해 설명할 것이다. 먼저 클러스터에 있는 하이브 데이터베이스를 업데이트 하는데 사용되는 명령을 소개하고, 이를 통해 실시간으로 스파크 엔진을 통해 하이브 명령이 수행되도록 하는 스파크 애플리케이션을 만들거나 스케줄을 걸어 놓을 수 있음을 보여줄 것이다.

마지막으로, 사용자 정의 함수UDF, User-defined functions를 생성하는 방법을 설명할 것이다. UDF는 임시 테이블을 이용해 SQL 호출을 하는데 사용된다.

5장. 아파치 스파크 GraphX에서는 아파치 스파크 GraphX 모듈과 그래프 처리 모듈을 소개한다. 먼저, 삼각형 카운트 등의 예제를 통해 그래프 함수를 다룬 후 케니 바스타니Kenny Bastani가 아파치 스파크와 Neo4j NoSQL 데이터베이스를 연동시키기 위해 개발한 메이즈러너Mazerunner를 소개한다. 저작자인 케니가 기꺼이 메이즈러너 소개에 동의하여 이 책에 실을 수 있었다. 더 자세한 내용은 케니가 운영하는 홈페이지 www.kennybastani.com에서 확인할 수 있다.

계속해서 Docker에 대한 설명이 이어지고, Neo4j와 Neo4j 인터페이스에 관해 언급한 다음, 마지막으로 REST 인터페이스를 이용한 메이즈러너의 기능이 추가된 몇 가지 예를 보여준다.

6장. 그래프 기반 스토리지에서는 아파치 스파크 그래프를 통해 그래프 기반의 스토리지를 소개한다. 이 장에서는 하둡뿐만 아니라 아파치 스파크와도 연동할 수 있는 오픈소스 기반의 아주 높은 확장성을 지닌 스토리지를 소개한다.

아직 커뮤니티 차원의 지원 및 개발에서는 미숙한 면이 있지만 아우렐리우스Aurelius, 이제 데이터스택스(DataStax)로 바뀌었음의 타이탄Titan이 가장 적합하다고 본다. 글을 쓰는 현재 0.9.x 버전까지 출시되었으며, 그래프 프로세싱으로 아파치 팅커팝TinkerPop을 사용한다.

타이탄 소개 이후에는 계속해서 그렘린Gremlin 셸과 타이탄을 이용한 그래프 생성 및 그래프 스토리지 예제를 보여준다. 이를 통해 타이탄 스토리지의 백엔드에서 동작하는 HBase와 카산드라Cassandra에 관해서도 자연스럽게 설명한다.

7장. H2O를 사용한 스파크 확장에서는 http://h2o.ai/에서 개발한 H2O 라이브러리에 관해 설명한다. H2O는 머신 러닝machine learning 라이브러리 시스템으로 아파치 스파크의 기능을 확장해주는데 사용된다. 먼저, H2O를 다운로드하여 설치하는 방법에 관해 설명하고 데이터 분석에 사용되는 Flow 인터페이스에 관해 설명한다. 이어서 데이터 품질 및 성능 튜닝에 사용되는 스파클링 워터Sparkling Water 구조에 관해서도 언급한다.

그런 다음, 높은 수준의 구성 및 튜닝이 가능한 H2O의 심화 학습 예제를 통해 신경망을 분류해 봄으로써 2장에서 신경망 분류를 위해 사용된 단순 ANN과 비교한다. 더 빠르고 정확한 신경망 모델을 볼 수 있을 것이다.

8장. 스파크 데이터브릭스^{Databricks}에서는 `https://databricks.com/`의 클라우드 기반의 아파치 스파크 클러스터 시스템인 **AWS**를 소개한다. 우선 **AWS** 계정과 데이터브릭스 계정을 생성하는 과정을 차례로 설명한 다음, 노트북, 폴더, 작업, 라이브러리, 개발 환경 등의 `https://databricks.com/` 계정 기능에 관해 설명한다.

이어서 데이터브릭스에서의 테이블 기반 스토리지와 프로세스에 관해 설명하고 데이터브릭스를 지원하는 데 사용되는 **DBUtils** 패키지를 소개한다. 이 과정은 모두 예제를 통해 설명되기 때문에 클라우드 기반의 시스템이 어떻게 사용되는지를 이해하는 데 많은 도움이 될 것이다.

9장. 데이터브릭스 시각화에서는 데이터 시각화 및 대시보드에 집중함으로써 데이터브릭스의 범위를 확장할 것이다. 그리고 데이터브릭스 **REST** 인터페이스를 통해 클러스터가 어떻게 원격으로 관리되는지를 설명하고 몇 가지 **REST API** 호출에 대한 예제를 보여줄 것이다. 마지막으로 테이블 폴더와 라이브러리 측면에서의 데이터 이동에 관해서도 살펴볼 것이다.

9장의 클러스터 관리 섹션에서는 스파크에서 제공되는 스크립트를 통해 아파치 스파크가 **AWS EC2**에서 동작하는 것이 가능함을 보여줄 것이다. `https://databricks.com/` 서비스는 이러한 기능을 이용하여 다수의 EC2 기반 스파크 클러스터를 쉽게 만들고 사이즈를 조절하는 등 한 단계 더 발전된 모습을 보여준다. 아울러, 데이터브릭스는 사용자 접근 및 보안과 같은 클러스터 관리 및 사용 등의 확장 기능도 제공하는 데 8장, 9장을 통해 보게 될 것이다. 아파치 스파크를 알려준 사람들이 이러한 서비스를 개발하였는데, 충분히 사용해 볼 만한 가치가 있는 만큼 한번 사용해보기 바란다.

필요한 준비물

이 책의 예제들은 아파치 스파크 기반의 코드 개발 및 컴파일을 위해 스칼라와 **SBT**를 사용한다. 그리고 클라우데라 CDH 5.3 하둡 클러스터를 돌리기 위해 CentOS 6.5 리눅스 서버를 사용하였다. 스파크 애플리케이션을 지원하고 데이터를 제공하기 위하여 리눅스 Bash 셸과 펄 스크립트도 사용되었으며, 스파크 애플리케이션 테스트를 하는 동안 데이터를 이동시키고 조사하기 위해 하둡 관리자 커맨드를 사용하였다.

앞에서 언급한 기술들을 고려하였을 때 리눅스, 아파치 하둡, 스파크에 대한 기본적인 이해가 있는 독자분들이 접근하기가 수월할 것이다. 하지만 요즘에는 인터넷을 통해 충분한 정보를 받을 수 있음으로 배움에 적극적인 독자라면 이러한 내용을 모두 알지 못한다 할지라도 충분히 이 책의 내용을 소화할 수 있을 것이라 기대한다. 왜냐하면, 성공보다는 실패를 통해 더 많은 것을 배울 수 있다고 믿기 때문이다.

대상 독자

이 책은 아파치 하둡과 스파크에 관심이 있는 사람 중 스파크에 관해 더 알고 싶어 하는 사람을 위해 저술되었다. 또한, H2O 같은 시스템을 통해 스파크를 확장하는 방법을 알고 싶은 분들이나 그래프 프로세싱, 특히 그래프 스토리지에 관심이 많은 분도 이에 해당한다. 혹시 클라우드 상에서의 아파치 스파크에 대한 정보를 얻고 싶다면 https://databricks.com/을 방문하는 것도 좋겠다. 데이터브릭스는 클라우드 기반의 시스템으로 스파크를 알려준 사람들이 개발하였다. 만일 여러분이 스파크와 관련된 개발 경험이 있어 스파크에 대한 더 다양한 지식을 키우고자 한다면 이 책이 최고의 지침서가 될 것이다. 이 책을 이해하기 위해서는 리눅스, 하둡, 스파크에 대한 기본 지식이 있어야 하며, 스칼라에 대한 약간의 지식도 필요하다.

편집 규약

이 책에서는 본문과 구분되는 몇 가지 테스트 스타일이 사용됐다. 몇 가지 예외 의미는 다음과 같다.

텍스트 상의 코드, 데이터베이스 테이블 이름, 폴더 이름, 파일 이름, 파일 확장자, 경로명, URL, 사용자 입력, 트위터 핸들은 다음과 같이 표기한다.

"첫 번째 단계는 클라우데라 저장소 파일이 hc2nn 서버와 다른 모든 하둡 클러스터 서버의 /etc/yum.repos.d 디렉터리 하에 있는지를 확인하는 것이다."

코드 블록은 다음과 같이 표기한다.

```
export AWS_ACCESS_KEY_ID="QQpl8Exxx"
export AWS_SECRET_ACCESS_KEY="0HFzqt4xxx"

./spark-ec2  \
  --key-pair=pairname  \
  --identity-file=awskey.pem  \
  --region=us-west-1  \
  --zone=us-west-1a  \
  launch cluster1
```

명령어 입력이나 출력 서체는 다음과 같다.

```
[hadoop@hc2nn ec2]$ pwd

/usr/local/spark/ec2

[hadoop@hc2nn ec2]$ ls
deploy.generic   README   spark-ec2   spark_ec2.py
```

새로운 용어나 중요한 표현은 **굵은 서체**로 나타낸다. 그리고 메뉴나 다이얼로그 박스 등과 같이 화면에 나타나는 문구를 섞어서 표현할 때는 다음과 같이 나타낸다.

"*User Actions* 옵션을 선택한 다음, *Manage Access Keys*를 선택하시오."

NOTE

경과나 중요한 참고사항은 이와 같은 박스로 표시된다.

TIPS

팁과 트릭은 이렇게 표시된다.

독자 의견

독자의 의견은 언제나 환영이다. 이 책에 대한 여러분의 생각(좋은 점이든 나쁜 점이든)을 알려주기 바란다. 더 유익한 책을 만들기 위해 독자의 의견은 무엇보다 중요하다.

일반적인 의견은 메시지 제목을 책의 제목으로 작성해서 feedback@packtpub.com으로 메일을 보내면 된다.

예제 코드 다운로드

팩트 출판사(http://www.packtpub.com)에서 구입한 모든 팩트 도서의 예제 코드 파일은 자신의 계정으로 다운로드할 수 있다. 만약 다른 곳에서 책을 구입하였다면, http://www.packtpub.com/support을 방문하여 등록하면 이메일 계정으로 직접 파일을 받을 수 있다. 또한 정보문화사 홈페이지(http://www.infopub.co.kr) 자료실에서도 다운로드할 수 있다.

저작권 침해

인터넷에서의 저작권 침해는 모든 매체에서 벌어지고 있는 심각한 문제다. 팩트 출판사는 저작권과 라이선스 문제를 아주 심각하게 인식하고 있다. 만약 어떤 형태로든 팩트 출판사 서적의 불법 복제물을 인터넷에서 발견한다면, 적절한 조치를 취할 수 있게 해당 주소나 사이트 명을 즉시 알려주길 부탁한다.

의심되는 불법 복제물의 링크를 copyright@packtpub.com으로 보내주기 바란다.

필자와 더 좋은 책을 위한 팩트 출판사의 노력을 배려하는 마음에 깊은 감사의 뜻을 전한다.

질문

이 책과 관련된 질문이 있다면 questions@packtpub.com을 통해 문의하기 바란다. 최선을 다해 질문에 답해 드리겠다.

한국어판에 관한 질문은 정보문화사 홈페이지(http://www.infopub.co.kr)를 통해 문의하기 바란다.

Contents

차례

- 추천사 ··· iii
- 저자 소개 ··· v
- 역자의 글 ··· vi
- 기술 감수자 소개 ·· viii
- 서 문 ··· ix

1장 | 아파치 스파크

1.1. 개요 ··· 3
  1.1.1. 스파크 머신 러닝 ··· 3
  1.1.2. 스파크 스트리밍 ··· 4
  1.1.3. 스파크 SQL ··· 5
  1.1.4. 스파크 그래프 프로세싱 ··· 5
  1.1.5. 확장된 생태계 ·· 5
  1.1.6. 스파크의 미래 ·· 6
1.2. 클러스터 디자인 ··· 7
1.3. 클러스터 관리 ··· 9
  1.3.1. 로컬(Local) 모드 ·· 10
  1.3.2. 독립(Standalone) 모드 ··· 10
  1.3.3. 아파치 얀(YARN) ··· 11
  1.3.4. 아파치 메소스(Mesos) ··· 11
  1.3.5. 아마존 EC2 ··· 12
1.4. 성능 ··· 17
  1.4.1. 클러스터 구조 ·· 17
  1.4.2. 하둡 파일 시스템 ·· 18
  1.4.3. 데이터 지역성 ·· 18
  1.4.4. 메모리 ··· 18
  1.4.5. 코딩 ··· 19

1.5. 클라우드 ··· 19

1.6. 요약 ··· 20

2장 | 아파치 스파크 MLlib

2.1. 환경 설정 ·· 21

    2.1.1. 구조 ·· 22

    2.1.2. 개발 환경 ·· 23

    2.1.3. 스파크 설치 ··· 26

2.2. 나이브 베이즈(Naïve Bayes) 분류 ·· 31

    2.2.1. 이론 ·· 31

    2.2.2. 나이브 베이즈의 사례 ·· 33

2.3. K–평균(K–Means) 클러스터링 ·· 44

    2.3.1. 이론 ·· 44

    2.3.2. K–평균의 사례 ·· 45

2.4. ANN – 인공 신경망(Artificial Neural Networks) ································· 51

    2.4.1. 이론 ·· 51

    2.4.2. 스파크 서버 설치 ··· 54

    2.4.3. ANN의 사례 ··· 60

2.5. 요약 ··· 72

3장 | 아파치 스파크 스트리밍(Streaming)

3.1. 개요 ··· 73

3.2. 오류 및 복구 ·· 76

    3.2.1. 검사점(Checkpointing) ··· 76

3.3. 스트리밍 소스 ·· 80

   3.3.1. TCP 스트림 ·· 80

   3.3.2. 파일 스트림 ·· 83

   3.3.3. Flume ··· 85

   3.3.4. Kafka ·· 99

3.4. 요약 ·· 113

4장 | 아파치 스파크 SQL

4.1. SQL 콘텍스트 ··· 116

4.2. 데이터 불러오기 및 저장하기 ·· 117

   4.2.1. 텍스트 파일 처리 ·· 117

   4.2.2. JSON 파일 처리 ·· 117

   4.2.3. Parquet 파일 처리 ··· 121

4.3. 데이터프레임 ·· 122

4.4. SQL 사용하기 ··· 126

4.5. 사용자 정의 함수 ·· 133

4.6. 하이브 사용하기 ·· 139

   4.6.1. 로컬 하이브 메타스토어 서버 ···························· 139

   4.6.2. 하이브 기반 메타스토어 서버 ····························· 146

4.7. 요약 ·· 154

5장 | 아파치 스파크 GraphX

5.1. 그래프 개요 ··· 157

5.2. GraphX 코딩 ·· 160

5.2.1. 코딩 환경 ··········· 160

5.2.2. 그래프 생성 ··········· 163

5.2.3. 예제 1 – 카운팅 ··········· 166

5.2.4. 예제 2 – 필터링 ··········· 167

5.2.5. 예제 3 – PageRank ··········· 168

5.2.6. 예제 4 – 삼각형 카운팅 ··········· 169

5.2.7. 예제 5 – 연결 요소(Connected components) ··········· 170

5.3. Neo4j용 메이즈러너(Mazerunner) ··········· 172

5.3.1. Docker 설치 ··········· 173

5.3.2. Neo4j 브라우저 ··········· 177

5.3.3. 메이즈러너 알고리즘 ··········· 180

5.3.3.1. PageRank 알고리즘 ··········· 180

5.3.3.2. 근접중심도(Closeness centrality) 알고리즘 ··········· 181

5.3.3.3. 삼각형 카운팅 알고리즘 ··········· 181

5.3.3.4. 연결 요소 알고리즘 ··········· 182

5.3.3.5. 강한 연결 요소 알고리즘 ··········· 183

5.4. 요약 ··········· 184

6장 │ 그래프 기반 스토리지

6.1. 타이탄(Titan) ··········· 186

6.2. 팅커팝(TinkerPop) ··········· 187

6.3. 타이탄 설치 ··········· 188

6.4. HBase와 함께 타이탄 사용하기 ··········· 190

6.4.1. HBase 클러스터 ··········· 190

6.4.2. 그렘린(Gremlin) HBase 스크립트 ··········· 192

6.4.3. Spark on HBase ··········· 197

6.4.4. 스파크를 사용하여 HBase 접근하기 ··········· 198

6.5. 카산드라(Cassandra)와 함께 타이탄 사용하기 ·············· 203

　6.5.1. 카산드라 설치 ··· 203

　6.5.2. 그렘린 카산드라 스크립트 ····································· 206

　6.5.3. 스파크 카산드라 커넥터 ·· 208

　6.5.4. 스파크를 사용하여 카산드라에 접근하기 ················ 209

6.6. 스파크를 사용하여 타이탄에 접근하기 ························· 213

　6.6.1. 그렘린(Gremlin)과 그루비(Groovy) ······················ 214

　6.6.2. 팅커팝의 하둡 그렘린 ··· 217

　6.6.3. 다른 방법으로 그루비 설정하기 ····························· 220

　6.6.4. 카산드라 사용하기 ··· 221

　6.6.5. HBase 사용하기 ·· 222

　6.6.6. 파일 시스템 사용하기 ··· 223

6.7. 요약 ·· 225

7장 ｜ H2O를 사용한 스파크 확장

7.1. 개요 ··· 228

7.2. 프로세싱 환경 ·· 228

7.3. H2O 설치 ·· 230

7.4. 빌드 환경 ·· 231

7.5. 아키텍쳐 ·· 234

7.6. 데이터 소싱 ·· 237

7.7. 데이터 품질 ·· 238

7.8. 성능 튜닝 ·· 239

7.9. 딥 러닝(Deep Learning) ·· 240

　7.9.1. 예제 코드 - income ·· 242

　7.9.2. 예제 코드 - MNIST ·· 249

7.10. H2O FLOW ··· 250

7.11. 요약 ··· 262

8장 | 스파크 데이터브릭스(Databricks)

8.1. 개요 ·· 266

8.2. 데이터브릭스 설치 ··· 267

8.3. AWS 과금 ·· 268

8.4. 데이터브릭스 메뉴 ··· 269

8.5. 계정 관리 ·· 270

8.6. 클러스터 관리 ··· 272

8.7. 노트북과 폴더(Notebooks and folders) ······························· 275

8.8. 작업과 라이브러리(Jobs and libraries) ································· 280

8.9. 개발 환경 ·· 285

8.10. 데이터브릭스 테이블 ··· 285

　8.10.1. 데이터 가져오기(import) ·· 286

　8.10.2. 외부(External) 테이블 ··· 289

8.11. DbUtils 패키지 ·· 293

　8.11.1. 데이터브릭스 파일 시스템(DBFS) ···································· 295

　8.11.2. Dbutils fsutils ·· 295

　8.11.3. DbUtils 캐시 ··· 297

　8.11.4. DbUtils 마운트 ·· 297

8.12. 요약 ··· 298

9장 | 데이터브릭스 시각화(Visualization)

9.1. 데이터 시각화 ··· 299

  9.1.1. 대시보드 ··· 305

  9.1.2. RDD 기반 보고서 ·· 307

  9.1.3. 스트림 기반 보고서 ·· 308

9.2. REST 인터페이스 ·· 320

  9.2.1. 설정 ··· 321

  9.2.2. 클러스터 관리 ··· 322

  9.2.3. 컨텍스트 관련 호출 ·· 323

  9.2.4. 명령 관련 호출 ·· 324

  9.2.5. 라이브러리 ·· 324

9.3. 데이터 이동 ··· 325

  9.3.1. 테이블 데이터 ··· 325

  9.3.2. 아이템 가져오기 ·· 328

  9.3.3. 라이브러리 가져오기 ··· 328

9.4. 참고 도서 ··· 329

9.5. 요약 ··· 329

찾아보기 ··· 331

1장

아파치 스파크

아파치 스파크^{Apache Spark}는 메모리상에서 동작하는 확장성이 뛰어난 분산 데이터 분석 시스템으로, 자바, 스칼라, 파이썬을 비롯한 R 등과 같은 언어를 사용하여 애플리케이션을 개발할 수 있는 기능을 제공한다. 현재 아파치 스파크는 최고 수준의 아파치 프로젝트 중에서 가장 높은 참여도와 기여도를 보여주고 있다. 머하웃^{Mahout}과 같은 아파치 시스템은 이제 맵리듀스^{MapReduce}를 대신하여 프로세싱 엔진으로 자리매김하고 있다. 또한, 4장에서 자세히 설명하겠지만 스파크 애플리케이션은 하이브^{Hive} 명령을 사용할 수 있으므로 아파치 하이브와 직접 데이터를 수고받을 수 있다.

아파치 스파크는 SQL, MLlib, GraphX, 스트리밍^{Streaming}이라는 4개의 서브 모듈을 제공한다. 각각의 서브 모듈은 개별 장에서 자세히 설명하겠지만, 개요를 다루는 차원에서 이 모듈들에 관해 간략히 설명하겠다. 각각의 서브 모듈은 상호 운용이 가능하기 때문에 서로 간에 데이터를 주고받을 수 있다. 예를 들어, 스트림에서 데이터를 SQL로 보내 임시 테이블을 생성할 수 있다.

다음의 그림은 아파치 스파크와 각각의 모듈에 대한 구성을 보여주고 있다. 맨 위의 2줄은 방금 설명한 아파치 스파크와 4개의 서브 모듈을 나타낸다. 될 수 있는대로 기능들이 어떻게 별도의 툴을 사용하여 확장될 수 있는지를 예제를 통해 틈틈이 설명할 것이다.

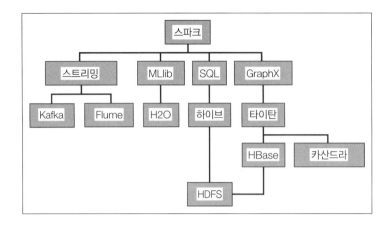

예를 들어, 데이터 스트리밍 모듈을 설명하는 3장에서는 아파치 Kafka와 Flume에서 각각 데이터 이동이 어떻게 이루어지는지를 보여줄 것이다. MLlib이나 머신 러닝 모듈은 데이터 프로세싱 측면에서의 기능에 관해 설명되겠지만 H2O 시스템을 통해 기능이 확장되는 모습도 심화 학습을 통해 보여줄 것이다.

물론, 위의 그림은 이 책에서 다루는 시스템 간의 관계를 단순화해서 보여준 것이기 때문에 아파치 스파크 모듈 및 HDFS에서 파생되는 더 많은 내용이 있다는 사실을 짚고 넘어가면 좋겠다.

4장에서는 아파치 스파크를 통해 하이브 문법을 사용할 수 있음을 보여준다. 이를 통해 하이브 기반의 객체를 생성하고 하이브 QL을 실행하여 HDFS에 저장된 하이브 테이블에 접근하는 스파크 애플리케이션을 개발할 수 있다.

5장과 6장에서는 스파크 GraphX 모듈을 사용하여 빅데이터급 그래프를 처리하는 방법을 설명하고 그 결과를 타이탄^{Titan} 그래프 데이터베이스에 저장하는 방법에 관해 설명할 것이다. 타이탄은 빅데이터 규모의 그래프를 그래프 형태로 저장하고 질의하는 것이 가능하다. 그리고 타이탄은 HBase와 카산드라^{Cassandra}를 스토리지로 사용할 수 있는데 예제를 통해 이러한 내용을 설명할 것이다. 특히, HBase를 사용할 때는 타이탄이 값싸고 현실적인 분산 스토리지 메커니즘으로 HDFS를 사용한다는 것도 알게 될 것이다.

이러한 내용을 통해 아파치 스파크가 메모리 내에서 동작하는 인메모리$^{in-memory}$ 프로세싱 시스템이라는 것이 자연스럽게 설명될 것으로 생각한다. 그래서 확장성을 고려하여 아파치 스파크를 사용하는 경우에는 스파크 혼자서는 존재할 수 없으며 반드시 어느 곳에는 데이터가 있어야 한다. 아파치 스파크를 사용하다 보면 하둡^{Hadoop} 툴 세트 또는 이와 관련된 하둡 생태계와 함께 사용하는 일이 발생할지도 모른다. 다행히 클라우데라^{Cloudera} 같은 하둡 스택 개발진은 CDH 하둡 스택 및 클러스터 매니저를 제공하여 아파치 스파크, 하둡 등 현재 통용되는 툴 세트들끼리 연동할 수 있도록 하였다. 이 책에서는 CentOS 6.5 64비트 서버에 CDH 5.3 클러스터를 설치한 환경을 기반으로 설명하고 있지만, 독자 여러분은 다른 시스템으로 구성해도 상관없다. 다만, CDH가 제공하는 툴이 많고 자동으로 환경을 설정해주기 때문에 개발에 더 집중할 수 있도록 도와준다는 장점이 있다.

지금까지 이 책에서 다룰 스파크 모듈 및 소프트웨어에 대한 소개를 마치고, 이제 빅데이터 클러스터를 디자인에 관한 내용을 설명할 것이다.

1.1. 개요

이번 섹션에서는 이 책에서 다루는 아파치 스파크와 아파치 스파크 확장에 필요한 시스템에서 사용되는 기능에 대한 기본적인 내용을 설명한다. 그리고 클라우드 스토리지와의 통합이라는 관점에서 아파치 스파크의 미래에 관해 생각해 볼 것이다.

아파치 스파크 웹 사이트(http://spark.apache.org/)에 접속하여 아파치 스파크 문서를 열람해보면 SparkR과 Bagel에 관한 내용을 볼 수 있을 것이다. 이 책에서는 앞에서 언급한 아파치 스파크의 네 가지 서브 모듈에 관해 설명하지만, 이 두 가지 주제는 이 책의 범주를 벗어날 뿐만 아니라 이를 기술할 시간적인 여유도 제한된 관계로 이 책에서 다루지 않았다. SparkR과 Bagel에 관해서는 독자 여러분이 다음에 익힐 수 있도록 여지를 남길까 한다.

1.1.1. 스파크 머신 러닝

스파크 MLlib 모듈은 여러 도메인을 아우를 수 있는 머신 러닝^{machine learning} 기능을 제공한다. 스파크 웹 사이트에서 제공하는 문서를 보면 MLlib 모듈이 처리 가능한 데이터 타입(예 벡터와 LabeledPoint 구조)을 소개한다.

스파크 MLlib 모듈은 다음과 같은 기능을 제공한다.

- 통계(Statistics)
- 분류(Classification)
- 회귀(Regression)
- 협업 필터링(Collaborative Filtering)
- 클러스터링(Clustering)
- 차원 축소(Dimensionality Reduction)
- 특징 추출(Feature Extraction)
- 빈발 패턴 마이닝(Frequent Pattern Mining)
- 최적화(Optimization)

K-평균[KMeans], 나이브 베이즈[Naïve Bayes], 인공 신경망[Artificial Neural Networks] 등과 같은 스칼라[Scala] 기반의 실제 예제는 2장에서 다룬다.

1.1.2. 스파크 스트리밍

스트림 프로세싱[Stream processing]은 아파치 스파크에 있어 비중 있고 유명한 또 다른 주제이다. 스트림 프로세싱은 스파크 데이터를 스트리밍 형태로 처리하는 데, 주요 토픽으로는 입출력 명령, 변환[transformations], 유지[persistence], 검사점[check pointing] 등이 있다.

3장에서는 스트림 프로세싱에 관해 다루면서 다양한 형태의 스트림 프로세싱에 대한 예제를 보여준다. 먼저 배치[batch] 및 윈도 스트림 설정에 관해 설명하고 검사점[checkpointing]에 대한 예제도 선보인다. 그리고 Kafka와 Flume을 포함하는 다양한 형태의 스트림 프로세싱 예제를 설명한다.

스트림 데이터를 처리하는 방법은 아주 다양하다. SQL, MLlib, GraphX 등과 같은 다른 스파크 서브 모듈에서도 스트림을 처리하는 기능을 제공하고 있을 뿐만 아니라, Kinesis, ZeroMQ 등과 같은 시스템을 이용하여 스파크 스트리밍을 다룰 수도 있다. 심지어는 자신만의 리시버를 만들어 자신이 디자인한 데이터를 처리할 수도 있다.

1.1.3. 스파크 SQL

스파크 버전 1.3부터 데이터 프레임이 아파치 스파크에 소개되어 스파크 데이터가 테이블 형태로 처리되거나 데이터를 처리하기 위해 select, filter, groupBy 등과 같은 테이블 함수를 사용할 수 있게 되었다. 또한, 스파크 SQL 모듈이 Parquet과 JSON 포맷과 통합하여 각각의 포맷으로 데이터를 저장하고 표현할 수 있게 됨으로써, 또 다른 확장 시스템과 통합할 수 있는 다양한 옵션을 제공할 수 있게 되었다.

아파치 스파크를 빅데이터 데이터베이스인 하둡 하이브에 통합하는 내용도 소개된다. 하이브 문법 기반으로 구성된 스파크 애플리케이션은 하이브 기반의 테이블 데이터를 다루는 데 사용될 수 있으며, 이를 통해 스파크의 빠른 인메모리$^{in-memory}$ 분산 처리 방식을 하이브의 빅데이터 스토리지로 확장할 수 있게 되었다. 즉, 하이브로 하여금 스파크를 프로세싱 엔진으로 사용케 하는 것이 가능해진 것이다.

1.1.4. 스파크 그래프 프로세싱

아파치 스파크 GraphX 모듈은 빅데이터를 위한 빠른 인메모리$^{in-memory}$ 그래프 프로세싱을 제공한다. 그래프는 정점$^{vertex \ 또는 \ 노드}$과 간선^{edge}의 조합을 일컫는다(모든 선은 정점과 정점을 연결해야 함). GraphX는 property, structural, join, aggregation, cache, uncahce 연산 등을 사용하여 그래프를 생성하고 처리한다.

스파크는 그래프 프로세싱을 지원하기 위해 정점과 간선을 의미하는 VertexRDD와 EdgeRDD 라는 두 가지 새로운 데이터 타입을 제시하고, 이를 이용해서 PageRank, 삼각형 카운팅과 같은 그래프를 계산하는 함수도 선보였다. 이러한 내용은 모두 5장에서 다룰 것이다.

1.1.5. 확장된 생태계

빅데이터 프로세싱 시스템을 시험하면서 단순히 시스템 자체뿐만 아니라 이 시스템이 확장될 수 있는지, 확장된다면 어떤 식으로 외부 시스템과 통합하여 더 높은 수준의 기능을 제공할 수 있는지도 중요하다는 사실을 깨달았다. 그래서 이러한 확장성에 관해 이 책에 모두 싣고 싶었으나 분량의 제한으로 인해 다 다루지는 못하고 다만, 이러한 개념을 소개함으로써 독자 여러분이 확장성에 대한 흥미를 느끼고 관련 분야를 탐구할 수 있는 계기를 마련하였다.

아파치 스파크의 머신 러닝 모듈을 확장하기 위하여 H2O 머신 러닝 라이브러리 시스템을 사용하였으며, 스칼라 기반의 H2O 심화 학습 예제를 통해 신경망 프로세싱이 아파치 스파크에 적용될 수 있음을 보여주었다. 그러나 이것은 H2O의 방대한 기능의 껍데기에 불과히다. 이 책에서는 불과 소규모 신경망 클러스터와 단일 타입의 분류 기능을 사용하였을 뿐이다. 심화 학습을 통해 소개한 내용보다 훨씬 많은 것들이 H2O에 있음을 기억하기 바란다.

최근 몇 년 동안 그래프 프로세싱 기법이 점점 인정받고 있으며, 이를 기반으로 앞으로는 그래프 기반의 스토리지 또한 인정받게 될 것이라 생각한다. 그래서 메이즈러너^{Mazerunner}라는 프로토타입 애플리케이션을 통해 스파크와 Neo4J NoSQL 데이터베이스를 함께 사용하는 것을 선보이고, 그래프 기반 스토리지를 위한 아우렐리우스(데이터스택스)의 타이탄 데이터베이스도 소개한다. 다시 한 번 강조하지만, 타이탄은 아직 초기 데이터베이스 단계로 관련 커뮤니티의 지원 및 후속 개발이 필요하다. 하지만 이러한 시도를 통해 아파치 스파크의 통합을 위한 미래 옵션을 시험해보고 싶었다.

1.1.6. 스파크의 미래

다음 섹션에서는 아파치 스파크 릴리즈 버전에 들어있는 스크립트를 보여줄 것이다. 이 스크립트는 AWS EC2 스토리지에 스파크 클러스터를 생성시키는 데, 여러 옵션을 통해 클러스터 생성 시 클러스터의 크기나 스토리지 타입 등을 설정할 수 있도록 하고 있다. 그러나 이렇게 생성한 클러스터는 크기를 재조정하는 것이 어려워 요구사항에 대한 변경을 힘들게 하는 요인이 된다. 그리고 데이터 규모가 바뀌거나 증가하는 경우 더 큰 클러스터가 요구됨과 동시에 메모리도 더 소요된다.

하지만 다행히도 아파치 스파크를 개발한 사람들로 구성된 데이터브릭스^{Databricks}라는 스타트업이 설립되었다(https://databricks.com/). 데이터브릭스는 웹 콘솔 기반으로 스파크 클러스터를 관리할 수 있을 뿐만 아니라, 여기에 노트북, 사용자 접근 제어, 보안 등과 같은 다양한 기능을 제공하고 있다. 데이터브릭스에 관해서는 이 책 후반에 소개한다.

데이터브릭스에서 제공하는 서비스 역시 아직 초기 단계로, 현재는 아마존 AWS에서 클라우드 기반 스토리지로 서비스를 제공하고 있지만, 앞으로 구글, 마이크로소프트 Azure 등으로 영역을 넓힐 것으로 기대한다. 왜냐하면, 구글이나 마이크로소프트 Azure 역시 클라우드를 기반으로 하고 있으므로 자신들의 서비스를 확장하기 위해 아파치 스파크 프로세싱을 도입할 가능성이 크기 때문이다.

1.2. 클러스터 디자인

앞에서 설명하였듯이, 아파치 스파크는 인메모리$^{in-memory}$ 형태의 분산 병렬 프로세싱 시스템이기 때문에 이와 연관된 스토리지 시스템이 필요하다. 따라서 빅데이터 클러스터를 생성하기 위해서는 하둡과 같은 분산 스토리지 시스템을 사용하고 데이터 이동에 필요한 Sqoop, Flume, Kafka 등과 같은 툴을 사용하게 될 것이다.

먼저, 빅데이터 클러스터의 에지 노드$^{edge\ node}$ 개념을 소개하고자 한다. 에지 노드는 클러스터에 존재하는 노드 중에서 클라이언트와 직접 맞닿아 있거나 하둡의 NameNode나 스파크 마스터와 같이 클라이언트와 연결된 컴포넌트를 가지고 있는 노드를 일컫는다. 나머지 대다수의 빅데이터 클러스터는 보통 방화벽 뒤에 위치한다. 에지 노드는 오직 자신에게만 접근을 허용함으로써 방화벽으로 인한 클러스터의 복잡도를 줄여주는 역할을 한다. 아래 그림은 단순화된 빅데이터 클러스터를 보여준다.

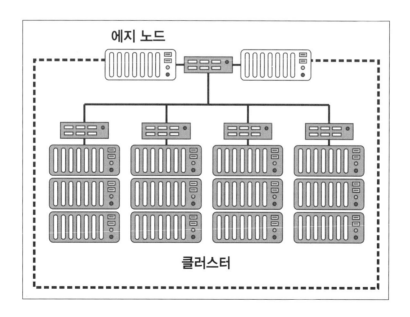

앞의 그림은 4개의 단순화된 클러스터 랙과 스위치와 함께 방화벽을 통해 클라이언트와 맞닿고 있는 에지 노드 컴퓨터를 보여주고 있다. 이 그림은 물론 도식화되고 단순화되었지만 개념을 이해하는 데는 충분할 것이다. 일반적인 처리를 담당하는 노드는 방화벽 뒤에 숨어 있으며(점선), 이 노드에서 하둡, 아파치 스파크, Zookeeper, Flume, Kafka 등이 동작한다. 아래 그림은 2개의 빅데이터 클러스터 에지 노드에서 동작하는 애플리케이션의 예를 보여주고 있다.

에지 노드 애플리케이션은 하둡의 NameNode나 아파치 스파크의 마스터 서버 같은 마스터 애플리케이션으로 동작하게 되는데, Flume, Sqoop, Kafka 등과 같은 클러스터에 데이터를 넣거나 가져오는 역할을 수행한다. 또한, 필요시 하이브와 같은 사용자 인터페이스 역할을 수행하기도 한다.

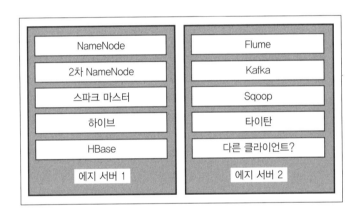

일반적으로 클러스터에는 보안 기능을 위한 방화벽이 추가되는 데, 이로 인해 클러스터는 더 복잡해진다. 왜냐하면, 컴포넌트 간 통신을 위한 포트를 방화벽에서 관리해주어야 하기 때문이다. 예를 들어, Zookeeper는 다양한 컴포넌트의 설정에 사용되는 데, 발행/구독 메시징 시스템Publish/Subscribe Massaging System인 아파치 Kafka는 토픽topic, 그룹group, 소비자consumer, 생산자producer에 대한 설정을 위해 Zookeeper를 사용하기 때문에 방화벽은 Kafka와 Zookeeper 간 통신을 위한 포트를 열어주어야 한다.

마지막으로 클러스터를 구성하는 시스템의 할당 배분에 관해서도 고려해야 한다. 예를 들어, 아파치 스파크가 Flume이나 Kafka를 사용하는 경우 인메모리in-memory 채널이 쓰이는 데, 데이터 흐름에 따른 채널의 크기 및 이로 인한 메모리 사용량을 고려해야 한다. 왜냐하면 아파치 스파크는 다른 아파치 컴포넌트와 메모리 사용에 대한 경쟁 환경에 놓이도록 해서는 안되기 때문이다. 그래서 데이터 흐름 및 메모리 사용량을 고려하여 스파크, 하둡, Zookeeper, Flume 및 기타 툴들이 서로 독립된 클러스터 노드에 배치되도록 해야 한다.

보통 클러스터 NameNode 서버나 스파크 마스터 서버 역할을 담당하는 에지 노드는 방화벽 내에 있는 다른 클러스터 프로세싱 노드보다 월등히 많은 자원을 필요로 하는데, 예를 들어 스파크 마스터 서버 역할을 하는 CDH 클러스터 노드 매니저 서버에는 추가 메모리가 요구된다. 그렇기 때문에 에지 노드의 자원 사용량을 지속적으로 모니터링 하면서 에지 노드의 자원 및 애플리케이션을 적절히 분배해주어야 한다.

이번 섹션에서는 아파치 스파크, 하둡 및 다른 빅데이터 클러스터 툴의 역할 및 관계에 관해 간단히 살펴보았다. 하지만 이와는 별도로 빅데이터 클러스터로서의 아파치 스파크 클러스터 는 스파크 클러스터 매니저에 따라 다양한 형태의 설정이 이루어지는 데, 다음 섹션에서는 이 러한 아파치 스파크 클러스터 매니저의 각각의 형태에 관해 설명한다.

1.3. 클러스터 관리

아래의 그림은 spark.apache.org 웹 사이트에 게시된 것으로, 마스터, 슬레이브(worker), executor, 스파크 클라이언트 애플리케이션 관점에서의 아파치 스파크 클러스터 매니저의 역 할을 보여준다.

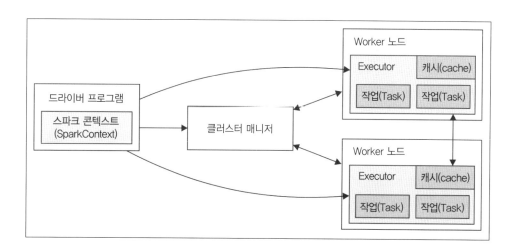

스파크 콘텍스트^{Context}는 이 책에서 많은 예제를 통해 언급되겠지만, 스파크 설정 객체 및 스파크 URL을 통해 정의될 수 있다. 스파크 콘텍스트가 스파크 클러스터 매니저로 넘어가면 스파크 클러스터 매니저가 애플리케이션에 필요한 worker 노드에 자원 및 executor를 할당시킨다. 그리고 애플리케이션의 jar 파일을 worker 노드에 복사한 후 마지막으로 작업을 할당시킨다.

그러면 현재 시점에서 사용 가능한 아파치 스파크 클러스터 매니저 옵션을 하나씩 살펴보자.

1.3.1. 로컬(Local) 모드

스파크 설정을 로컬^{local} URL로 지정하면 애플리케이션은 로컬에서 동작하는 데 설정에 local[n]으로 지정하면 스파크는 〈n〉개의 스레드^{thread}를 사용하여 애플리케이션을 로컬에서 동작시킨다. 이 옵션은 개발 및 테스트시 유용하다.

1.3.2. 독립(Standalone) 모드

독립^{standalone} 모드는 아파치 스파크에 제공되는 기본 클러스터 매니저를 사용한다. 스파크 마스터 URL은 다음과 같이 지정된다.

```
Spark://<hostname>:7077
```

여기에서 <hostname>은 스파크 마스터가 동작하는 호스트의 이름이 된다. 위의 예에서는 포트 번호로 기본값인 7077을 지정하였는데, 이 값은 바꿀 수 있다. 독립 모드로 동작하는 간단한 클러스터 매니저는 현재까지 FIFO$^{First\ in\ First\ out}$ 스케줄링만을 지원한다. 또한, 각각의 애플리케이션에 대한 자원 설정을 통해 동시에 동작하는 애플리케이션을 스케줄링할 수 있는데, 예를 들어 spark.core.max를 사용하여 애플리케이션 간 코어를 공유시킬 수 있다.

1.3.3. 아파치 얀(YARN)

하둡 얀^{YARN}과 통합하는 대규모 스케일의 경우, 아파치 스파크 클러스터 매니저는 얀이 될 수 있는데, 애플리케이션은 두 가지 모드 중 하나에서 동작할 수 있게 된다. 스파크 마스터 값이 yarn-cluster로 세팅되면 애플리케이션은 클러스터로 넘어가면서 종료되는 데, 이때 클러스터는 넘겨받은 애플리케이션을 위한 자원을 할당하고 작업을 수행하게 된다. 그러나 애플리케이션 마스터가 yarn-client로 지정되면 애플리케이션은 프로세싱 전체 시간 동안 동작하게 되며, 얀에 자원을 요청하게 된다.

1.3.4. 아파치 메소스(Mesos)

아파치 메소스^{Mesos}는 오픈소스 시스템으로 클러스터 간 자원을 공유하는 데 사용된다. 아파치 메소스는 자원을 관리하고 스케줄링 할 수 있는 다중 프레임워크를 허용하여 클러스터를 공유할 수 있도록 한다. 또한, 클러스터 매니저로서 리눅스 컨테이너를 사용하여 하둡, 스파크, Kafka, 스톰 등 여러 클러스터 간 서로 안전하게 공유할 수 있도록 각각을 분리해주는 isolation 기능도 제공하기 때문에 수천 개의 노드로 확장할 수 있다. 아파치 메소스는 마스터-슬레이브 기반의 시스템으로, 결합 허용이 가능하며 설정 관리를 위해 Zookeeper를 사용한다.

단일 마스터 노드 메소스 클러스터를 동작시키기 위해서는 스파크 마스터 URL을 다음과 같이 지정하면 된다.

```
Mesos://<hostname>:5050
```

<hostname>은 메소스 마스터 서버의 호스트 이름이며, 포트 번호 5050은 기본 메소스 마스터 포트 번호이다(물론 변경할 수 있다). 대규모 스케일의 고가용성 메소스 클러스터 하에서 여러 개의 메소스 마스터 서버가 동작하는 경우에는 스파크 마스터 URL을 아래와 같이 지정한다.

```
Mesos://zk://<hostname>:2181
```

앞의 설정은 Zookeeper로 하여금 메소스 마스터 서버를 선택하도록 한다. <hostname>은 Zookeeper의 쿼럼^{quorum 1)}으로 사용되는 호스트 이름이며, 포트 번호 2181은 Zookeeper의 기본 마스터 포트 번호이다.

1.3.5. 아마존 EC2

아파치 스파크는 아마존 AWS EC2[2] 기반의 서버로 구성된 클라우드에서 아파치 스파크가 동작할 수 있도록 실행 스크립트를 제공한다. 아래는 리눅스 CentOS 서버에 설치된 스파크 1.3.1이 /usr/local/spark/ 디렉터리에서 동작하는 예를 보여준다. EC2 자원은 스파크 배포 버전의 ec2 디렉터리에 있다.

```
[hadoop@hc2nn ec2]$ pwd

/usr/local/spark/ec2

[hadoop@hc2nn ec2]$ ls
deploy.generic    README    spark-ec2    spark_ec2.py
```

EC2에서 아파치 스파크를 사용하기 위해서는 아마존 AWS 계정을 설정해야 한다. 아마존에서는 AWS를 무료로 체험할 수 있도록 하는데 http://aws.amazon.com/ko/free에 접속하여 계정을 생성하면 된다.

8장을 보면 이렇게 생성된 AWS 계정이 https://databricks.com/ 접속에 사용되는 것도 확인할 수 있다. 아마존 AWS 계정을 생성한 다음에는 Access key를 받기 위해 AWS 메인 화면에서 콘솔에 로그인 버튼을 클릭하여 AWS에 로그인한다. 그리고 AWS IAM 콘솔에 들어가기 위해 [AWS] 메뉴에서 [Security & Identity] 카테고리에 있는 [Identity & Access Management]를 클릭한다. IAM 콘솔 화면이 나타나면 왼쪽 메뉴에서 [Users]를 클릭하고 기

---

1) 역자 주 : Zookeeper는 여러 서버에서 동작하기 위하여 서버마다 복제본을 두는 데 이러한 각각의 복제본 그룹을 쿼럼 (quorum)이라고 부른다. 쿼럼 내에 있는 서버들은 모두 같은 Zookeeper 설정값을 갖는다.

2) 역자 주 : 아마존 AWS EC2(Amazon Web Service Elastic Compute Cloud)는 웹 기반으로 제공하는 클라우드 컴퓨팅 서비스로 원하는 만큼만 클라우드 서버를 사용하고 사용한 만큼만 비용을 지급하는 서비스이다.

존에 등록된 사용자 중 하나를 선택하거나 [Create New Users] 버튼을 클릭하여 새로운 사용자를 생성한 후 신규 생성된 사용자를 선택한다. 그리고 [User Actions] 버튼을 클릭하면 드롭다운 메뉴가 나타나는 데 그중에서 [Manage Access Keys]를 클릭한다. 그리고 팝업 대화상자에 있는 [Create Access Key] 버튼을 클릭한 후 다시 [Download Credentials] 버튼을 클릭하면 credentials 파일을 다운받게 되는데 이 안에 'Access Key' 값이 들어있다. 이 파일은 보안을 위해 아무나 접근하지 못하도록 리눅스의 경우 chmod를 사용하여 퍼미션 값을 600으로 지정해야 한다.

이제 'Access Key ID', 'Secret Access Key', 'key' 파일, 'key pair' 이름을 갖게 되었는데, 이 정보들을 아래와 같이 spark-ec2 스크립트에 반영하면 스파크 EC2 클러스터를 생성할 수 있다.

```
export AWS_ACCESS_KEY_ID="QQpl8Exxx"
export AWS_SECRET_ACCESS_KEY="0HFzqt4xxx"

./spark-ec2  \
    --key-pair=pairname  \
    --identity-file=awskey.pem  \
    --region=us-west-1  \
    --zone=us-west-1a  \
    launch cluster1
```

<pairname>은 key pair 이름으로, EC2 대시보드에서 key pair 생성 시 부여한 이름이다. 만일 key pair가 없다면 대시보드에서 Key Pair를 클릭한 후 [Create Key Pair] 버튼을 클릭하여 생성하면 된다. <awskey.pem>은 key pair를 생성하였을 때 다운 받은 파일이다. <cluster1>에는 앞으로 생성할 클러스터 이름을 적어주면 된다. 이 책에서는 미서부 지역을 기준으로 하여 지역 값으로 us-west-1로 작성하였으나, 필자와 같이 아시아 태평양 지역에 살 때에는 ap-southeast-2 등과 같이 제일 가까운 지역을 지정하면 된다. 만일 접속하는 데 문제가 있다면 접속 가능한 다른 존으로 접속하면 된다. 여기에서 기억해야 할 점은 EC2와 같은 방식으로 클라우드 기반의 스파크 클러스터를 운영한다면 더 오랜 시간의 지연과 더 불편한 I/O를 사용해야 한다는 것이다. 또한, 여러분의 클러스터 호스트는 다수의 사용자로 공유되며, 어떠한 경우에는 클러스터가 동떨어진 지역에 위치할 수도 있다.

AWS 지역 코드

한국에 해당하는 지역 코드는 ap-northeast-2이며, 존(zone) 코드는 ap-northeast-2a 등이 있다. 현재 접속 가능한 존을 알고 싶다면 AWS EC2 대시보드에서 Service Health 항목의 Availability Zone Status 부분을 확인하면 된다. 현재 AWS EC2에서 지원하는 지역 코드는 다음과 같다.

코드	이름
us-east-1	미국 동부(버지니아 북부)
us-west-2	미국 서부(오레곤)
us-west-1	미국 서부(캘리포니아 북부)
eu-west-1	EU(아일랜드)
eu-central-1	EU(프랑크푸르트)
ap-southeast-1	아시아 태평양(싱가포르)
ap-northeast-1	아시아 태평양(도쿄)
ap-southeast-2	아시아 태평양(시드니)
ap-northeast-2	**아시아 태평양(서울)**
sa-east-1	남아메리카(상파울루)

클라우드 기반의 스파크 클러스터를 설정하기 위한 기본 명령으로 시리즈 옵션인 -s를 사용할 수 있는데, 사용 방법은 다음과 같다.

```
-s <slaves>
```

이렇게 하면 스파크 EC2 클러스터에서 동작하는 worker 노드 수를 정의할 수 있다. 즉, -s 5라고 지정하면 마스터 1개, 슬레이브 5개로 총 6개의 노드를 갖는 클러스터를 생성하게 된다. 아울러, 동작하는 클러스터의 스파크 버전도 별도로 지정하여 최신 버전이 아닌 과거의 버전으로 실행시킬 수도 있다. 아래의 옵션은 스파크를 1.3.1 버전으로 동작시킨다.

```
--spark-version=1.3.1
```

인스턴스 타입 옵션을 통해 CPU 코어 수와 메모리 용량을 지정할 수 있다. 예를 들어 다음의 옵션은 m3.large로 인스턴스를 설정한다.

```
--instance-type=m3.large
```

아마존 AWS의 인스턴스 타입은 http://aws.amazon.com/ec2/instance-types/에서 확인할 수 있다.

아래 그림은 현재 시점(2016년 2월)의 AWS M3 인스턴스 타입의 모델에 따른 CPU 코어, 메모리, 스토리지를 보여준다. M3 외에도 T2, M4, C4, C3, R3, G2, I2, D2 등의 인스턴스 타입을 현재 사용할 수 있다. 각 인스턴스 타입별 가용도를 확인한 다음 용도에 맞는 적당한 타입으로 선택하면 된다.

M3

This family includes the M3 instance types and provides a balance of compute, memory, and network resources, and it is a good choice for many applications.

Features:

- High Frequency Intel Xeon E5-2670 v2 (Ivy Bridge) Processors*
- SSD-based instance storage for fast I/O performance
- Balance of compute, memory, and network resources

Model	vCPU	Mem (GiB)	SSD Storage (GB)
m3.medium	1	3.75	1 x 4
m3.large	2	7.5	1 x 32
m3.xlarge	4	15	2 x 40
m3.2xlarge	8	30	2 x 80

사용요금 또한 아주 중요하다. AWS 인스턴스 타입별 가격은 http://aws.amazon.com/ec2/pricing/에서 확인할 수 있다.

드롭다운 메뉴를 이용하여 지역을 선택하면 해당 지역에서의 시간당 가격이 나온다. 앞에서 언급한 바와 같이 인스턴스 타입은 CPU 코어, 메모리, 스토리지 별로 다르다. 또한, 리눅스, RHEL^Red Hat Enterprise Linux, Windows 등 운영체제 별로 요금이 달라지는 데, 운영체제 선택은 드롭다운 메뉴 위에 있다.

다음의 그림은 현재 시점(2016년 2월)의 시간당 가격의 예를 보여주고 있으니 참고하기 바란다. 가격은 시간 및 서비스 제공자에 따라 결정될 것이다. 즉, 서비스 제공자는 가격을 고려하며 필요한 스토리지 용량과 사용 시간을 조절하게 될 것이다.

여기에서, 데이터를 스토리지로 옮기는 과정도 비용으로 계산된다는 점을 반드시 명심해야 한다. 즉, 장기적인 관점의 고민이 필요하다는 것인데, 가령 5년간 사용될 데이터를 한 번에 클라우드로 옮길 것인가 아니면 5년 동안 나누어 옮길 것인가 등과 같은 고민을 해야 한다는 것이다. 어쨌든 중요한 점은 사업계획에는 데이터를 옮기는 비용도 포함해야 한다는 것이다.

지금까지 설명한 바와 같이, 위의 그림을 통해 AWS 인스턴스 타입, 운영체제, 지역, 스토리지 타입, 시간에 따라 비용이 결정된다는 것을 확인하였다. 그래서 https://databricks.com/ 같은 시스템은 시간 단위로 가격이 책정된다는 점을 이용하여 가용할 수 있는 시간을 모두 사용할 때까지 EC2 인스턴스를 종료시키지 않는다. 이렇게 산정된 비용은 시간에 따라 계속 변하는 데 AWS billing 콘솔을 통해 확인할 수 있다.

어쩌면 스파크 EC2 클러스터를 사용하는 도중에 크기를 조정해야 하는 상황으로 인한 문제에 봉착할 수도 있으므로 클러스터를 사용하기 전에 마스터 슬레이브 설정을 꼼꼼히 체크해야 할 것이다. 따라서 얼마나 많은 worker가 필요한지, 얼마나 많은 메모리를 사용하게 될 것인지를 예측해야 하는데 이 값들이 중간에 바뀌어야 한다면 https://databricks.com/ 을 고려해보는 것도 좋겠다. 단, 반드시 스파크 클라우드 환경에서 동작해야 한다. 8장에서 https://databricks.com/을 셋업하고 사용하는 방법에 관해 설명한다.

다음 섹션에서는 아파치 스파크 클러스터의 성능과 성능에 영향을 미칠 수 있는 이슈에 관해 설명할 것이다.

1.4. 성능

이후의 장을 통해 아파치 스파크와 확장 기능에 대한 본격적인 설명에 들어가기 전에 먼저 성능에 관한 내용을 언급하고자 한다. 고려해야 하는 이슈와 영역에는 어떤 것들이 있는가? 클러스터 레벨에서 시작할 때와 실제 스칼라 코드를 통해 마무리되는 시점에서의 스파크 애플리케이션의 성능에 영향을 미치는 것에는 어떤 것들이 있는가? 이러한 질문에 대한 답은 스파크 웹 사이트 http://spark.apache.org/docs/<version>/tuning.html을 통해 확인할 수 있다.

<version>에는 사용 중인 스파크 버전을 넣으면 되는데, 1.3.1과 같은 버전 번호를 넣거나 가장 최신 버전에 대한 설명을 확인하기 위해 latest를 넣으면 된다. 그러면 위의 웹 페이지의 내용을 읽었다고 가정하고 몇 가지 영역에 관한 내용을 간단히 짚어볼 것이다. 이번 섹션에서는 중요도를 고려하지 않은 일반적인 관점 순서대로 설명할 것이다.

1.4.1. 클러스터 구조

여러분의 빅데이터 클러스터의 크기와 구조가 성능에 영향을 미치게 되는데, 클라우드 기반의 클러스터를 사용한다면 하드웨어를 단독으로 사용하는 클러스터에 비해 I/O와 지연시간이 나쁠 것이다. 왜냐하면, 같은 하드웨어를 다수의 사용자가 공유하며 사용할 뿐만 아니라 클러스터 하드웨어 자체도 여기저기 흩어져 있을 수도 있기 때문이다.

또한, 서버상의 클러스터 컴포넌트 위치 또한, 자원 문제를 일으킬 수 있다. 예를 들어, 하둡 NamcNode, 스파그 서버, Zookeeper, Flume, Kafka 서버가 커다란 클러스터 내에 모두 존재한다고 가정한다면 이들의 위치에 관해 충분히 고민해야 한다. 즉, 부하가 높은 상태라면 서버들을 각각의 시스템으로 분리할 것을 고려하게 될 것이고, 자원을 공유하기 위해서라면 메소스 같은 아파치 시스템을 사용하는 것도 고려하게 될 것이다.

또한, 잠재적인 병행성에 관해서도 고려해야 한다. 대규모 데이터 세트를 위한 스파크 클러스터의 worker 수가 늘어날수록 병렬 처리 가능성도 커지기 때문이다.

1.4.2. 하둡 파일 시스템

아마도 클러스터의 요구사항에 따라 HDFS를 대체하는 별도의 파일 시스템을 사용하는 것을 고려할 수도 있을 것이다. 예를 들어, 성능 향상을 위해 MapR-FS NFS 기반의 읽기/쓰기 파일 시스템을 보유한 MapR을 사용할 수도 있다. HDFS는 여러 번 읽기는 가능하나 쓰기는 한 번만 가능한 파일 시스템인 것에 비해 MapR 파일 시스템은 완전한 읽기 쓰기 기능을 지원한다. 뿐만 아니라, MapR 파일 시스템은 성능 면에서 HDFS보다 훨씬 더 발전하였으며, 하둡과 스파크 클러스터 툴을 통합한다. MapR 설계자인 브루스 펜^{Bruce Penn}은 MapR의 특징을 설명하는 흥미로운 글을 자신의 블로그에 올렸다(https://www.mapr.com/blog/author/bruce-penn).

"*Comparing MapR-FS and HDFS NFS and Snapshots*"라는 제목으로 블로그에 올린 글을 통해 MapR 파일 시스템 구조와 이에 따른 성능 향상을 설명하고 있으니 참고하기 바란다.

1.4.3. 데이터 지역성

데이터 지역성^{data locality}은 처리되는 데이터의 위치를 의미하며, 데이터 지역성은 응답시간 및 스파크 프로세싱에 영향을 미친다. 즉, 데이터 소스가 AWS S3, HDFS, 로컬 파일 시스템/네트워크, 원격지 등 어느 곳에 있는지에 관해서도 고려해야 한다.

앞에서 성능과 관련된 스파크 웹 사이트를 언급하면서 설명하였듯이 데이터가 원격지에 있는 경우 처리되어야 하는 기능과 데이터는 한 곳에 모여야 한다. 따라서 스파크는 작업을 처리하기 위해 가능한 데이터 지역성 수준이 제일 좋은 것을 사용하기 위해 노력한다.

1.4.4. 메모리

아파치 스파크 클러스터에서 작업을 처리하는 도중 OOM^{Out of Memory, 메모리 부족} 메시지가 나타나는 것을 방지하기 위해서는 아래의 내용을 고민해야 한다.

- 스파크 worker 노드에서 사용 가능한 물리 메모리 수준을 고려한다. 추가 메모리 증설이 가능한가?

- 데이터 파티션을 고려한다. 스파크 애플리케이션 코드가 사용하는 데이터 파티션 수를 증가시킬 수 있는가?
- RDD의 스토리지 및 캐시를 위해 JVM이 사용하는 메모리 스토리지의 일부를 증가시킬 수 있는가?
- 메모리 절감을 위해 데이터 구조를 튜닝하는 것을 고려한다.
- 메모리 사용도를 줄이기 위해 RDD 스토리지를 시리얼라이즈^{serialize}하는 것을 고려한다.

1.4.5. 코딩

여러분이 작성한 코드를 튜닝하여 스파크 애플리케이션의 성능을 향상할 수도 있다. 예를 들어, ETL 사이클에서 데이터를 여러분의 애플리케이션 기반으로 미리 필터링 시킨다든지, 병렬성 수준을 조정하든지, 여러분의 코드에서 자원이 비싸게 사용되는 부분을 찾는 등 다양한 방법을 통해 튜닝할 수 있다.

1.5. 클라우드

이 책에서 사용되는 대부분의 예제는 모두 실제 서버 기반의 클러스터에 설치된 아파치 스파크를 기준으로 만들어졌지만(단, https://databricks.com/은 제외), 실제 현장에는 다수의 클라우드를 기반으로 하는 것도 많이 있다는 점을 강조하고 싶다. 아파치 스파크를 통합된 컴포넌트로써 사용하는 클라우드 기반 시스템이 있는가 하면, 아파치 스파크를 서비스로 제공하는 클라우드 기반 시스템도 있다. 지면 관계상 이 책에서 이러한 부분에 관해 깊이 있게 다루지는 못하지만 그중 일부를 간략하게 언급하고자 한다.

- 데이터브릭스를 설명하기 위해 이 책에서는 2개의 장을 할애하였다. 데이터브릭스는 현재 AWS EC2를 사용하는 아파치 스파크 클라우드 기반의 서비스를 제공하며, 앞으로 다른 클라우드 사업자로 서비스를 확장할 계획이다(https://databricks.com/).
- 집필 시점(2015년 7월) 현재, 마이크로소프트 Azure도 아파치 스파크까지 지원을 확장하였다.
- 아파치 스파크와 하둡 모두 구글 클라우드에 설치할 수 있다.
- 실시간 대규모 스케일의 머신 러닝 시스템인 Oryx 시스템은 아파치 스파크와 Kafka 위에 설치되었다(http://oryx.io).

- 머신 러닝 예측 서비스를 제공하는 Velox 시스템은 아파치 스파크와 KeystoneML 기반으로 제작되었다(https://github.com/amplab/velox-modelserver).
- 오픈소스 머신 러닝 서비스인 PredictionIO는 아파치 스파크, HBase, Spray 위에 설치되었다(https://prediction.io/).
- 오픈소스 예측 분석 플랫폼인 SeldonIO는 아파치 스파크, Kafka, 하둡 기반으로 제작되었다(http://www.seldon.io).

1.6. 요약

1장을 마무리하면서, 다음 장부터 등장하는 스칼라 코드 기반의 예제를 통해 여러분을 아파치 스파크 세계로 안내하고자 한다. 아파치 스파크가 지금까지 발전시킨 결과물뿐만 아니라 아파치 스파크의 새로운 버전이 출시되는 속도는 가히 놀라울 따름이다. 현재 집필하는 시점의 아파치 스파크 버전은 벌써 1.4에 도달하였지만, 여러분이 이 책을 읽고 있을 때는 훨씬 더 많은 버전 상향이 이루어졌을 것으로 생각한다. 만일 아파치 스파크와 관련된 문제에 봉착하게 된다면 논리적으로 차근차근 풀어가기를 바란다. 아파치 스파크 사용자 그룹(user@spark.apache.org)에 지원을 요청하거나 아파치 스파크 웹 사이트(http://spark.apache.org/)를 참고하면 많은 도움을 얻을 수 있을 것이다.

필자는 언제나 사람들과 의견을 나누고 LinkedIn 등에서 서로 친분을 맺는 것을 좋아한다. 그뿐만 아니라 새로운 기회를 창출할 수 있는 프로젝트에도 많은 관심을 두고 있으며, 여러분이 스케일 확장을 위해 아파치 스파크를 어떻게 활용하는지도 주요 관심사 중 하나이다. LinkedIn에 접속하여 이러한 주제에 관한 여러분의 생각을 적어주기를 바란다(linkedin.com/profile/view?id=73219349).

또는, 필자의 웹 사이트 http://semtech-solutions.co.nz/에 방문하거나 이메일 info@semtech-solutions.co.nz로 연락을 해도 좋겠다.

2_장

아파치 스파크 MLlib

MLlib은 아파치 스파크에서 제공하는 머신 러닝^{machine learning} 라이브러리로, 메모리 클러스터 기반의 오픈소스 데이터 프로세싱 시스템이다. 이번 장에서는 회귀, 분류, 신경 프로세싱 측면에서 MLlib 라이브러리가 제공하는 기능을 알아본다. 이때, 실제 문제를 해결하기 위한 예제를 알아보기 전에 각각의 알고리즘 이면에 있는 이론을 먼저 알아볼 것이다. 웹에서 제공하는 예제 코드와 문서는 간간이 존재할 뿐만 아니라 처음 접하는 사람에게는 약간 혼란스러울수 있으므로 여기에서는 각각의 알고리즘이 어떻게 사용되는지 그리고 어떤 활용가치가 있는지를 차근차근 살펴볼 것이다. 2장에서 다루는 주요 알고리즘은 다음과 같다.

- 나이브 베이즈(Naïve Bayes) 분류
- K-평균(K-Means) 클러스터링
- 인공 신경망(ANN)을 활용한 신경 프로세싱

아파치 스파크를 공부하기로 마음먹었다면 이미 하둡에 관해 잘 알고 있을 것으로 생각하기 때문에 2장을 본격적으로 진행하기 전에 우선 필자의 서버 환경에 관해 간단히 언급하고자 한다. 필자의 하둡 클러스터는 CentOS 6.5 64비트 리눅스 서버에 설치되었는 데, 더 자세한 구조에 관해서는 다음의 섹션에서 설명한다.

2.1. 환경 설정

본격적인 아파치 스파크 모듈 설명에 앞서 이 책에서 사용하는 하둡과 아파치 스파크 클러스터의 구조와 버전에 관해 설명한다. 이번 장에서는 클라우데라 CDH 5.1.3 버전의 하둡을 스토리지로, 아파치 스파크는 1.0과 1.3을 사용할 것이다.

이전 버전들은 모두 클라우데라 소프트웨어와 호환되며 클라우데라에서 모두 검증하였을 뿐만 아니라 패키지까지 만들어놓았다. 그래서 yum 명령을 통해 클라우데라 repository에서 리눅스 서비스 세트 형태로 설치할 수 있다. 하지만 아직 Neural Net 기술은 배포되지 않았기 때문에 아파치 스파크 1.3의 개발 버전을 GitHub에서 다운 받아 실행하였다. 이 부분에 관해서는 나중에 설명할 것이다.

2.1.1. 구조

아래의 그림은 이번 장에서 사용되는 소규모 하둡 클러스터의 구조를 설명한다.

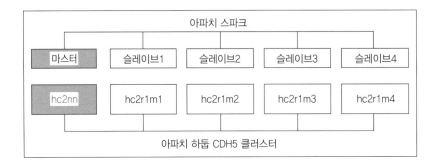

위의 그림은 이름이 hc2nn인 NameNode와 이름이 hc2r1m1~hc2r1m4인 데이터노드 4개가 붙어있는 총 5개의 노드로 구성된 하둡 클러스터와 함께 1개의 마스터 노드와 4개의 슬레이브 노드로 구성된 아파치 스파크 클러스터를 보여주고 있다. 하둡 클러스터는 물리적인 CentOS 6 리눅스 시스템을 제공하며 아파치 스파크 클러스터는 같은 호스트 위에서 동작한다. 즉, 아파치 스파크 마스터 서버는 하둡의 NameNode용 시스템 hc2nn에서 동작하며 슬레이브1 worker는 hc2r1m1 호스트에서 동작한다.

리눅스 서버의 이름 표준은 서버의 용도 또는 구성이 설명될 수 있도록 앞글자를 조합하여 사용하는데, 예를 들어, 하둡 NameNode 서버의 이름은 hc2nn으로 h는 하둡, c는 클러스터, nn은 NameNode를 의미한다. 따라서 hc2nn의 의미는 하둡 클러스터2 NameNode가 된다. 마찬가지로 hc2r1m1의 경우, h는 하둡, c는 클러스터, r은 랙, m은 머신을 뜻하므로, hc2r1m1의 의미는 하둡 클러스터2 랙1 머신1이 된다. 대형 하둡 클러스터에서는 보통 머신이 랙에 구성되기 때문에 이와 같은 방식의 이름 규칙은 서버를 찾는 데 큰 도움이 된다.

물론 스파크와 하둡 클러스터를 배치하는 데 있어 특별한 규정이 있는 것은 아니므로 굳이 스파크와 하둡 클러스터를 같은 호스트에 배치할 필요는 없다. 다만 이 책에서는 설명의 편의를 위해 서버 수를 제한하였으며, 이로 인해 하둡과 스파크 클러스터를 같이 배치시킨 것이다. 그렇기 때문에 (만일 하둡을 분산 스토리지용으로 사용하기 위해) 스파크가 하둡에 접근만 할 수 있다면 각 클러스터를 별도의 서버 또는 머신에 배치시켜도 무방하다.

기억해야 할 점은 스파크가 인메모리 분산 프로세싱을 통한 빠른 속도 때문에 사용됨에도 불구하고 스토리지를 제공하지 않는다는 것이다. 물론 호스트의 파일 시스템을 이용하여 데이터 읽기 쓰기를 할 수 있겠지만, 빅데이터와 같이 데이터의 규모가 엄청난 경우에는 하둡과 같은 분산 스토리지 시스템을 사용하는 것이 합당할 것이다.

아울러, 아파치 스파크는 오직 ETL Extract, Transform, Load – 추출, 변환, 적재 과정의 프로세싱 단계에서만 사용된다는 것도 잊지 말아야 한다. 즉, 아파치 스파크는 하둡 생태계에서 사용되는 툴 세트를 제공하지 않는다. 그렇기 때문에 아파치 스파크를 사용함에도 불구하고 여전히 데이터 수집을 위해서는 Nutch, Gora, Solr를, 데이터 이동을 위해서는 Sqoop와 Flume을, 스케줄링을 위해서는 Oozie를, 스토리지를 위해서는 HBase나 Hive가 필요하다. 즉, 아파치 스파크가 굉장히 강력한 프로세싱 시스템이지만 결국 더 넓은 하둡 생태계를 구성하는 일부라는 것이다.

지금까지 이번 장에서 사용될 환경에 관해 설명하였다. 이제 아파치 스파크 MLlib의 기능에 관해 본격적으로 살펴보자.

2.1.2. 개발 환경

이 책에서는 예제 코드로 스칼라 Scala 언어를 사용한다. 스칼라는 스크립트 언어로 자바보다 더 적은 양의 코드만 있으면 된다. 아파치 스파크 애플리케이션이 컴파일 되는 환경인 스파크 셸에서도 사용할 수 있기 때문이다. 스칼라 코드를 컴파일 하기 위해서는 sbt 툴이 필요하며 그 설치 과정은 다음과 같다.

```
[hadoop@hc2nn ~]# su -
[root@hc2nn ~]# cd /tmp
[root@hc2nn ~]# wget http://repo.scala-sbt.org/scalasbt/sbt-native-
packages/org/scala-sbt/sbt/0.13.1/sbt.rpm
[root@hc2nn ~]# rpm -ivh sbt.rpm
```

설명의 편의를 위해 이 책에서는 하둡 NameNode 서버 hc2nn용으로 일반적인 리눅스 계정인 hadoop을 사용하였다. 앞의 명령에서 볼 수 있는 바와 같이 sbt를 설치하기 위해서는 root 권한이 필요하기 때문에 'su' 명령을 사용하여 root 권한을 획득하였다. 그런 다음 'wget' 명령을 사용하여 웹 서버 repo.scala-sbt.org에 접속하여 sbt.rpm을 /tmp 디렉터리에서 다운받았다. 그리고 'rpm' 명령을 사용하여 rpm 파일을 설치하였는데, 여기에서 i는 install, v는 verify, h는 hash 마크 출력을 의미한다.

> **TIPS**

예제 코드 다운로드
팩트 출판사의 모든 도서에 사용된 예제 코드는 http://www.packtpub.com의 계정을 통해 다운로드 할 수 있다. 다른 곳에서 구매한 경우에는 http://www.packtpub.com/support를 방문해 등록하면 파일을 이메일로 직접 받을 수 있다. 또는 정보문화사 홈페이지 http://www.infopub.co.kr 자료실 에서 다운로드 가능하다.

이번 장에서는 아파치 스파크를 위한 모든 스칼라 코드를 hc2nn 서버상에서 리눅스 hadoop 계정을 사용하여 작성하였다. 각 코드는 /home/hadoop/spark 디렉터리 아래에 서브 디렉터리 형태로 두었다. 예를 들어, 다음의 sbt 구조 그림은 MLlib 나이브 베이즈 코드 가 spark 디렉터리 아래에 nbayes라는 이름의 서브 디렉터리로 저장된 모습을 보여주고 있다. 아울러, 그림에는 스칼라 코드가 nbayes 디렉터리 아래에 src/main/scala 디렉터리에 있다는 것도 보여주고 있다. bayes1.scala와 convert.scala 파일에는 다음 섹션에서 사용될 나이브 베이즈 코드가 들어있다.

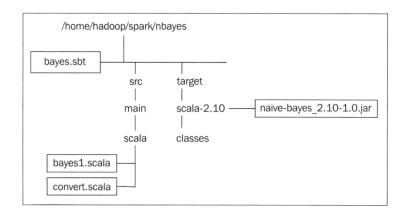

　'bayes.sbt' 파일은 설정 파일로 sbt 툴을 사용하며, scala 디렉터리에 있는 스칼라 파일을 컴파일 하는 방법이 들어있다(만일 자바를 사용한다면 nbayes/src/main/java 디렉터리를 사용할 것이다). 'bayes.sbt' 파일의 내용은 아래에서 보여주고 있다. 'pwd'와 'cat' 명령을 사용하여 현재 디렉터리와 파일 내용을 보여주도록 하였다.

　name, version, scalaVersion 옵션은 각각 프로젝트 및 스칼라 버전의 세부 내용을 설정하는 데 사용된다. libraryDependencies 옵션은 하둡과 스파크 라이브리리 위치를 정의한다. 이 경우에는 CDH5가 이미 클라우데라 패키지로 설치되었기 때문에 패키지 라이브러리는 기본 위치인 /usr/lib/hadoop (하둡용) 및 /usr/lib/spark (스파크용)에 각각 위치한다. resolvers 옵션은 기타 클라우데라 dependency를 위해 클라우데라 저장소를 지정하는 데 사용된다.

```
[hadoop@hc2nn nbayes]$ pwd
/home/hadoop/spark/nbayes
[hadoop@hc2nn nbayes]$ cat bayes.sbt

name := "Naive Bayes"

version := "1.0"

scalaVersion := "2.10.4"
```

```
libraryDependencies += "org.apache.hadoop" % "hadoop-client" % "2.3.0"

libraryDependencies += "org.apache.spark" %% "spark-core" % "1.0.0"

libraryDependencies += "org.apache.spark" %% "spark-mllib" % "1.0.0"

// If using CDH, also add Cloudera repo
resolvers += "Cloudera Repository" at https://repository.cloudera.
com/artifactory/cloudera-repos/
```

스칼라 nbayes 프로젝트 코드는 nbayes 서브 디렉터리에서 다음의 명령을 통해 컴파일
된다.

```
[hadoop@hc2nn nbayes]$ sbt compile
```

'sbt compile' 명령은 코드를 클래스로 컴파일 시킨다. 이렇게 컴파일된 클래스는
nbayes/target/scala-2.10/classes 디렉터리에 저장된다. 컴파일된 클래스는 아
래의 명령을 통해 JAR 파일로 패키지 된다.

```
[hadoop@hc2nn nbayes]$ sbt package
```

'sbt package' 명령은 nbayes/target/scala-2.10 디렉터리에 JAR 파일을 생성
하는 데 sbt 구조 그림에서 볼 수 있듯이 컴파일이 정상적으로 되어 패키지 파일이 제대로 생
성되었다면 'naive-bayes_2.10-1.0.jar'라는 이름의 JAR 파일이 생성될 것이다. 이
JAR 파일과 클래스에 들어있는 내용들은 모두 'spark-submit' 명령에서 사용된다. 이 부
분은 아파치 스파크 MLlib 모듈을 살펴볼 때 설명할 것이다.

2.1.3. 스파크 설치

드디어 이 책에서 사용된 환경에 관해 설명할 때 언급한 아파치 스파크를 설치하고 실행하
는 방법에 관해 설명한다. 하둡 CDH5는 클라우데라 패키지를 이용하여 설치하는 것 외에는

자세한 설명을 생략할 것이다. 하지만 아파치 스파크 1.0은 리눅스 'yum' 명령을 사용하여 클라우데라 repository로부터 직접 설치한 것을 비롯하여 각각의 패키지들을 서비스 기반으로 설치하였는데, 그렇게 해야 필요한 서비스에 알맞은 다양한 스파크 버전을 클라우데라로부터 설치할 수 있으며 이를 통해 서비스에 대한 유용성을 얻을 수 있기 때문이다.

클라우데라는 CDH 하둡 배포판을 준비하면서 아파치 스파크 팀에서 개발한 코드와 아파치 빅톱^{Bigtop} 프로젝트에서 출시된 코드를 다운로드한다. 그런 다음, 통합 테스트를 통해 코드 스택 상에서 제대로 동작하는지를 점검한다. 또한, 코드와 바이너리를 서비스와 패키지에 재구성하는 데, 이렇게 함으로써 라이브러리, 로그, 바이너리 부분이 /var/log/spark, /usr/lib/spark 등 리눅스에서 지정된 장소에 위치할 수 있게 되며, 특히 서비스의 경우에는 리눅스 'yum' 명령을 통해 컴포넌트가 설치되고 'service' 명령으로 관리된다.

이번 장 후반에 다룰 신경망 코드의 경우에는 조금 다른 방법으로 접근했지만, 하둡 CDH5와 같이 사용하기 위한 아파치 스파크 1.0의 일반적인 설치 방법은 다음과 같다.

```
[root@hc2nn ~]# cd /etc/yum.repos.d
[root@hc2nn yum.repos.d]# cat cloudera-cdh5.repo

[cloudera-cdh5]
# Packages for Cloudera's Distribution for Hadoop, Version 5, on
RedHat or CentOS 6 x86_64
name=Cloudera's Distribution for Hadoop, Version 5
baseurl=http://archive.cloudera.com/cdh5/redhat/6/x86_64/cdh/5/
gpgkey = http://archive.cloudera.com/cdh5/redhat/6/x86_64/cdh/RPM-
GPG-KEY-cloudera
gpgcheck = 1
```

첫 번째 단계는 클라우데라 repository 파일이 hc2nn 서버와 나머지 모든 하둡 클러스터 서버의 /etc/yum.repos.d 디렉터리에 존재하도록 한다. 클라우데라 repository 파일 이름은 cloudera-cdh5.repo로 'yum' 명령이 하둡 CDH5 클러스터를 위한 소프트웨어를 저장시킬 위치를 지정하고 있다. 모든 하둡 클러스터 노드에서 root 권한으로 'yum' 명령을 이용하여 아파치 스파크 컴포넌트 코어, 마스터, worker, history-server, 파이썬을 설치하였다.

```
[root@hc2nn ~]# yum install spark-core spark-master spark-worker
spark-history-server spark-python
```

이렇게 하면 나중에 원하는 대로 스파크를 설정할 수 있다. 지금 시점에서는 마스터 컴포넌트는 NameNode에서만 사용할 예정이지만 마스터 컴포넌트를 모든 노드에 설치했다. 이제 스파크 설치를 위해 모든 노드에 대해 설정을 할 차례이다. 설정 파일은 /etc/spark/conf 디렉터리에 들어 있는데, 먼저 slaves 파일을 설정하여 worker 컴포넌트가 동작하는 스파크 호스트를 지정하자.

```
[root@hc2nn ~]# cd /etc/spark/conf

[root@hc2nn conf]# cat slaves

# A Spark Worker will be started on each of the machines listed
below.
hc2r1m1
hc2r1m2
hc2r1m3
hc2r1m4
```

slaves 파일의 내용을 보면 알 수 있듯이 하둡 CDH5 클러스터의 데이터 노드인 hc2r1m1~hc2r1m4에서 모두 4개의 worker가 동작하도록 설정되었다. 다음으로, 'spark-env.sh' 파일을 수정하여 스파크 환경을 지정하는 데, SPARK_MASTER_IP 값은 전체 서버 이름으로 정의된다.

```
export STANDALONE_SPARK_MASTER_HOST=hc2nn.semtech-solutions.co.nz
export SPARK_MASTER_IP=$STANDALONE_SPARK_MASTER_HOST

export SPARK_MASTER_WEBUI_PORT=18080
export SPARK_MASTER_PORT=7077
export SPARK_WORKER_PORT=7078
export SPARK_WORKER_WEBUI_PORT=18081
```

웹 사용자 인터페이스 포트 번호는 마스터와 worker 프로세스별로 각각 사용 가능한 포트 번호로 지정되었다. 이제 스파크 서비스는 NameNode 서버에서 root 권한들로 실행되는 데 다음과 같은 스크립트를 사용하면 된다.

```
echo "hc2r1m1 - start worker"
ssh hc2r1m1 'service spark-worker start'

echo "hc2r1m2 - start worker"
ssh hc2r1m2 'service spark-worker start'

echo "hc2r1m3 - start worker"
ssh hc2r1m3 'service spark-worker start'

echo "hc2r1m4 - start worker"
ssh hc2r1m4 'service spark-worker start'


echo "hc2nn - start master server"
service spark-master         start
service spark-history-server start
```

이와 같이 모든 슬레이브에 있는 스파크 worker 서비스와 NameNode hc2nn에 있는 마스터와 history 서버가 시작된다. 이제 스파크 사용자 인터페이스는 http://hc2nn:18080 을 통해 접근할 수 있다.

다음의 그림은 스파크 1.0 마스터 웹 사용자 인터페이스의 예를 보여준다. 그림을 보면 알 수 있듯이 웹 UI는 스파크 설치에 대한 세부 내용과 실행 중이거나 실행을 마친 worker와 애플리케이션에 관한 내용을 보여준다. 마스터와 worker의 상태도 나타나는 데, 이 그림에서는 모두 ALIVE 상태임을 알 수 있다. 또한, 전체 메모리양과 사용 가능한 메모리양을 전체 및 worker 별로 나타내고 있다. 지금은 동작하는 애플리케이션이 없지만, 각각의 worker 링크를 클릭하면 worker 노드에서 실행 중인 프로세스와 각각의 애플리케이션이 클러스터에서 차지하는 크기를 볼 수 있다.

또한, spark://hc2nn.semtech-solutions.co.nz:7077과 같은 스파크 URL을 사용하여 spark-shell이나 spark-submit 등의 스파크 애플리케이션을 동작시킬 수도 있는데, 이러한 스파크 URL을 통해 셸이나 애플리케이션이 해당 스파크 클러스터에서 동작시키는 것을 보장할 수 있다.

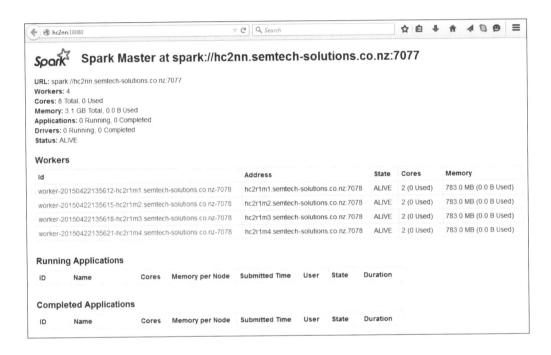

지금까지 간단하게 서비스를 사용하여 아파치 스파크를 설치하는 방법과 함께 설정하고 동작시키고 모니터링까지 하는 방법을 살펴보았다. 이제 나이브 베이즈 분류 알고리즘을 통해 첫 번째 MLlib 기능을 살펴보도록 하겠다. 스칼라 스크립트를 개발하고 애플리케이션이 내놓는 결과를 모니터링 하는 과정을 통해 아파치 스파크를 사용하는 방법을 좀 더 명확하게 알게될 것이다.

2.2. 나이브 베이즈(Naïve Bayes) 분류

이번 섹션에서는 아파치 스파크 MLlib에서 제공하는 나이브 베이즈(Naïve Bayes) 알고리즘 예제를 다룬다. 먼저 나이브 베이즈 알고리즘의 기반이 되는 이론에 관해 먼저 설명한 다음 스 칼라 예제 코드를 통해 나이브 베이즈 알고리즘이 어떻게 사용되는지 차근차근 설명한다.

2.2.1. 이론

데이터 집합을 분류하기 위해 나이브 베이즈 알고리즘을 사용하기 위해서는 데이터가 선형 으로 분류될 수 있어야 한다. 즉, 선을 그어 구분하듯이 명확한 기준으로 데이터를 분류할 수 있어야 한다. 아래 그림은 점선으로 표시된 2개의 분류 경계로 데이터가 3개의 데이터 집합으 로 나뉘는 것을 시각적으로 보여주고 있다.

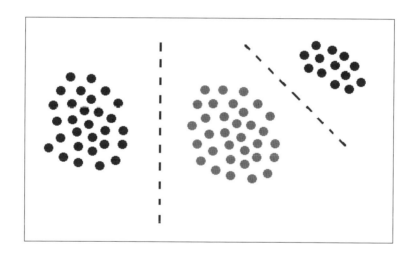

나이브 베이즈는 각각의 데이터 집합은 서로 독립적인 것으로 가정한다. 즉, 각각의 데이터 집합은 서로 간에 영향을 미치지 않는다. 나이브 베이즈를 위한 예제는 헤르난 에뮨[Hernan Amiun]의 도움으로 http://hernan.amiune.com/에서 제공되고 있다.[3] 다음의 예제는 스팸 메일 의 분류에 대한 문제이다. 100개의 이메일을 수신하였을 때 다음과 같이 분류되었다고 하자.

---

3) 역자 주 : 현재 hernan.amiune.com은 접속되지 않아 다른 형태의 예제를 볼 수 없지만, 나이브 베이즈 예제 등의 검색어를 통해 관련 예제를 확인할 수 있다.

```
60% 의 이메일은 스팸
   스팸 메일 중 80% 는 단어 buy 를 포함
   스팸 메일 중 20% 는 단어 buy 를 포함하지 않음
40% 의 이메일은 정상
   정상 메일 중 10% 는 단어 buy 를 포함
   정상 메일 중 90% 는 단어 buy 를 포함하지 않음
```

그래서, 위의 예제를 확률로 변환시키면 나이브 베이즈 수식은 다음과 같이 생성될 수 있다.

```
P ( 스팸 )  = 이메일이 스팸 메일일 확률 = 0.6
P ( 정상 )  = 이메일이 정상 메일일 확률 = 0.4
P (buy| 스팸 )  = 스팸 메일 중 단어 buy 가 들어있을 확률 = 0.8
P (buy| 정상 )  = 정상 메일 중 단어 buy 가 들어있을 확률 = 0.1
```

그렇다면 이메일에 단어 buy가 들어있을 때 이 이메일이 스팸 메일일 확률을 얼마나 될까? 이에 대한 확률은 P(스팸|buy)가 될 것이다. 나이브 베이즈는 이 확률에 대한 식을 아래의 그림과 같이 나타낸다.

$$P(스팸|buy) = \frac{P(buy|스팸) \times P(스팸)}{P(buy|스팸) \times P(스팸) + P(buy|정상) \times P(정상)}$$

위의 식을 이용하여 P(스팸|buy)를 다음과 같이 구할 수 있다.

```
P ( 스팸 |buy) = ( 0.8 * 0.6 ) / (( 0.8 * 0.6 ) + ( 0.1 * 0.4 ) )
= ( .48 ) / ( .48 + .04 )
= .48 / .52 = .923
```

즉, 이메일에 buy가 들어 있는 경우 92% 조금 넘는 확률로 이 이메일은 스팸 메일일 가능성이 있다는 것을 의미한다. 지금까지 나이브 베이즈에 대한 이론에 관해 설명하였는데, 그러면 이제 실제 예를 아파치 스파크 MLlib 나이브 베이즈 알고리즘을 이용하여 해결해보도록 하자.

2.2.2. 나이브 베이즈의 사례

가장 먼저 해야 할 일은 분류가 필요한 데이터를 선택하는 것이다. 이를 위해 미리 영국 정부의 데이터 웹 사이트 `http://data.gov.uk/dataset/road-accidents-safety-data`를 통해 일부 데이터를 선택했다.

필자가 선택한 데이터 집합은 "Road Safety — Digital Breath Test Data 2013"으로, 다운 받은 파일 이름은 'DigitalBreathTestData2013.txt'이다. 이 파일에는 약 50만 줄 정도의 교통사고 내용이 들어있는 데 일부의 내용을 보면 다음과 같다.

```
Reason,Month,Year,WeekType,TimeBand,BreathAlcohol,AgeBand,Gender
Suspicion of Alcohol,Jan,2013,Weekday,12am-4am,75,30-39,Male
Moving Traffic Violation,Jan,2013,Weekday,12am-4am,0,20-24,Male
Road Traffic Collision,Jan,2013,Weekend,12pm-4pm,0,20-24,Female
```

데이터를 분류하기 위해 열 배치와 개수를 조정하였다. 이번 예제에서는 데이터 전체를 보내기 위해 단순히 Excel을 사용하였으나, 데이터의 크기가 빅데이터 수준으로 증가한다면 스칼라나 아파치 피그^{Pig} 같은 툴을 사용하게 될 것이다. 아래의 명령을 보면 데이터는 HDFS의 /data/spark/nbayes 디렉터리에 있으며, 파일 이름은 'DigitalBreathTestData2013-MAIL2.csv'이다. 'wc' 명령 결과에 나타난 것과 같이 파일에는 약 467,000줄의 내용이 들어있다. 마지막으로 분류를 위한 열 배치가 다음과 같이 바뀌었다.

Gender, Reason, WeekType, TimeBand, BreathAlcohol, AgeBand

이번 예제에서는 성별^{Gender}의 열을 중심으로 분류할 것이다.

```
[hadoop@hc2nn ~]$ hdfs dfs -cat /data/spark/nbayes/
DigitalBreathTestData2013-MALE2.csv | wc -l
467054

[hadoop@hc2nn ~]$ hdfs dfs -cat /data/spark/nbayes/
DigitalBreathTestData2013-MALE2.csv | head -5
Male,Suspicion of Alcohol,Weekday,12am-4am,75,30-39
```

```
Male,Moving Traffic Violation,Weekday,12am-4am,0,20-24
Male,Suspicion of Alcohol,Weekend,4am-8am,12,40-49
Male,Suspicion of Alcohol,Weekday,12am-4am,0,50-59
Female,Road Traffic Collision,Weekend,12pm-4pm,0,20-24
```

아파치 스파크 MLlib 분류 기능은 LabeledPoint라는 데이터 구조를 사용하는 데, LabeledPoint 구조는 일반적인 목적으로 데이터를 표시하는 데 사용되며 http://spark. apache.org/docs/1.0.0/api/scala/index.html#org.apache.spark. mllib.regression.LabeledPoint에 정의되어 있다.

LabeledPoint 데이터 구조는 Double 값만 받아들인다. 즉, 텍스트 형태로 되어 있는 위의 데이터는 모두 숫자로 분류되어야 한다. 다행히 모든 열의 데이터는 숫자 카테고리로 변환될 예정이며, 이를 위해 2개의 프로그램을 chapter2/naive bayes 디렉터리 아래에 제공하였다. 하나는 'convTestData.pl'이라는 이름의 펄 스크립트 프로그램으로 앞에서의 텍스트 파일을 리눅스 파일로 변환시킨다. 두 번째 프로그램은 'convert.scala'로 'DigitalBreathTestData2013-MALE2.csv' 파일의 내용을 Double 벡터값으로 변환한다.

스칼라 기반의 개발환경을 위한 디렉터리 구조와 파일에 관해서는 앞서 설명하였으니 생략하겠다. 현재 스칼라 코드는 hc2nn 서버에서 hadoop 계정으로 작성하고 있는데, 아래의 'pwd'와 'ls' 명령을 통해 현재 작업 중인 디렉터리가 nbayes이고, 앞에서 작성한 설정파일인 'bayes.sbt' 파일이 들어있다.

```
[hadoop@hc2nn nbayes]$ pwd
/home/hadoop/spark/nbayes
[hadoop@hc2nn nbayes]$ ls
bayes.sbt     target   project    src
```

나이브 베이즈 예제를 실행시키는 스칼라 코드는 nbayes 디렉터리 아래에 있는 src/main/scala 서브 디렉터리에 있다.

```
[hadoop@hc2nn scala]$ pwd
/home/hadoop/spark/nbayes/src/main/scala
[hadoop@hc2nn scala]$ ls
bayes1.scala    convert.scala
```

'bayes1.scala' 파일은 나중에 살펴보기로 하고 우선은 HDFS에 있는 텍스트 기반의 데이터를 숫자 데이터인 Double 값으로 변환하자. 이 역할은 convert.scala가 맡는다. 그러면 'convert.scala' 파일을 살펴보자.

```
import org.apache.spark.SparkContext
import org.apache.spark.SparkContext._
import org.apache.spark.SparkConf
```

위의 3줄은 스파크 콘텍스트, 아파치 스파크 클러스터 연결, 스파크 설정에 필요한 클래스를 import 한다. 그런 다음 애플리케이션 객체를 생성하기 위해 App 클래스를 extends 시킨다. 객체 이름은 convert1이다.

```
object convert1 extends App
{
```

계속해서 enumerateCsvRecord라는 이름의 함수를 만드는 데, 문자열 배열을 파라미터 변수 colData에 받고 문자열을 반환한다.

```
def enumerateCsvRecord( colData:Array[String]): String =
{
```

enumerateCsvRecord 함수는 각각의 텍스트 값을 매칭하면서 숫자로 변환시키는 작업을 하는데, 예를 들면 Male은 0으로 바뀌는 식이 된다. 이렇게 변환된 숫자 값은 colVal1 등과 같은 변수에 저장된다.

```scala
val colVal1 =
  colData(0) match
  {
    case "Male"                      => 0
    case "Female"                    => 1
    case "Unknown"                   => 2
    case _                           => 99
  }

val colVal2 =
  colData(1) match
  {
    case "Moving Traffic Violation"  => 0
    case "Other"                     => 1
    case "Road Traffic Collision"    => 2
    case "Suspicion of Alcohol"      => 3
    case _                           => 99
  }

val colVal3 =
  colData(2) match
  {
    case "Weekday"                   => 0
    case "Weekend"                   => 0
    case _                           => 99
  }

val colVal4 =
  colData(3) match
  {
    case "12am-4am"                  => 0
    case "4am-8am"                   => 1
    case "8am-12pm"                  => 2
    case "12pm-4pm"                  => 3
    case "4pm-8pm"                   => 4
    case "8pm-12pm"                  => 5
```

```
        case _                                  => 99
    }

  val colVal5 = colData(4)

  val colVal6 =
    colData(5) match
    {
      case "16-19"                              => 0
      case "20-24"                              => 1
      case "25-29"                              => 2
      case "30-39"                              => 3
      case "40-49"                              => 4
      case "50-59"                              => 5
      case "60-69"                              => 6
      case "70-98"                              => 7
      case "Other"                              => 8
      case _                                    => 99
    }
```

그리고 각 숫자 값을 콤마와 공백으로 구분하는 문자열로 만든 다음 lineString 변수에
넣는다. 마지막으로 lineString을 반환시키면서 함수는 끝난다. 이때, 반환되는 문자열은
콤마를 기준으로 라벨과 벡터로 나뉘는 데 벡터는 데이터를 표시한다. 이렇게 문자열을 만들
어 놓음으로써 동시에 라벨과 벡터를 처리할 수 있다.

```
  val lineString = colVal1+","+colVal2+" "+colVal3+" "+colVal4+
" "+colVal5+" "+colVal6

  return lineString
}
```

메인 스크립트는 HDFS 서버 이름과 경로를 갖는 변수를 정의하는 것으로 시작한다. 이 변
수들은 입력 파일과 저장 경로로 사용된다. 그리고 스파크 URL과 애플리케이션 이름을 갖는
변수도 정의하는 데, 이 변수들은 새로운 스파크 설정을 생성하는 데 사용된다. 이렇게 생성된

스파크 설정을 이용하여 새로운 스파크 콘텍스트나 스파크 연결을 만든다.

```
val hdfsServer = "hdfs://hc2nn.semtech-solutions.co.nz:8020"
val hdfsPath   = "/data/spark/nbayes/"

val inDataFile = hdfsServer + hdfsPath + "DigitalBreathTestData2013-
MALE2.csv"
val outDataFile = hdfsServer + hdfsPath + "result"

val sparkMaster = "spark://hc2nn.semtech-solutions.co.nz:7077"
val appName = "Convert 1"
val sparkConf = new SparkConf()

sparkConf.setMaster(sparkMaster)
sparkConf.setAppName(appName)

val sparkCxt = new SparkContext(sparkConf)
```

스파크 콘텍스트의 `textFile` 메소드를 이용하여 CSV 형식의 raw 데이터 파일은 HDFS
에서 로드한 다음 전체 데이터의 행 개수를 출력한다.

```
val csvData = sparkCxt.textFile(inDataFile)
println("Records in  : "+ csvData.count() )
```

CSV raw 데이터는 줄 단위로 `enumerateCsvRecord` 함수에 전달되며, 함수에서 반환
된 숫자, 콤마, 공백으로 구성된 문자열은 `enumRddData` 변수에 저장된다.

```
val enumRddData = csvData.map
{
  csvLine =>
    val colData = csvLine.split(',')

    enumerateCsvRecord(colData)
}
```

마지막으로 enumRddData 변수에 있는 레코드 개수를 출력하고 정제된 데이터를 HDFS에 저장시킨다.

```
println("Records out : "+ enumRddData.count() )

enumRddData.saveAsTextFile(outDataFile)

} // object 끝
```

지금까지 작성한 스크립트를 스파크에서 애플리케이션 형태로 동작시키기 위해서는 컴파일 시켜야 하는데, sbt 패키지 명령을 사용하여 컴파일 할 수 있다. 아래의 내용은 nbayes 디렉터리에서 컴파일을 진행하는 모습을 보여준다.

```
[hadoop@hc2nn nbayes]$ sbt package
Loading /usr/share/sbt/bin/sbt-launch-lib.bash
....
[info] Done packaging.
[success] Total time: 37 s, completed Feb 19, 2015 1:23:55 PM
```

이렇게 컴파일이 되면 아래와 같이 JAR 파일로 패키지 된다.

```
[hadoop@hc2nn nbayes]$ pwd
/home/hadoop/spark/nbayes
[hadoop@hc2nn nbayes]$ ls -l target/scala-2.10
total 24
drwxrwxr-x 2 hadoop hadoop  4096 Feb 19 13:23 classes
-rw-rw-r-- 1 hadoop hadoop 17609 Feb 19 13:23 naive-bayes_2.10-1.0.jar
```

이제 convert1 애플리케이션은 애플리케이션 이름, 스파크 URL, JAR 파일 경로를 활용하여 실행할 수 있는 준비를 마쳤다. 그러면 다음과 같이 명령을 실행시켜보자. 메모리와 최대 코어 수를 지정하는 파라미터가 추가된 것에 주의하기 바란다.

```
spark-submit \
  --class convert1 \
  --master spark://hc2nn.semtech-solutions.co.nz:7077  \
  --executor-memory 700M \
  --total-executor-cores 100 \
  /home/hadoop/spark/nbayes/target/scala-2.10/naive-bayes_2.10-
1.0.jar
```

실행 결과로 HDFS 디렉터리 /data/spark/nbayes/에 데이터 디렉터리 result를 생성하는 데 이 안에는 처리 결과가 담긴 part 파일이 있다.

```
[hadoop@hc2nn nbayes]$ hdfs dfs -ls /data/spark/nbayes
Found 2 items
-rw-r--r--   3 hadoop supergroup   24645166 2015-01-29 21:27 /data/
spark/nbayes/DigitalBreathTestData2013-MALE2.csv
drwxr-xr-x   - hadoop supergroup          0 2015-02-19 13:36 /data/
spark/nbayes/result

[hadoop@hc2nn nbayes]$ hdfs dfs -ls /data/spark/nbayes/result
Found 3 items
-rw-r--r--   3 hadoop supergroup          0 2015-02-19 13:36 /data/
spark/nbayes/result/_SUCCESS
-rw-r--r--   3 hadoop supergroup    2828727 2015-02-19 13:36 /data/
spark/nbayes/result/part-00000
-rw-r--r--   3 hadoop supergroup    2865499 2015-02-19 13:36 /data/
spark/nbayes/result/part-00001
```

다음의 HDFS 'cat' 명령을 통해 part 파일을 'DigitalBreathTestData2013-MALE2a.csv'이라는 이름의 파일에 합친다. 이어서 'head' 명령을 통해 이 파일의 내용이 숫자로 구성되어 있음을 확인하고, HDFS 'put' 명령을 이용하여 'DigitalBreathTestData2013-MALE2a.csv' 파일을 HDFS에 올린다.

```
[hadoop@hc2nn nbayes]$ hdfs dfs -cat /data/spark/nbayes/result/part*
> ./DigitalBreathTestData2013-MALE2a.csv

[hadoop@hc2nn nbayes]$ head -5 DigitalBreathTestData2013-MALE2a.csv
0,3 0 0 75 3
0,0 0 0 0 1
0,3 0 1 12 4
0,3 0 0 0 5
1,2 0 3 0 1

[hadoop@hc2nn nbayes]$ hdfs dfs -put ./DigitalBreathTestData2013-
MALE2a.csv /data/spark/nbayes
```

계속해서 HDFS 'ls' 명령으로 숫자로 구성된 'DigitalBreathTestData2013-MALE2a.csv' 파일이 HDFS nbayes 디렉터리에 들어있는 것을 확인할 수 있다.

```
[hadoop@hc2nn nbayes]$ hdfs dfs -ls /data/spark/nbayes
Found 3 items
-rw-r--r--   3 hadoop supergroup   24645166 2015-01-29 21:27 /data/
spark/nbayes/DigitalBreathTestData2013-MALE2.csv
-rw-r--r--   3 hadoop supergroup    5694226 2015-02-19 13:39 /data/
spark/nbayes/DigitalBreathTestData2013-MALE2a.csv
drwxr-xr-x   - hadoop supergroup          0 2015-02-19 13:36 /data/
spark/nbayes/result
```

이제 데이터가 숫자 형태로 변환되었기 때문에 MLlib 나이브 베이즈 알고리즘을 사용하는 'bayes1.scala' 프로그램을 사용할 수 있게 되었다. 'bayes1.scala' 프로그램은 convert.scala와 같은 설정과 콘텍스트 클래스를 사용한다. 여기에 나이브 베이즈, 벡터, LabeledPoint 구조를 사용하기 위해 MLlib 클래스를 가져온다. 이번에 생성할 애플리케이션 클래스 이름은 bayes1이다.

```
import org.apache.spark.SparkContext
import org.apache.spark.SparkContext._
import org.apache.spark.SparkConf
import org.apache.spark.mllib.classification.NaiveBayes
import org.apache.spark.mllib.linalg.Vectors
import org.apache.spark.mllib.regression.LabeledPoint


object bayes1 extends App
{
```

다시, HDFS 데이터 파일을 정의한 다음 스파크 콘텍스트를 생성한다.

```
  val hdfsServer = "hdfs://hc2nn.semtech-solutions.co.nz:8020"
  val hdfsPath   = "/data/spark/nbayes/"

  val dataFile = hdfsServer+hdfsPath+"DigitalBreathTestData2013-
MALE2a.csv"

  val sparkMaster = "spark://hc2nn.semtech-solutions.co.nz:7077"
  val appName = "Naive Bayes 1"
  val conf = new SparkConf()
  conf.setMaster(sparkMaster)
  conf.setAppName(appName)

  val sparkCxt = new SparkContext(conf)
```

이제 CSV 데이터를 읽은 다음 구분자를 이용하여 필요한 내용으로 나눈다. 콤마 앞에 있는
숫자는 라벨(Male/Female)로, 나머지 공백 기호로 나누어진 숫자들은 분류용으로 사용될
벡터값으로 저장된다.

```
  val csvData = sparkCxt.textFile(dataFile)

  val ArrayData = csvData.map
```

```
{
  csvLine =>
    val colData = csvLine.split(',')
    LabeledPoint(colData(0).toDouble, Vectors.dense(colData(1).
split(' ').map(_.toDouble)))
  }
```

그리고 데이터의 70%는 연습용으로, 나머지 30%는 테스트용으로 사용되도록 분리한다.

```
val divData = ArrayData.randomSplit(Array(0.7, 0.3), seed = 13L)

val trainDataSet = divData(0)
val testDataSet  = divData(1)
```

이렇게 함으로써 나이브 베이즈 MLlib 기능은 연습용 세트를 가지고 훈련할 수 있게 된다. 이렇게 훈련된 나이브 베이즈 모델은 nbTrained 변수에 저장되어 테스트 데이터의 결과가 남성인지 여성인지를 예측하는 데 사용된다.

```
val nbTrained = NaiveBayes.train(trainDataSet)
val nbPredict = nbTrained.predict(testDataSet.map(_.features))
```

모든 데이터에는 라벨을 붙여놓았기 때문에 나이브 베이즈 알고리즘이 예측한 결과를 오리지널 데이터와 비교할 수 있다. 이것을 통해 나이브 베이즈 알고리즘의 정확도를 구할 수 있다.

```
val predictionAndLabel = nbPredict.zip(testDataSet.map(_.label))
val accuracy = 100.0 * predictionAndLabel.filter(x => x._1 == x._2).
count() / testDataSet.count()
println( "Accuracy : " + accuracy );
}
```

지금까지 나이브 베이즈 예제 코드를 살펴보았다. 그러면 이제 spark-submit을 이용하여 bayes1 애플리케이션을 컴파일 하고 나이브 베이즈 분류의 정확도를 확인해보자. 실행 파라미터는 앞의 예제와 동일하며 클래스 이름만 바뀌었다.

```
spark-submit \
  --class bayes1 \
  --master spark://hc2nn.semtech-solutions.co.nz:7077 \
  --executor-memory 700M \
  --total-executor-cores 100 \
  /home/hadoop/spark/nbayes/target/scala-2.10/naive-bayes_2.10-1.0.jar
```

결과를 보면 알 수 있듯이, 스파크 클러스터의 정확도는 43% 밖에 되지 않아 이 데이터는 나이브 베이즈 알고리즘에는 적합하지 않다는 것을 알 수 있다.

```
Accuracy: 43.30
```

다음 예제에서는 K-평균을 사용하여 어떤 클러스터가 데이터 내에 존재하는지를 찾아볼 것이다. 다시 한 번 설명하자면 나이브 베이즈는 데이터를 분류하기 위한 클래스 간 선형으로 나누어질 수 있어야 하지만, K-평균의 경우에는 클러스터와 클러스터 내 중심점과의 거리를 모두 고려한다.

2.3. K-평균(K-Means) 클러스터링

이번 예제는 앞의 예제와 같은 데이터를 사용하지만 MLlib K-평균 알고리즘을 사용하여 가장 적합한 클러스터를 찾을 것이다.

2.3.1. 이론

K-평균 클러스터 알고리즘은 테스트 데이터를 여러 개의 클러스터로 나눈 뒤 모든 클러스터에 관해 클러스터의 중심점 벡터와 클러스터에 들어있는 데이터 간 거리의 합이 최소가 되도록 반복적으로 시도하여 최종적으로 결정된 클러스터를 찾는 것을 목표로 한다.

아래의 식은 K-평균 클러스터 알고리즘으로, 데이터 집합에 들어가는 원소는 X_1에서 X_n으로 표시하며, K개의 클러스터 집합은 S_1에서 S_k로 표시한다(단, $K \leq n$).

$$\underset{S}{\arg\min} \sum_{i=1}^{K} \sum_{x \in s_i} \left\| x - B_i \right\|^2$$

B_i는 집합 S_i의 평균

2.3.2. K-평균의 사례

마찬가지로, K-평균 MLlib 라이브러리는 LabeledPoint 구조체를 이용하여 데이터를 처리하기 때문에 숫자 형태의 입력 데이터가 필요하다. 앞의 섹션에서 사용한 데이터를 그대로 사용할 것이기 때문에 데이터 변환에 대한 설명은 생략한다. 이번 섹션에서의 차이점은 데이터를 사용하는 HDFS 디렉터리가 /data/spark/kmeans/로 바뀌는 것과 변환 스크립트가 K-평균용으로 변환시키는 데이터는 모든 숫자가 콤마로 구분할 정도이다.

K-평균 예제는 다른 예제와 구분되도록 /home/hadoop/spark/kmeans 디렉터리에서 진행된다. sbt 설정 파일 이름은 'kmeans.sbt'로, 프로젝트 이름을 제외하고는 앞의 예제와 내용이 같다.

```
name := "K-Means"
```

이번 섹션 코드는 소프트웨어 패키지 chapter2\K-Means 디렉터리에 있다. 먼저 kmeans/src/main/scala 디렉터리에 있는 kmeans1.scala의 내용을 살펴보자. 나이브 베이즈 예제에서와 마찬가지로 스파크 콘텍스트와 설정을 가져오는 import 구문으로 시작하는 데, 이번에는 MLlib으로부터 K-평균 기능도 가져온다. 클래스 이름 또한, kmeans1으로 바뀌었다.

```
import org.apache.spark.SparkContext
import org.apache.spark.SparkContext._
```

```
import org.apache.spark.SparkConf

import org.apache.spark.mllib.linalg.Vectors
import org.apache.spark.mllib.clustering.{KMeans,KMeansModel}

object kmeans1 extends App
{
```

계속해서 나이브 베이즈 예제에서와 같이 데이터 파일(스파크 설정과 스파크 콘텍스트)을
정의한다.

```
  val hdfsServer = "hdfs://hc2nn.semtech-solutions.co.nz:8020"
  val hdfsPath   = "/data/spark/kmeans/"

  val dataFile  = hdfsServer + hdfsPath +
"DigitalBreathTestData2013-MALE2a.csv"

  val sparkMaster = "spark://hc2nn.semtech-solutions.co.nz:7077"
  val appName = "K-Means 1"
  val conf = new SparkConf()

  conf.setMaster(sparkMaster)
  conf.setAppName(appName)
  val sparkCxt = new SparkContext(conf)
```

그리고 CSV 데이터를 데이터 파일로부터 로드한 다음 콤마 글자를 구분기호로 삼아 숫자를
분리하여 VectorData 변수에 넣는다.

```
  val csvData = sparkCxt.textFile(dataFile)
  val VectorData = csvData.map
  {
    csvLine =>
      Vectors.dense( csvLine.split(',').map(_.toDouble))
  }
```

K-평균 객체가 초기화되면 파라미터도 설정해야 하는데, 여기에서는 클러스터 개수, 최대 반복횟수를 지정한다.

```
val kMeans = new KMeans
val numClusters       = 3
val maxIterations     = 50
```

객체 초기화를 위한 몇 가지 기본값도 추가로 설정해야 하는데, 이러한 값에는 초기화 모드, 실행 횟수, Epsilon 개수가 있다. 이 값들은 K-평균 초기화 메소드 호출에 사용되며, 사용되는 방식은 모두 같다.

```
val initializationMode   = KMeans.K_MEANS_PARALLEL
val numRuns              = 1
val numEpsilon           = 1e-4

kMeans.setK( numClusters )
kMeans.setMaxIterations( maxIterations )
kMeans.setInitializationMode( initializationMode )
kMeans.setRuns( numRuns )
kMeans.setEpsilon( numEpsilon )
```

여기에서는 연습용 벡터 데이터를 캐시^{cache}하여 성능을 높이도록 하였으며, VectorData를 사용하여 K-평균 객체를 훈련시켜 훈련된 K-평균 모델을 생성시켰다.

```
VectorData.cache
val kMeansModel = kMeans.run( VectorData )
```

다음으로 K-평균 클러스터 알고리즘의 비용을 계산한 다음, 입력된 데이터의 행의 개수와 함께 출력시킨다. 비용 값은 얼마나 클러스터가 잘 모여 있으며 클러스터 간 잘 분리되었는지를 나타낸다.

```
val kMeansCost = kMeansModel.computeCost( VectorData )

println( "Input data rows : " + VectorData.count() )
println( "K-Means Cost    : " + kMeansCost )
```

그리고 K-평균 모델을 이용하여 각 클러스터별 최종 산출된 중심점을 벡터 형태로 출력한다.

```
kMeansModel.clusterCenters.foreach{ println }
```

마지막으로, 클러스터의 멤버를 예측하기 위해 K-평균 모델의 predict 함수를 사용하였다. 이렇게 해서 구한 클러스터별 멤버 수를 세어 과연 실제로 3개의 클러스터로 수렴하였는지, 어떤 클러스터가 가장 큰지를 확인하였다.

```
val clusterRddInt = kMeansModel.predict( VectorData )

val clusterCount = clusterRddInt.countByValue

clusterCount.toList.foreach{ println }

} // end object kmeans1
```

이제 애플리케이션 실행을 위해 컴파일 및 패키지 시킨다. pwd 명령을 통해 작업 디렉터리가 kmeans 디렉터리임을 확인할 수 있다.

```
[hadoop@hc2nn kmeans]$ pwd
/home/hadoop/spark/kmeans
[hadoop@hc2nn kmeans]$ sbt package

Loading /usr/share/sbt/bin/sbt-launch-lib.bash
[info] Set current project to K-Means (in build file:/home/hadoop/
spark/kmeans/)
```

```
[info] Compiling 2 Scala sources to /home/hadoop/spark/kmeans/
target/scala-2.10/classes...
[info] Packaging /home/hadoop/spark/kmeans/target/scala-2.10/
k-means_2.10-1.0.jar ...
[info] Done packaging.
[success] Total time: 20 s, completed Feb 19, 2015 5:02:07 PM
```

패키지가 성공적으로 생성되면 HDFS를 확인하여 테스트 데이터가 제대로 준비되었는지를 점검해야 한다. 앞의 나이브 베이즈 예제에서와 마찬가지로 이번에도 제공된 convert. scala를 이용하여 데이터를 숫자 형태로 변환하였다. 이번 예제는 HDFS의 /data/ spark/kmeans 디렉터리에서 데이터 파일 'DigitalBreathTestData2013- MALE2a.csv'을 처리한다.

```
[hadoop@hc2nn nbayes]$ hdfs dfs -ls /data/spark/kmeans
Found 3 items
-rw-r--r--   3 hadoop supergroup   24645166 2015-02-05 21:11 /data/
spark/kmeans/DigitalBreathTestData2013-MALE2.csv
 rw r--r--   3 hadoop supergroup    5694226 2015-02-05 21:48 /data/
spark/kmeans/DigitalBreathTestData2013-MALE2a.csv
drwxr-xr-x   - hadoop supergroup          0 2015-02-05 21:46 /data/
spark/kmeans/result
```

이제 spark-submit을 이용하여 K-평균 애플리케이션을 실행한다. 클래스 이름이 kmeans1으로 바뀐 것을 제외하고 나머지는 같다.

```
spark-submit \
  --class kmeans1 \
  --master spark://hc2nn.semtech-solutions.co.nz:7077  \
  --executor-memory 700M \
  --total-executor-cores 100 \
  /home/hadoop/spark/kmeans/target/scala-2.10/k-means_2.10-1.0.jar
```

실행 결과는 다음과 같다.

```
Input data rows : 467054
K-Means Cost   : 5.40312223450789E7
```

첫 번째 줄은 입력 데이터의 크기를 보여주는 데 제대로 들어왔음을 알 수 있다. 이어서 K-평균의 비용도 나타나는 데, K-평균 비용은 데이터와 중심점 간의 거리의 제곱 합이 된다. 다음으로, 3개의 클러스터의 중심점에 해당하는 벡터를 보여준다. 클러스터 중심점 벡터는 모두 원본 데이터 벡터와 같은 개수의 요소를 갖는다.

```
[0.24698249738061878,1.3015883142472253,0.00583011687250263,2.91737
47788555207,1.156645130895448,3.4400290524342454]

[0.3321793984152627,1.784137241326256,0.007615970459266097,2.5831987
075928917,119.58366028156011,3.8379106085083468]

[0.25247226760684494,1.702510963969387,0.006384899819416975,2.231404
248000688,52.202897927594805,3.551509158139135]
```

마지막으로, 클러스터 1번~3번까지의 멤버 수를 나타내는 데, 1번 클러스터(0번 인덱스)가 407,539개의 벡터를 보유하여 가장 많은 멤버를 갖고 있음을 알 수 있다.

```
(0,407539)
(1,12999)
(2,46516)
```

지금까지 두 종류의 예제를 통해 나이브 베이즈와 K-평균이 어떻게 데이터를 분류하고 클러스터로 묶는지를 알 수 있었다. 하지만 만일 이미지나 복잡한 패턴을 분류하고자 한다면 어떻게 해야 할까? 블랙박스 접근 방식을 통해 분류하면 되는가? 이러한 문제에 대한 분류를 위해 다음 섹션에서는 ANN^{Artificial Neural Network, 인공 신경망}을 사용하는 스파크 기반의 분류에 관해 알아볼 것이다. 이를 위해 현재 집필 시점의 가장 최신의 스파크 코드를 다운 받았다(스파크 버전 1.3으로 현재 집필 시점에는 정식 출시되지 않았다).

2.4. ANN – 인공 신경망(Artificial Neural Networks)

아파치 스파크에서 ANN[Artificial Neural Network, 인공 신경망] 기능을 사용하기 위해서는 아파치 스파크의 가장 최신 버전의 소스 코드를 GitHub에서 다운받아야 한다. ANN은 버트 그리븐보쉬[Bert Greevenbosch]가 개발하였는 데(http://www.bertgreevenbosch.nl), 아파치 스파크 1.3에 포함되기로 결정되었으며, 현재 집필시점의 가장 최신 릴리즈 버전인 아파치 스파크 1.2.1 및 CDH 5.x에 실려 있는 아파치 스파크 1.0에는 ANN 기능이 포함되어있지 않다. 따라서 아직 출시되지 않은 ANN 기능을 사용하기 위해 직접 아파치 스파크 소스 코드를 받아 설치해야 한다. 이 부분은 ANN 이론 설명을 한 후에 다룰 것이다.[4]

2.4.1. 이론

아래의 왼쪽 그림은 생물학적 뉴런을 보여주고 있다. 뉴런은 다른 뉴런으로부터 자극 신호를 받는 수상돌기와 활성화를 제어하는 세포막, 다른 뉴런의 수상돌기로 전기 신호를 보내는 축삭돌기로 구성되어 있다. 오른쪽 그림은 인공 신경을 보여주고 있는데, 인공 신경은 뉴런과 비슷하게 여러 개의 가중치가 부여된 입력과 입력을 하나로 모으는 합산함수, 입력 값의 합이 일성 기준을 넘어섰는지 판단하여 뉴런이 농작할 것인지 아닌지를 결정하는 실행 메커니즘 F(Net)으로 구성되어 있다.

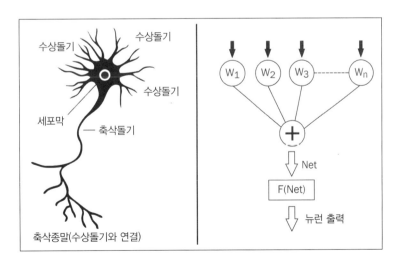

---

4) 역자 주 : 현재 릴리즈 버전은 1.60이며, 2.0이 개발 중이다.

신경망은 이미지에 잡음이 들어가거나 뒤틀림을 수용하기 때문에 잠재적으로 손상될 수 있는 이미지 등에 필요한 블랙박스 분류 기법이 될 수 있다. 우선 뉴런 입력에 대한 합산함수를 살펴보자. 아래의 그림은 뉴런 i에 대한 합산함수 Net을 보여주고 있다. 뉴런 간 연결에는 각각의 가중치가 부여되는 데, 가중치는 뉴런이 포함된 네트워크의 이해를 통해 정해진다. 일반적으로 네트워크는 입력 레이어, 출력 레이어, 다수의 은닉 레이어로 구성되는 데 만일 입력의 합산값이 특정 임계치를 넘어서면 뉴런이 동작하게 된다.

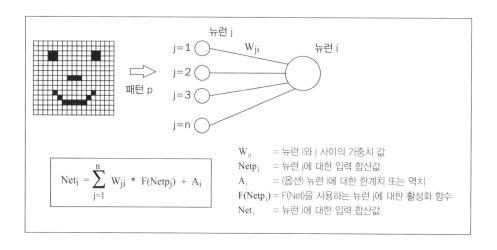

위의 그림을 보면 패턴 P로부터 생성된 입력 값이 네트워크 입력 레이어에 있는 뉴런에게 전달된다. 이렇게 입력된 값은 입력 레이어 뉴런의 활성화 값이 되는데 이것은 특별한 상황에 해당한다. 뉴런 i로 입력되는 값은 뉴런 i-j 연결별로 주어진 가중치 값에 뉴런 j의 활성화 값을 곱한 값들을 합한 값이 된다(입력 레이어의 뉴런이 아닌 경우). 뉴런 j의 활성화 값은 전달 함수인 F(Net)을 통해 얻을 수 있는데 이 부분에 관해서는 나중에 설명한다.

어쨌든 시뮬레이션 된 뉴런은 신호 전달 여부를 결정하기 위한 메커니즘이 필요한데, 보통 뉴런에 입력된 값이 임계치를 넘겼는지 아닌지로 결정하게 된다. 임계치를 넘기게 되면 뉴런에 대한 활성화 값이 생성된다. 실행 또는 전달 함수는 다음의 그림과 같이 S자 곡선 형태의 시그모이드 함수로 기술된다.

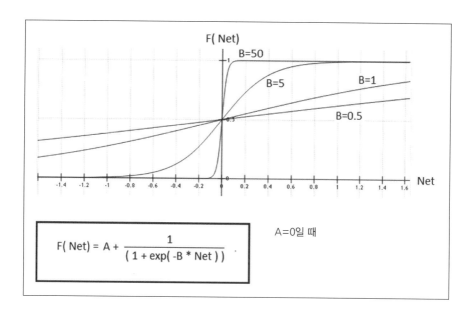

위의 함수는 2개의 상수 A, B를 갖는다. B는 그래프와 같이 커브의 곡률을 결정하는 데, 값이 클수록 함수는 on/off 형태의 모습이 된다. A는 활성화 값의 최소값을 결정하는 데, 위의 경우에는 활성화 함수의 최소값은 0이 된다.

결국, 이러한 형태의 활성화 함수를 통해 뉴런을 시뮬레이션하고, 뉴런 연결에 필요한 가중치 행렬을 생성하고, 뉴런 활성화를 관리하는 메커니즘을 제공할 수 있다. 그렇다면 네트워크는 어떻게 구성되어야 할까? 다음의 그림은 뉴런 구조를 보여주고 있는데 신경망이 뉴런으로 구성된 입력 레이어, 출력 레이어, 하나 이상의 은닉 레이어로 이루어진 것을 알 수 있다. 각 레이어에 있는 모든 뉴런은 서로 인접한 레이어에 있는 뉴런과 연결된다.

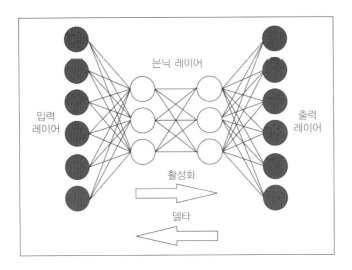

학습 기간 동안 활성화는 네트워크를 통해 입력 레이어로부터 출력 레이어로 그냥 통과시킨 다음 예측된 값과 실제 값을 비교하여 그 차이(또는 오류)를 델타로 표시한 다음 반대로 보내 가중치 행렬값을 수정시킨다. 이렇게 해서 출력 레이어 벡터가 완성되면 가중치 행렬에 그동 안 쌓은 지식이 축적되고, 신경망은 계속해서 학습하거나 실제 분류작업에 사용된다.

결국, 신경망의 배경 이론은 역전달^{back propagation} 관점에서 기술된 것이다. 이제 아파치 스파 크의 개발 버전을 다운받은 다음 스파크 서버를 설치하여 ANN 스칼라 코드가 동작할 수 있도 록 만들어보자.

2.4.2. 스파크 서버 설치

사실, 아파치 스파크가 정식으로 출시하는 버전이나 클라우데라를 통해 패키지 되는(CDH) 버전을 사용할 것을 권장한다. 하지만 이 책을 통해 ANN 기능을 설명하고자 했기 때문에 이 러한 번거로운 작업에 뛰어들게 되었다. 먼저 다음의 경로를 통해 전체 아파치 스파크 코드를 다운로드한다.

```
https://github.com/apache/spark/pull/1290
```

다운받은 코드를 리눅스 서버 `hc2nn`의 `/home/hadoop/spark/spark` 디렉터리에 저 장한 후, 다음의 버트 그리븐보쉬의 GitHub 페이지에 방문하여 ANN 코드를 다운로드한다.

https://github.com/bgreeven/spark/blob/master/mllib/src/main/scala/org/apache/spark/mllib/ann/ArtificialNeuralNetwork.scala

https://github.com/bgreeven/spark/blob/master/mllib/src/main/scala/org/apache/spark/mllib/classification/ANNClassifier.scala

'ANNClassifier.scala' 파일에는 public 함수가 들어있으며, 'ArtificialNeural Network.scala' 파일에는 private MLlib ANN 함수가 들어있는 데 ANNClissifier. scala가 이 함수들을 호출한다. 사전에 Java 오픈 JDK를 서버에 설치하였기 때문에 환경설정 파일인 spark-env.sh를 설정하면 된다. 'spark-env.sh' 파일은 /home/hadoop/spark/spark/conf 디렉터리에 있다. 필자의 'spark-env.sh' 파일의 내용은 다음과 같다.

```
export STANDALONE_SPARK_MASTER_HOST=hc2nn.semtech-solutions.co.nz
export SPARK_MASTER_IP=$STANDALONE_SPARK_MASTER_HOST
export SPARK_HOME=/home/hadoop/spark/spark
export SPARK_LAUNCH_WITH_SCALA=0
export SPARK_MASTER_WEBUI_PORT=19080
export SPARK_MASTER_PORT=8077
export SPARK_WORKER_PORT=8078
export SPARK_WORKER_WEBUI_PORT=19081
export SPARK_WORKER_DIR=/var/run/spark/work
export SPARK_LOG_DIR=/var/log/spark
export SPARK_HISTORY_SERVER_LOG_DIR=/var/log/spark
export SPARK_PID_DIR=/var/run/spark/
export HADOOP_CONF_DIR=/etc/hadoop/conf
export SPARK_JAR_PATH=${SPARK_HOME}/assembly/target/scala-2.10/
export SPARK_JAR=${SPARK_JAR_PATH}/spark-assembly-1.3.0-SNAPSHOT-hadoop2.3.0-cdh5.1.2.jar
export JAVA_HOME=/usr/lib/jvm/java-1.7.0
export SPARK_LOCAL_IP=192.168.1.103
```

SPARK_MASTER_IP 변수는 어떤 서버가 마스터인지를 클러스터에게 알려준다. 포트 변수는 각각 마스터, worker web, 운용 포트값을 지정한다. 그리고 로그 파일과 JAR 파일 경로 지정을 위해 JAVA_HOME과 로컬 서버 IP 주소도 지정하였다. 아파치 메이븐^{Apache Maven5)}으로 아파치 스파크를 설치하는 자세한 방법은 아래의 사이트를 통해 확인할 수 있다.

```
http://spark.apache.org/docs/latest/building-spark.html
```

슬레이브 파일은 worker 서버인 hc2r1m1에서 hc2r1m4의 같은 디렉터리에 각각 위치하며, 위에서와 같이 설정한다.

아파치 메이븐을 사용하여 설치하기 위해 아파치 스파크를 설치하고 실행시킬 리눅스 서버 hc2nn에 mvn을 설치하였다. 또한, 설치 작업은 root 계정으로 진행하였다. 우선 wget을 사용하여 메이븐 저장소에서 repository 파일을 가져온다.

```
wget http://repos.fedorapeople.org/repos/dchen/apache-maven/epel-
apachemaven.repo -O /etc/yum.repos.d/epel-apache-maven.repo
```

'ls –l' 명령으로 새로운 repository 파일이 잘 저장되었는지 확인한다.

```
[root@hc2nn ~]# ls -l /etc/yum.repos.d/epel-apache-maven.repo
-rw-r--r-- 1 root root 445 Mar  4  2014 /etc/yum.repos.d/epel-
apachemaven.repo
```

아파치 메이븐은 'yum' 명령을 통해 설치할 수 있다. 설치한 후 제대로 설치되었는지 확인한다.

```
[root@hc2nn ~]# yum install apache-maven
[root@hc2nn ~]# ls -l /usr/share/apache-maven/bin/mvn
-rwxr-xr-x 1 root root 6185 Dec 15 06:30 /usr/share/apache-maven/
bin/mvn
```

---

5) 역자 주 : 아파치 메이븐(Apache Maven)은 자바용 프로젝트 관리 도구로 주로 중대형 자바 프로젝트를 위해 사용된다.

스파크 소스 트리를 빌드하기 위해 사용한 명령은 다음과 같다. 먼저 환경을 설정한 다음 'mvn' 명령으로 소스 빌드를 시작한다. 이때 옵션으로 하둡 2.3, 얀, 테스트 생략을 지정하고 clean과 package 옵션을 지정하여 이전 버전 파일은 지워지도록 하였다. 마지막으로 'tee' 명령을 이용하여 설치 과정에 생성되는 내용을 'build.log' 파일에 기록하였다. 다음은 소스 트리를 빌드한 명령 및 결과이다.

```
cd /home/hadoop/spark/spark/conf ; . ../spark-env.sh ; cd ..

mvn  -Pyarn -Phadoop-2.3  -Dhadoop.version=2.3.0-cdh5.1.2 -DskipTests
clean package | tee build.log 2>&1

[INFO] ------------------------------------------------------------
[INFO] BUILD SUCCESS
[INFO] ------------------------------------------------------------
[INFO] Total time: 44:20 min
[INFO] Finished at: 2015-02-16T12:20:28+13:00
[INFO] Final Memory: 76M/925M
[INFO] ------------------------------------------------------------
```

실제 빌드 명령은 하둡 보유 여부 및 버전에 따라 달라지기 때문에 자세한 내용은 앞서 언급한 2.4.2. **스파크 서버 설치 54쪽**을 통해 확인하기 바란다. 참고로 필자의 환경에서 빌드하는데 걸리는 시간은 약 40분이었다.

이렇게 빌드된 아파치 스파크는 패키지 되어 동일 클러스터 내 다른 서버에 복사되는데, 이때 모든 서버는 같은 버전의 자바를 사용해야 한다. 그렇지 않으면 다음과 같은 오류가 나타날 것이다.

```
15/02/15 12:41:41 ERROR executor.Executor: Exception in task 0.1 in
stage 0.0 (TID 2)
java.lang.VerifyError: class org.apache.hadoop.hdfs.protocol.proto.
ClientNamenodeProtocolProtos$GetBlockLocationsRequestProto overrides
final method getUnknownFields.()Lcom/google/protobuf/UnknownFieldSet;
        at java.lang.ClassLoader.defineClass1(Native Method)
```

소스 코드를 빌드한 다음에는 패키지로 만들어 클러스터의 나머지 서버에 설치해야 한다. 모든 서버가 CDH 클러스터 멤버이고 SSH를 이용하여 패스워드 없이 접근할 수 있도록 설정해놓았기 때문에 'scp' 명령을 통해 복사할 수 있다. 먼저 /home/hadoop/spark 디렉터리로 이동한 후, 빌드 된 아파치 스파크를 tar로 묶은 다음 'scp' 명령으로 각 슬레이브 서버에 복사한다. 아래의 명령은 hc2r1m1 서버로 복사하는 예를 보여준다.

```
[hadoop@hc2nn spark]$ cd /home/hadoop/spark
[hadoop@hc2nn spark]$ tar cvf spark_bld.tar spark
[hadoop@hc2nn spark]$ scp ./spark_bld.tar hadoop@hc2r1m1:/home/
hadoop/spark/spark_bld.tar
```

다음으로, 슬레이브 노드에 복사한 tar 파일을 풀어야 한다. 아래의 명령은 hc2r1m1 서버에서 진행되었으며, tar 파일을 복사한 곳은 hc2nn 서버와 같은 /home/hadoop/spark 디렉터리이다.

```
[hadoop@hc2r1m1 ~]$ mkdir spark ; mv spark_bld.tar spark
[hadoop@hc2r1m1 ~]$ cd spark ; ls
spark_bld.tar
[hadoop@hc2r1m1 spark]$ tar xvf spark_bld.tar
```

성공적으로 빌드가 이루어지고 각 슬레이브 서버에 빌드된 코드가 설치되고 나면 비로소 마스터 서버 hc2nn에서 아파치 스파크를 실행시킬 수 있게 된다. 참고로, 이전에 아파치 스파크 1.0을 설치하면서 각기 다른 포트 번호를 지정하였다. 아울러, 스파크 1.0이 리눅스 root 계정 하에서 서비스 형태로 관리되었기 때문에 스파크 1.3도 root 권한으로 실행시킬 것이다. 아파치 스파크 두 버전 모두 로그 및 .pid 파일을 공유하도록 해야 하기 때문에라도 root 권한이 필요하다. 아래는 아파치 스파크 1.3을 실행시키기 위한 스크립트 내용이다.

```
cd /home/hadoop/spark/spark/conf ; . ./spark-env.sh ; cd ../sbin
echo "hc2nn - start master server"
./start-master.sh
```

```
echo "sleep 5000 ms"
sleep 5
echo "hc2nn - start history server"
./start-history-server.sh
echo "Start Spark slaves workers"
./start-slaves.sh
```

스크립트는 'spark-env.sh' 파일을 실행시켜 환경을 설정하고 아파치 스파크의 sbin 디렉터리로 이동하여 서비스를 실행시킬 준비를 한다. 그런 다음 마스터 서버와 history 서버를 실행시킨 다음 슬레이브 worker를 실행시킨다. 이때 마스터 서버를 실행시킨 후 슬레이브 worker를 실행시키기 전에 약간 대기하도록 하였는데, 그 이유는 슬레이브가 실행할 때 접속할 마스터가 준비되어 있어야 하기 때문이다. 이렇게 실행한 아파치 스파크 1.3의 웹 사용자 인터페이스는 아래의 URL을 통해 접속할 수 있다.

```
http://hc2nn.semtech-solutions.co.nz:19080/
```

스파크에 연결하는 애플리케이션을 실행하기 위한 스파크 URL도 다음과 같이 사용할 수 있다.

```
spark://hc2nn.semtech-solutions.co.nz:8077
```

드디어 스파크 환경 설정파일에 지정된 포트 번호를 통해 ANN 기능을 사용할 수 있게 되었다. 다음 섹션에서 ANN 스칼라 스크립트와 데이터를 통해 스파크 기반의 ANN 기능을 사용하는 방법에 관해 설명할 것이다.

2.4.3. ANN의 사례

ANN 훈련을 시작하기 위해서는 시험 데이터가 필요하다. ANN은 주로 변형되거나 노이즈가 있는 이미지를 분류하는 데 좋은 성능을 보여주기 때문에 이 책에서는 다음과 같은 이미지를 분류하는 예를 보여줄 것이다.

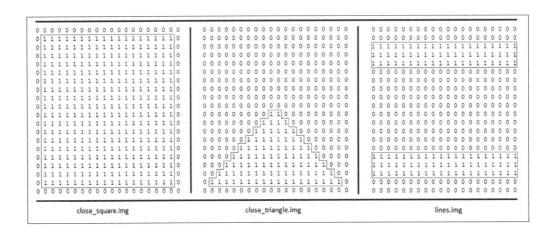

close_square.img   close_triangle.img   lines.img

위의 그림들은 모두 직접 만든 텍스트 파일로 1과 0만을 이용하여 작성하였다. 이 파일이 HDFS에 저장되면 줄 바꿈(CR) 글자가 모두 제거되기 때문에 이미지는 1줄의 벡터 형태로 표시되게 된다. 그래서 ANN은 이미지 모양의 시리즈를 분류하는 것을 학습하게 되며, 학습이 끝난 다음에는 노이즈가 추가된 이미지를 제공하여 제대로 모양을 분류하는지를 시험하게 된다. 훈련 이미지는 총 6개로 각각 0.1부터 0.6까지로 이름이 붙는다. 가령 사각형의 경우 ANN은 이름값으로 0.1을 리턴해야 한다. 다음의 이미지는 노이즈가 있는 테스트 이미지이다. 노이즈는 동그라미로 표시한 것처럼 0으로 나타냈다.

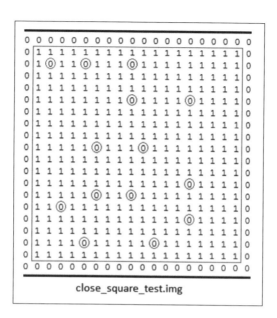

close_square_test.img

이전 예제에서와는 달리 다른 버전의 아파치 스파크 서버가 사용됨에 따라 스파크 라이브러리의 위치도 바뀌었다. 따라서 ANN 스칼라 예제 코드를 컴파일 하기 위해 사용되는 sbt 설정 파일 역시 내용이 수정되어야 한다. 앞에서 ANN 코드가 hadoop 계정으로 spark/ann 서브 디렉터리에서 작성되었기 때문에 'ann.sbt' 파일도 같은 디렉터리에 존재한다.

```
[hadoop@hc2nn ann]$ pwd
/home/hadoop/spark/ann

[hadoop@hc2nn ann]$ ls
ann.sbt    project    src    target
```

스파크 버전이 변경됨에 따라 JAR 라이브러리 파일의 전체 경로를 사용하도록 'ann.sbt' 파일의 내용을 바꾸었는데, 그 이유는 새로운 아파치 스파크 1.3이 /home/hadoop/spark/ spark 디렉터리에 있기 때문이다. 또한, 프로젝트 이름도 "A N N"으로 변경하였다.

```
name := "A N N"
version := "1.0"
scalaVersion := "2.10.4"

libraryDependencies += "org.apache.hadoop" % "hadoop-client" %
"2.3.0"
libraryDependencies += "org.apache.spark" % "spark-core"  % "1.3.0"
from "file:///home/hadoop/spark/spark/core/target/spark-core_2.10-
1.3.0-SNAPSHOT.jar"
libraryDependencies += "org.apache.spark" % "spark-mllib" % "1.3.0"
from "file:///home/hadoop/spark/spark/mllib/target/spark-mllib_2.10-
1.3.0-SNAPSHOT.jar"
libraryDependencies += "org.apache.spark" % "akka" % "1.3.0" from
"file:///home/hadoop/spark/spark/assembly/target/scala-2.10/
sparkassembly-1.3.0-SNAPSHOT-hadoop2.3.0-cdh5.1.2.jar"
```

이전 섹션의 예제를 통해 스칼라 코드는 src/main/scala 디렉터리에서 컴파일 되어야 한다는 것을 알고 있을 것이다. 이번 예제에서는 2개의 스칼라 프로그램을 작성할 것이다. 하나는 입력 데이터를 가지고 먼저 훈련을 한 후 같은 데이터를 이용하여 ANN 분류를 테스트하는 프로그램이고, 다른 하나는 이렇게 훈련된 모델을 가지고 노이즈가 있는 데이터를 분류하도록 하여 변형된 데이터에 대한 ANN의 분류 능력을 평가하는 프로그램이다. 아래의 내용을 통해 스칼라 코드를 작성할 디렉터리를 확인할 수 있다.

```
[hadoop@hc2nn scala]$ pwd
/home/hadoop/spark/ann/src/main/scala

[hadoop@hc2nn scala]$ ls
test_ann1.scala   test_ann2.scala
```

2개의 예제 프로그램이 거의 비슷하므로, 먼저 'test_ann1.scala' 파일의 전체 내용을 설명한 다음 두 번째 파일에 추가된 부분을 설명할 것이다. 두 프로그램 모두 ANN 훈련 부분이 거의 같다. 예제 코드가 제공되는 소프트웨어의 chapter2\ANN에서 확인할 수 있다. 그러면 먼저 첫 번째 파일인 test_ann1.scala를 살펴보자. 우선 이전 섹션 예제들과 비슷하게 import 구문으로 시작하는 데 스파크 콘텍스트, 설정, 벡터, LabeledPoint 등을 가져온다. 여기에 RDD 프로세싱을 위한 RDD 클래스와 ANN 클래스인 ANNClassifier도 가져온다. 참고로, MLlib/classification 루틴은 훈련받을 기능과 라벨이 실려 있는 입력 데이터를 위해 LabeledPoint 구조체를 폭넓게 사용한다.

```
import org.apache.spark.SparkContext
import org.apache.spark.SparkContext._
import org.apache.spark.SparkConf

import org.apache.spark.mllib.classification.ANNClassifier
import org.apache.spark.mllib.regression.LabeledPoint
import org.apache.spark.mllib.linalg.Vectors
import org.apache.spark.mllib.linalg._
import org.apache.spark.rdd.RDD



object testann1 extends App
{
```

이번 예제의 애플리케이션 클래스는 testann1이다. 아울러, HDFS 파일 처리를 위해 HDFS 서버, 경로, 파일 이름도 정의되어야 한다.

```
val server = "hdfs://hc2nn.semtech-solutions.co.nz:8020"
val path   = "/data/spark/ann/"

val data1 = server + path + "close_square.img"
val data2 = server + path + "close_triangle.img"
val data3 = server + path + "lines.img"
val data4 = server + path + "open_square.img"
val data5 = server + path + "open_triangle.img"
val data6 = server + path + "plus.img"
```

스파크 인스턴스를 위해 스파크 콘텍스트를 생성하는 데 이때 URL은 같으나 포트 번호만 8077로 바꾸었다. 애플리케이션 이름은 "ANN 1"로, 애플리케이션이 동작할 때 스파크 웹 UI를 통해 이름을 확인할 수 있다.

```
val sparkMaster = "spark://hc2nn.semtech-solutions.co.nz:8077"
val appName = "ANN 1"
val conf = new SparkConf()

conf.setMaster(sparkMaster)
conf.setAppName(appName)

val sparkCxt = new SparkContext(conf)
```

계속해서 훈련과 테스트에 사용될 HDFS 기반의 데이터 파일을 읽어 변수에 저장한다. 이때 각각의 값들은 공백 글자로 구분되는 데 이를 이용하여 숫자 값을 읽은 후 Double 타입으로 변환시켜 저장한다. 그리고 이렇게 저장한 데이터를 inputs 배열에 저장한다. 동시에 outputs 배열을 만들어 0.1~0.6까지의 라벨을 저장한다. 이 값들은 입력 패턴을 분류하는 데 사용된다.

```
  val rData1 = sparkCxt.textFile(data1).map(_.split(" ").map(_.
toDouble)).collect
  val rData2 = sparkCxt.textFile(data2).map(_.split(" ").map(_.
toDouble)).collect
  val rData3 = sparkCxt.textFile(data3).map(_.split(" ").map(_.
toDouble)).collect
  val rData4 = sparkCxt.textFile(data4).map(_.split(" ").map(_.
toDouble)).collect
  val rData5 = sparkCxt.textFile(data5).map(_.split(" ").map(_.
toDouble)).collect
  val rData6 = sparkCxt.textFile(data6).map(_.split(" ").map(_.
toDouble)).collect

  val inputs = Array[Array[Double]] (
```

```
    rData1(0), rData2(0), rData3(0), rData4(0), rData5(0), rData6(0) )

val outputs = Array[Double]( 0.1, 0.2, 0.3, 0.4, 0.5, 0.6 )
```

입력 데이터의 특징과 라벨을 표시하고 있는 입력 데이터와 출력 데이터는 서로 합해진 다음 LabeledPoint 구조체로 변환된다. 그리고 최적의 병렬 처리를 위한 분할을 위해 데이터를 병렬화 시킨다.

```
val ioData = inputs.zip( outputs )
val lpData = ioData.map{
  case(features,label) =>
    LabeledPoint( label, Vectors.dense(features) )
}
val rddData = sparkCxt.parallelize( lpData )
```

다음으로, ANN의 은닉 레이어 토폴로지를 정의하기 위한 변수를 생성한다. 여기에서는 각 100개의 뉴런으로 구성된 2개의 은닉 레이어를 선택하였다. 그리고 최대 반복 횟수와 배치 크기(6개의 패턴), 수렴 허용오차^{convergence tolerance}를 지정한다. 수렴 허용오차는 훈련을 통해 획득한 지식을 실전에 사용하기 전에 어느 정도까지 오차를 허용할 것인지를 결정한다. 이렇게 생성한 변수를 파라미터로 사용하여 ANN 모델을 생성한다.

```
val hiddenTopology : Array[Int] = Array( 100, 100 )
val maxNumIterations = 1000
val convTolerance = 1e-4
val batchSize = 6

val annModel = ANNClassifier.train(rddData,
                                   batchSize,
                                   hiddenTopology,
                                   maxNumIterations,
                                   convTolerance)
```

훈련된 ANN 모델을 시험하기 위해 훈련용으로 사용했던 같은 데이터를 넣어 시험한 다음 예측치를 계산한다. 먼저 입력 데이터 변수 rPredictData를 생성한 다음 데이터를 분리하여 훈련된 ANN 모델에 적용하여 예측치를 계산한다. 제대로 농삭하기 위해서는 $0.1 \sim 0.6$ 사이의 값을 출력해야 한다.

```scala
val rPredictData = inputs.map{ case(features) =>
  ( Vectors.dense(features) )
}
val rddPredictData = sparkCxt.parallelize( rPredictData )
val predictions = annModel.predict( rddPredictData )
```

마지막으로 예측치를 출력하면서 프로그램이 끝난다.

```scala
  predictions.toArray().foreach( value => println( "prediction > " +
value ) )
} // end ann1
```

이제 예제 코드를 실행시키기 위해 컴파일 및 패키지화 한다. 'sbt' 명령은 이제 충분히 익숙해졌을 것이다. sbt 명령을 서브 디렉터리 ann에서 실행시킨다.

```
[hadoop@hc2nn ann]$ pwd
/home/hadoop/spark/ann
[hadoop@hc2nn ann]$ sbt package
```

testann1 애플리케이션을 실행시키기 위해 'spark-submit' 명령을 새로운 경로인 spark/spark와 포트 번호 8077을 파라미터로 제공하며 실행시킨다.

```
/home/hadoop/spark/spark/bin/spark-submit \
  --class testann1 \
  --master spark://hc2nn.semtech-solutions.co.nz:8077  \
  --executor-memory 700M \
```

```
--total-executor-cores 100 \
/home/hadoop/spark/ann/target/scala-2.10/a-n-n_2.10-1.0.jar
```

이제 아파치 스파크 웹 사이트에 http://hc2nn.semtech-solutions.co.nz:19080/ 접속하면 애플리케이션이 동작 중인 것을 확인할 수 있다. 다음의 그림은 ANN1 애플리케이션이 정상적으로 실행 중임을 보여준다.

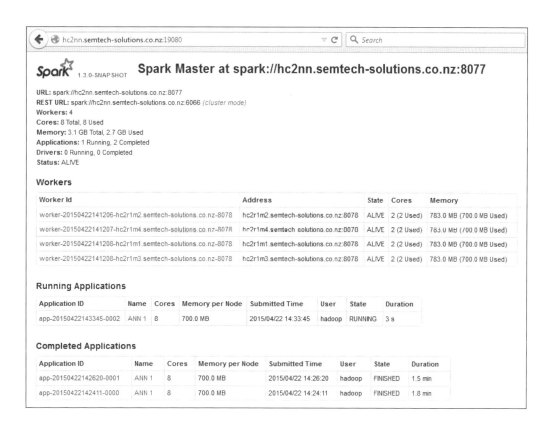

클러스터 호스트 worker 인스턴스 중 하나를 클릭하면 해당 worker에서 동작 중인 executor 를 볼 수 있다.

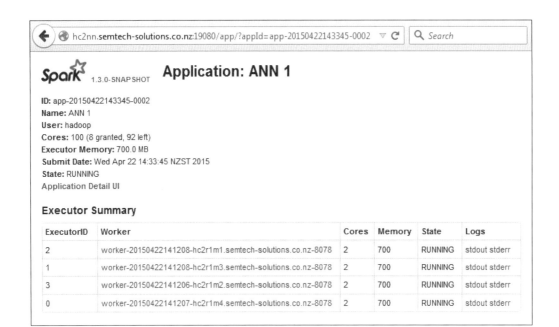

마지막으로 executor 중 하나를 선택하면 전체 히스토리 및 설정 내용을 보여주는 데 이때 로그 파일과 오류 파일의 링크를 제공하여 자세한 로그 및 오류 내용을 확인할 수 있도록 하고 있다. 여기에서 제공하는 로그 파일을 통해 디버깅할 수 있다. 또한, 로그 파일을 통해 오류 메시지를 확인할 수도 있다.

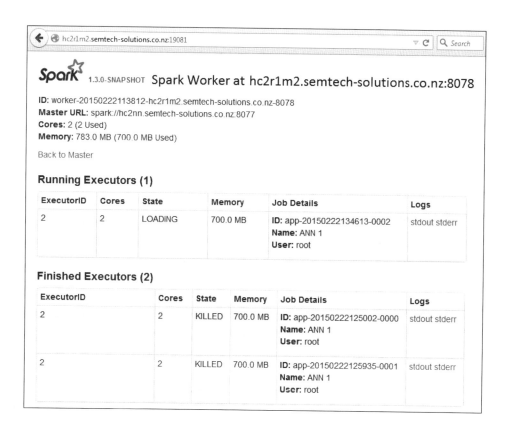

ANN1 애플리케이션의 출력 결과를 통해 같은 입력 데이터를 제대로 분류하는지를 확인할 수 있다. 아래 결과에서 볼 수 있듯이 같은 입력 데이터에 관해 같은 라벨값을 출력했기 때문에 성공적으로 재분류가 이루어졌다고 볼 수 있다.

```
prediction > 0.1
prediction > 0.2
prediction > 0.3
prediction > 0.4
prediction > 0.5
prediction > 0.6
```

지금까지 같은 데이터에 관해 ANN이 제대로 훈련하였다는 것을 확인하였다. 그러면 이제 같은 데이터로 훈련한 다음 앞에서 보여준 것과 같이 변형되거나 노이즈가 있는 데이터를 실험해보자. 이 예제는 제공되는 소프트웨어의 'test_ann2.scala' 파일에 들어있다. 'test_ann2.scala' 파일의 내용은 test_ann1.scala의 내용과 거의 비슷하므로 차이 나는 부분에 관해서만 코드를 설명하겠다. 애플리케이션 이름은 testann2가 된다.

```
object testann2 extends App
```

앞에서의 훈련 데이터를 통해 ANN 모델이 생성되고 나면 별도의 테스트 데이터를 만든다. 이 테스트 데이터에는 노이즈가 포함되어 있다.

```
val tData1 = server + path + "close_square_test.img"
val tData2 = server + path + "close_triangle_test.img"
val tData3 = server + path + "lines_test.img"
val tData4 = server + path + "open_square_test.img"
val tData5 = server + path + "open_triangle_test.img"
val tData6 = server + path + "plus_test.img"
```

테스트 데이터 역시 입력 배열로 넘어간 다음 클러스터 처리를 위해 분할된다.

```
val rtData1 = sparkCxt.textFile(tData1).map(_.split(" ").map(_.
toDouble)).collect
val rtData2 = sparkCxt.textFile(tData2).map(_.split(" ").map(_.
toDouble)).collect
val rtData3 = sparkCxt.textFile(tData3).map(_.split(" ").map(_.
toDouble)).collect
val rtData4 = sparkCxt.textFile(tData4).map(_.split(" ").map(_.
toDouble)).collect
val rtData5 = sparkCxt.textFile(tData5).map(_.split(" ").map(_.
toDouble)).collect
val rtData6 = sparkCxt.textFile(tData6).map(_.split(" ").map(_.
toDouble)).collect
```

```
val tInputs = Array[Array[Double]] (
   rtData1(0), rtData2(0), rtData3(0), rtData4(0), rtData5(0),
rtData6(0) )

  val rTestPredictData = tInputs.map{ case(features) => ( Vectors.
dense(features) ) }
  val rddTestPredictData = sparkCxt.parallelize( rTestPredictData )
```

앞의 예제와 마찬가지로 입력된 테스트 데이터가 어떤 그룹에 속하는지를 예측한 다음 해당
하는 라벨을 출력시킨다. 분류가 제대로 되었다면 0.1 ~ 0.6 사이의 값이 출력될 것이다.

```
val testPredictions = annModel.predict( rddTestPredictData )
  testPredictions.toArray().foreach( value => println( "test
prediction > " + value ) )
```

코드가 이미 컴파일 되었으므로, spark-submit을 이용하여 실행시키기만 하면 된다.

```
/home/hadoop/spark/spark/bin/spark-submit \
  --class testann2 \
  --master spark://hc2nn.semtech-solutions.co.nz:8077  \
  --executor-memory 700M \
  --total-executor-cores 100 \
  /home/hadoop/spark/ann/target/scala-2.10/a-n-n_2.10-1.0.jar
```

다음의 실행 결과를 보면 알 수 있듯이 훈련된 ANN 모델이 약간의 노이즈가 있는 데이터도
성공적으로 분류해내는 것을 확인할 수 있다. 이번 예제의 경우 ANN 모델은 노이즈가 있는
데이터를 명확하게 분류하였지만, 간혹 분류가 애매한 경우 0.15와 같은 결과를 내놓을 수도
있다.

```
test prediction > 0.1
test prediction > 0.2
test prediction > 0.3
test prediction > 0.4
test prediction > 0.5
test prediction > 0.6
```

2.5. 요약

이번 장에서는 아파치 스파크 MLlib 모듈이 제공하는 몇 가지 기능에 관해 살펴보았다. ANN(인공 신경망)과 같이 추후 스파크 1.3 버전에 포함 예정인 기능도 같이 다루었지만, 시간과 지면 관계상 MLlib에 포함되는 모든 내용을 다루지는 못하였다.

이번 장에서는 나이브 베이즈 분류, K-평균 클러스터링, ANN(인공 신경망) 등을 스칼라 기반의 예제를 통해 설명하였다. 그리고 스파크 MLlib 루틴에 사용할 시험 데이터를 어떻게 준비해야 하는지, 라벨과 내용으로 구성되는 모든 데이터를 LabeledPoint 구조체로 어떻게 묶는지도 설명하였다. 또한, 각각의 문제 해결 기법마다 각기 다른 데이터 집합을 이용하여 훈련을 통해 모델을 만들고 이 모델을 이용하여 예측하는 것이 가능했다. 이번 장에서 설명한 접근 방식을 바탕으로 MLlib 라이브러리의 나머지 기능도 쉽게 사용할 수 있을 것으로 기대한다. 더 자세한 내용은 아파치 스파크 웹 사이트 http://spark.apache.org/를 통해 확인할 수 있는데, 여러분이 사용하고 있는 버전에 대한 정확한 문서를 참조해야 한다. 예를 들어, 아파치 스파크 1.0.0 버전의 문서는 http://spark.apache.org/docs/1.0.0/에서 확인할 수 있다.

2장에서 다룬 아파치 스파크 MLlib 머신 러닝 라이브러리에 대해 이해를 하였기 때문에 이제 이를 기반으로 아파치 스파크의 스트림 프로세싱 기능을 살펴볼 때가 되었다. 다음 장에서는 스파크와 스칼라 기반의 예제 코드를 통해 스트림 프로세싱을 알아볼 것이다.

3장

아파치 스파크 스트리밍(Streaming)

아파치 스파크 스트리밍 모듈 Apache Spark Streaming module 은 아파치 스파크에서 제공하는 스트림 프로세싱 기반의 모듈이다. 스파크 스트리밍 모듈은 스파크 클러스터를 이용하여 높은 수준으로 확장할 수 있는 기능을 제공한다. 또한, 스파크를 기반으로 실패한 작업을 재개시키는 등 높은 수준의 고장 허용을 보장하는 데, 이는 처리 중인 데이터 스트림에 대한 검사점 checkpointing 기법을 적용함으로써 가능할 수 있었다. 이번 장에서는 다음과 같은 내용을 통해 아파치 스파크가 스트림 기반의 데이터를 처리하는 실질적인 방법을 주제로 살펴볼 것이다.

- 오류 복구 및 검사점
- TCP 기반 스트림 프로세싱
- 파일 스트림
- Flume 스트림 소스
- Kafka 스트림 소스

각각의 주제에 관해 스칼라 코드를 이용하여 스트림 기반 아키텍처가 어떻게 셋업되고 테스트 되는지를 설명할 것이다.

3.1. 개요

아파치 스파크 스트리밍 모듈에 대한 개요를 설명하기 전에 먼저 아파치 스파크 웹 사이트 http://spark.apache.org/에 방문하거나 user@spark.apache.org 등의 아파치 스파크 사용자 그룹을 통해 가장 최신의 정보를 확인할 것을 권고한다. 왜냐하면, 이곳이 아파치 스파크 정보를 공식적으로 알리는 곳이기 때문이다. 가능한 일반적인 내용을 중심으로 설명하도록 노력하겠지만, 여러분이 이 책을 읽을 때면 이미 새로운 아파치 스파크의 기능과 버전이 사용될 것이기 때문에 이 점을 염두에 두고 본 섹션을 읽기를 바란다.

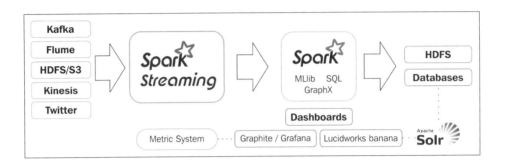

위의 그림은 아파치 스트리밍에 사용될 가능성이 있는 데이터 소스를 보여준다. 여기에는 Kafka, Flume, HDFS 등이 포함된다. 이러한 데이터 소스가 스파크 스트리밍 모듈에 들어가면 이산 스트림^{discrete stream}으로 나뉘어 처리된다. 또한, 위의 그림은 스트림 기반의 데이터를 처리하기 위해 머신 러닝과 같은 다른 스파크 모듈 기능이 사용될 수 있음을 보여준다. 처리가 완전히 끝난 데이터는 HDFS, 데이터베이스, 대시보드 등의 형태로 출력된다. 위의 그림은 스파크 스트리밍 웹 사이트에서 인용하였는데, 사실 이 그림을 스파크 모듈 기능과 대시보드를 두 갈래로 나누어 확장되도록 하고 싶다. 또한, 위의 그림은 MetricSystems가 스파크에서 Graphite로 데이터를 제공하는 것도 보여주고 있을 뿐만 아니라 Solr 기반의 데이터를 Lucidworks banana(kabana를 Solr 데이터를 사용할 수 있도록 포팅한 버전)로 제공하는 것도 가능하다. 아울러, Databricks(8장, 9장 참조) 역시 스파크 스트림 데이터를 대시보드로 나타낼 수 있다.

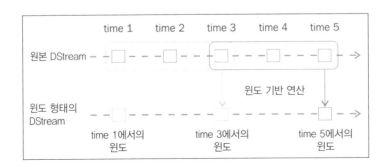

스파크 이산 스트림^{discrete stream}을 언급하기 위해 스파크 웹 사이트에서 가져온 앞의 그림을 인용하는 것을 선호한다. 그림에서 원본의 네모는 스파크로 보내는 연속적인 데이터 스트림이 이산 스트림^{discrete stream, DStream}으로 나누어진 것을 나타낸다. 스트림의 각 요소의 크기는 배치 시간^{batch time}에 의해 결정되는 데, 배치 시간은 보통 2초 정도가 된다. 또한, 윈도 형태의 네모로 표시된 것과 같이 DStream보다 큰 크기의 윈도로 나타낼 수도 있다. 예를 들어, 실시간으로 트렌드 분석을 하는 경우 10분의 윈도를 잡고 그 시간 동안 수집된 트위터의 # 키워드 중 상위 10개로 구분하는 것이 더 좋을 것이다.

그래서 스트림 프로세싱을 위해 스파크를 사용할 수 있다면 과연 스트림은 어떻게 만들까? 다음의 스칼라 코드는 트위터 스트림을 생성하는 방법을 보여준다. 이 예제는 매우 단순화된 것으로 트위터 인증 등이 포함되지 않았지만, 개념을 잡기에는 충분할 것이다(전체 예제 코드는 3.2.1에서 다룬다). 스파크 스트림 콘텍스트, 줄여서 ssc는 스파크 콘텍스트 sc를 이용하여 생성된다. 배치 시간도 이때 결정되는 데, 여기에서는 5초로 하였다. 이를 통해 트위터 DStream 변수 stream이 60초 크기의 윈도를 사용하는 스트림 콘텍스트로부터 생성된다.

```scala
val ssc    = new StreamingContext(sc, Seconds(5) )
val stream = TwitterUtils.createStream(ssc,None).window( Seconds(60) )
```

스트림 프로세싱은 스트림 콘텍스트의 start 메소드(나중에 보여준다)로 시작된다. 그리고 awaitTermination 메소드는 stop 시그널이 도착하였는지를 인지하여 stop 시그널이 도착할 때까지 스트림 프로세싱을 진행할 수 있게 한다. 따라서 만일 이 코드가 라이브러리 기반 애플리케이션에 들어가 있다면 Ctrl+C 등을 통해 세션이 종료될 때까지 실행하게 될 것이다.

```scala
ssc.start()
ssc.awaitTermination()
```

지금까지 스파크 스트리밍이 무엇이고 어떤 일을 하는지를 설명하였다. 다음 섹션에서는 스파크 스트리밍 오류 관리 및 복구라는 주제를 통해 스트리밍 오류 처리 및 스트림 애플리케이션에 문제 발생 시 처리방법을 주제로 살펴볼 것이다.

3.2. 오류 및 복구

일반적으로 여러분의 애플리케이션을 위해 질문해야 하는 것이 있는데, 그것은 바로 데이터를 한꺼번에 받고 처리하는 것이 아주 위험한가이다. 만일 그렇지 않다면 애플리케이션에 문제가 발생한 경우 잃어버린 데이터를 버리고 다시 애플리케이션을 실행하면 그만이다. 하지만 데이터를 버릴 수 없는 경우라면 다음 섹션에서 설명할 검사점^{checkpointing} 기법을 사용해야 할 것이다.

여러분의 애플리케이션의 오류 관리는 강력하고 자체 해결이 가능해야 한다. 즉, 어떤 예외가 치명적이지 않다면 이에 대한 로그를 남기고 계속 진행을 하는 등 예외를 처리할 수 있어야 한다는 것이다. 예를 들어, 작업이 감당할 수 있는 최대 고장횟수에 도달했다면(`spark.task.maxFailures`에 명시됨) 프로세싱을 종료하는 것이다.

3.2.1. 검사점(Checkpointing)

아파치 스파크 스트리밍 정보를 직접 저장하기 위해서는 HDFS checkpoint 디렉터리를 셋업해야 한다. 이번 스칼라 예제에서는 데이터가 HDFS의 `/data/spark/checkpoint` 디렉터리에 저장될 것이다. 아래의 'ls' 명령은 현재 이 디렉터리가 HDFS에 없음을 보여주고 있다.

```
[hadoop@hc2nn stream]$ hdfs dfs -ls /data/spark/checkpoint
ls: '/data/spark/checkpoint': No such file or directory
```

그러면 트위터를 이용하는 스칼라 예제 코드를 살펴보자. 먼저 애플리케이션에 대한 패키지 이름을 정의하고 스파크, 스파크 콘텍스트, 트위터 기능을 import 한다. 그리고 애플리케이션 객체 stream1을 정의한다.

```
package nz.co.semtechsolutions

import org.apache.spark._
import org.apache.spark.SparkContext._
import org.apache.spark.streaming._
```

```
import org.apache.spark.streaming.twitter._
import org.apache.spark.streaming.StreamingContext._

object stream1 {
```

다음으로 createContext라는 이름의 메소드를 생성한다. 이 메소드는 스파크 콘텍스트 와 스트리밍 콘텍스트를 생성하는 데 사용된다. 이때 스트리밍 콘텍스트의 checkpoint 메소드 를 이용하여 HDFS 디렉터리를 검사하는 데 디렉터리 경로는 메소드 파라미터 변수 cpDir 을 통해 전달된다.

```
def createContext( cpDir : String ) : StreamingContext = {

  val appName = "Stream example 1"
  val conf    = new SparkConf()

  conf.setAppName(appName)

  val sc = new SparkContext(conf)

  val ssc   = new StreamingContext(sc, Seconds(5) )

  ssc.checkpoint( cpDir )

        ssc
}
```

이제 main 메소드를 정의할 차례이다. main 메소드는 HDFS 디렉터리와 트위터 접근 권한 및 파라미터를 정의한 다음 getOrCreate 메소드를 이용하여 스파크 스트리밍 콘텍스트 ssc를 HDFS의 checkpoint 디렉터리에서 가져온 다음 StreamingContext 메소드 를 통해 생성한다. 만일 디렉터리가 존재하지 않는다면 createContext 메소드가 호출되 어 콘텍스트와 checkpoint가 생성된다. 참고로, 개인정보 보호를 위해 이 책의 소스 코드에는 트위터 접근 권한 키값을 일부 생략하였다.

```
def main(args: Array[String]) {

  val hdfsDir = "/data/spark/checkpoint"

  val consumerKey       = "QQpxx"
  val consumerSecret    = "0HFzxx"
  val accessToken       = "323xx"
  val accessTokenSecret = "IlQxx"

  System.setProperty("twitter4j.oauth.consumerKey", consumerKey)
  System.setProperty("twitter4j.oauth.consumerSecret",
consumerSecret)
  System.setProperty("twitter4j.oauth.accessToken", accessToken)
  System.setProperty("twitter4j.oauth.accessTokenSecret",
accessTokenSecret)

  val ssc = StreamingContext.getOrCreate(hdfsDir,
    () => { createContext( hdfsDir ) })

  val stream = TwitterUtils.createStream(ssc,None).window(
Seconds(60) )

  // 필요한 프로세스 진행

  ssc.start()
  ssc.awaitTermination()

} // end main
```

이 코드를 실행시키면 실제로 뭔가 작업하는 것은 없으며 다만 HDFS의 checkpoint 디렉터리만 한 번 더 확인된다. 그 결과로 checkpoint 디렉터리가 생성되며 데이터도 저장된다.

```
[hadoop@hc2nn stream]$ hdfs dfs -ls /data/spark/checkpoint
Found 1 items
drwxr-xr-x   - hadoop supergroup          0 2015-07-02 13:41
/data/spark/checkpoint/0fc3d94e-6f53-40fb-910d-1eef044b12e9
```

아파치 스파크 웹 사이트에서 인용한 이 예제는 checkpoint 저장소가 어떻게 셋업되고 사용되는지를 보여준다. 그러나 얼마나 자주 검사를 수행해야 하는지는 나타나지 않는다. 각각의 스트림 배치를 처리할 때마다 메타데이터^{metadata}가 저장되고 실제 데이터는 일정 기간(최대 배치 간격 또는 10초)마다 저장된다. 이러한 주기는 사용자마다 다를 수 있기 때문에 이 간격을 다음과 같이 바꿀 수 있다.

```
DStream.checkpoint( newRequiredInterval )
```

newRequiredInterval은 새로운 checkpoint 간격 값으로, 배치 간격의 5배 또는 10배 등과 같이 필요한 간격으로 지정할 수 있다.

검사점은 스트림 배치와 메타데이터^{metadata, 데이터에 관한 데이터}에 모두 저장한다. 그래서 만일 애플리케이션이 죽은 다음 다시 시작하면 검사점으로 기록된 데이터부터 사용된다. 애플리케이션이 죽을 당시에 처리되던 배치 데이터는 다시 처리되어 애플리케이션이 죽기 전에 배치 처리된 데이터에 이어진다.

검사점을 위해 HDFS의 디스크 공간을 지속적으로 모니터링 해야 한다는 점을 반드시 기억하기 바란다. 다음 섹션에서는 스트리밍 소스의 유형에 따른 처리 방법 및 이에 해당하는 예제를 살펴볼 것이다.

3.3. 스트리밍 소스

모든 형태의 스트림을 다 다루기에는 하나의 징 가지고는 부족하지만 될 수 있는 대로 많은 내용을 다룰 예정이다. 이번 장에서는 TCP 및 파일 스트림, Flume, Kafka, 트위터 스트림을 다루는 데, 실질적인 예제인 TCP부터 살펴볼 것이다.

이번 장에서는 스트림 프로세싱 구조도 설명한다. 예를 들어, 스트림 데이터 전송률이 데이터 처리율보다 커져 버리는 경우에는 어떤 일이 일어나겠는가? Kafka와 같은 시스템은 다수의 데이터 토픽과 소비자를 사용하는 기능을 제공함으로써 이와 같은 이슈를 해결할 가능성을 제시한다.

3.3.1. TCP 스트림

TCP/IP를 통해 제공되는 스트림 데이터를 처리하기 위해서는 스파크 스트리밍 콘텍스트 메소드인 socketTextStream을 사용하면 되고, 이때 호스트 이름과 포트 번호를 지정해주어야 한다. 다음의 스칼라 예제 코드는 'netcat' 명령을 통해 받은 10777 포트를 통해 데이터를 수신한다. 패키지 이름, 스파크, 콘텍스트, 스트리밍 클래스를 import 하는 것으로 코드는 시작한다. 객체 클래스 이름은 stream2이며 이 안에 main 메소드를 정의한다.

```
package nz.co.semtechsolutions

import org.apache.spark._
import org.apache.spark.SparkContext._
import org.apache.spark.streaming._
import org.apache.spark.streaming.StreamingContext._

object stream2 {

  def main(args: Array[String]) {
```

다음으로, main 메소드에 전달되는 파라미터 개수를 확인하여 호스트 이름과 포트 번호가 제대로 입력되었는지 확인한다. 그리고 애플리케이션 이름을 가지고 스파크 설정 객체를 생성하고 스파크 콘텍스트와 스트리밍 콘텍스트를 생성한다. 그리고 스트리밍 배치 시간을 10초로 설정한다.

```
if ( args.length < 2 )
{
  System.err.println("Usage: stream2 <host> <port>")
  System.exit(1)
}


val hostname = args(0).trim
val portnum  = args(1).toInt


val appName = "Stream example 2"
val conf    = new SparkConf()

conf.setAppName(appName)


val sc  = new SparkContext(conf)
val ssc = new StreamingContext(sc, Seconds(10) )
```

DStream 변수 rawDstream을 생성하기 위해 스트리밍 콘텍스트 메소드 socketTextStream을 호출한다. 이때 메소드 파라미터로 호스트 이름과 포트 번호를 넣는다.

```
val rawDstream = ssc.socketTextStream( hostname, portnum )
```

상위 10개의 단어 수를 세기 위해 변수 wordCount를 생성하는 데, 먼저 raw 스트림 데이터를 공백 글자로 구분되는 단어를 잘라낸다. 그리고 (키, 값) 쌍을 (word, 1)로 지정한 후 word를 키로 하여 줄인다. 이때 키에 해당하는 단어 개수가 구해진다. 그런 다음 (키, 값)의 자리를 바꾸어 (**단어 수, 단어**)로 만든다. 이제 단어 수가 키가 되었기 때문에 키를 기준으로 정렬하면 단어 수가 많은 순으로 정렬된다. 마지막으로 이렇게 정렬된 리스트에서 상위 10개만 출력시키면 된다.

```
val wordCount = rawDstream
                    .flatMap(line => line.split(" "))
                    .map(word => (word,1))
                    .reduceByKey(_+_)
                    .map(item => item.swap)
                    .transform(rdd => rdd.sortByKey(false))
                    .foreachRDD( rdd =>
                      { rdd.take(10).foreach(x=>println("List : " +
x)) })
```

이제 스파크 스트리밍을 시작한 다음, awaitTermination 메소드를 호출하여 프로세스가 종료될 때까지 기다리는 것으로 코드가 끝난다.

```
ssc.start()
ssc.awaitTermination()

} // end main

} // end stream2
```

앞에서 설명한 바와 같이 리눅스 'netcat(nc)' 명령을 사용하여 애플리케이션에 데이터를 제공한다. 우선 로그 파일의 내용을 'cat' 명령으로 읽은 다음 파이프를 통해 nc 명령으로 전달한다. 옵션 lk는 netcat으로 하여금 강제로 연결을 기다리게 하고 연결이 끊어지더라도 계속해서 기다리도록 한다. 그리고 포트 번호 10777에서 연결을 기다리도록 한다.

```
[root@hc2nn log]# pwd
/var/log
[root@hc2nn log]# cat ./anaconda.storage.log | nc -lk 10777
```

TCP 스트림 프로세싱 결과는 다음과 같다. 실제 출력 결과보다는 메소드가 동작한 내용을 보는 것이 중요하지만, 어쨌든 의도한 대로 가장 많이 사용된 10개의 단어가 나타난 것을 확인할 수 있다. 이때, 단어에 대한 별도의 필터링을 하지 않은 관계로 빈 단어[empty word 6]가 가장 많이 나왔다.

```
List : (17104,)
List : (2333,=)
List : (1656,:)
List : (1603,;)
List : (1557,DEBUG)
List : (564,True)
List : (495,False)
List : (411,None)
List : (356,at)
List : (335,object)
```

호스트 이름과 포트 번호만 있으면 아파치 스파크 스트리밍을 이용하여 스트림 데이터를 TCP/IP 기반으로 처리할 수 있다는 점이 참 흥미롭다. 그러나 더 다양한 메소드, 혹은 메시징 시스템이나 메모리 기반 채널 등의 플랫폼에서, 특히 Flume과 Kafka 같은 최신의 빅데이터 툴과 함께 스드림 데이터를 처리하고 싶을 것이다. 이에 관해서는 다음 섹션의 파일 기반의 스트림 처리방법을 배운 후에 다룰 것이다.

3.3.2. 파일 스트림

바로 앞의 섹션에서 다루었던 스칼라 예제 코드를 조금 수정하여 HDFS 디렉터리를 모니터링 할 것이다. 이를 위해 스파크 스트리밍 메소드인 textFileStream을 호출할 것이다. 변경되는 코드가 많지 않아 예제 코드 전체를 다루지 않고 변경된 부분만을 보여줄 것이다. 애플리케이션 클래스는 stream3으로 바뀌며, HDFS 디렉터리를 처리하기 위하여 파라미터 1개를 받는다. 물론 NFS나 AWS S3에 있는 디렉터리도 사용 가능하다(모든 예제 코드가 제공될 예정임).

---

6) 역자 주 : 빈 단어(empty word)는 길이가 Ø 또는 Null인 글자를 의미한다.

```
val rawDstream = ssc.textFileStream( directory )
```

스트림 처리 방식은 앞에서와 같다. 스트림을 단어로 바꾼 후 가장 많이 쓰인 상위 10개의 단어를 출력할 것이다. 바뀐 부분이 있다면, 애플리케이션이 실행중에 데이터 파일이 반드시 HDFS 디렉터리에 있어야 한다는 점이다. 그러면 먼저 데이터 파일을 HDFS 디렉터리로 옮기자.

```
[root@hc2nn log]# hdfs dfs -put ./anaconda.storage.log /data/spark/stream
```

이번에 사용되는 HDFS 디렉터리는 /data/spark/stream/이며 로그 파일은 'anaconda.storage.log'로 텍스트 파일이다(/var/log 디렉터리에 있다). 예상했겠지만 실행 결과는 같다.

```
List : (17104,)
List : (2333,=)
........
List : (564,True)
List : (495,False)
List : (411,None)
List : (356,at)
List : (335,object)
```

지금까지 TCP, 파일 데이터를 처리하는 간단한 형태의 스트리밍 메소드를 살펴보았다. 그러면 스파크 스트리밍에서 제공하는 자체 스트리밍 기능을 사용하는 방법을 살펴보도록 하자. 다음 섹션에는 스파크 스트리밍 Flume 라이브러리를 사용할 것이다.

3.3.3. Flume

Flume은 아파치 오픈소스 프로젝트이자 결과물로 빅데이터 수준의 대규모의 데이터를 옮기기 위해 설계되었다. Flume은 높은 확장성, 분산처리 및 안정성을 제공하며 데이터 소스, 데이터 싱크[data sink 7)], 데이터 채널을 기본으로 하여 동작한다. 아래는 Flume 공식 웹 사이트 http://flume.apache.org/에서 제공하는 그림이다.

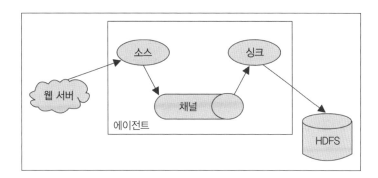

Flume은 데이터 스트림을 처리하기 위해 에이전트를 이용한다. 위의 그림에서 볼 수 있는 바와 같이 에이전트는 데이터 소스, 데이터 프로세싱 채널, 데이터 싱크를 가지고 있다. 위의 그림을 좀 더 명확히 설명하기 위해 아래의 그림을 보도록 하자. 채널[channel]은 소스를 통과한 데이터를 큐[queue] 방식으로 처리하며, 싱크[sink]는 데이터를 다음 연결 상대에게 전달한다.

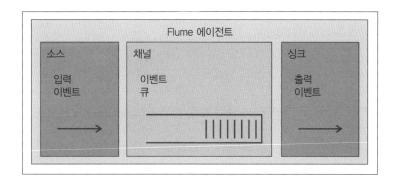

---

7) 역자 주 : 데이터 싱크(data sink)는 데이터 전송 시스템에서 데이터를 수신하고 오류를 검출하는 단말 장치인 data sink를 어원으로 하고 있으며, 데이터 동기화를 뜻하는 data sync와는 전혀 다른 의미가 있으니 유의하기 바란다.

Flume 에이전트는 Flume 아키텍쳐를 형성한다. 즉, 에이전트의 싱크에서 나오는 출력은 다음 에이전트의 입력이 된다. 아파치 스파크는 아파치 Flume을 사용할 수 있는 두 가지 방법을 제공한다. 첫 번째는 Avro[8] 기반의 인메모리 푸시^{push} 방식이며, 두 번째는 같은 Avro 기반의 풀^{pull} 방식으로 별도의 스파크 싱크 라이브러리를 사용한다.

클라우데라 CDH 5.3 클러스터 매니저를 통해 Flume을 설치하였는데 단일 에이전트만 설치하였다. 다음의 리눅스 명령을 보면 Flume 버전 1.5를 사용하는 것을 확인할 수 있다.

```
[root@hc2nn ~]# flume-ng version
Flume 1.5.0-cdh5.3.3
Source code repository: https://git-wip-us.apache.org/repos/asf/flume.git
Revision: b88ce1fd016bc873d817343779dfff6aeea07706
Compiled by jenkins on Wed Apr  8 14:57:43 PDT 2015
From source with checksum 389d91c718e03341a2367bf4ef12428e
```

Flume 기반의 스파크 예제를 위해서는 초기 작업이 필요한데, Flume 기반 푸시 방식을 사용하기 위해 스파크를 수신자로 하여 Flume에서 데이터를 스파크로 푸시할 것이다. 아래 그림은 Flume 예제를 위한 구성도를 보여주는 데, 단일 노드만 사용하는 것을 확인할 수 있다.

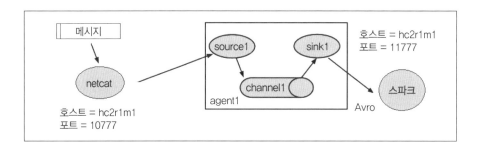

메시지 데이터는 리눅스 'netcat(nc)' 명령을 통해 호스트 hc2r1m1의 포트 번호 10777로 제공될 것이다. 이것은 Flume 에이전트(agent1)의 소스(source1)처럼 동작하여 인메

---

8) 역자 주 : Avro는 아파치 프로젝트 중 하나로 데이터 직렬화 시스템(data serialization system)이다. 데이터 직렬화는 바이너리 형태로 이루어지며, 데이터 타입 정의는 JSON으로 한다. RPC(Remote Procedure Call) 기능도 제공하며, 유사한 시스템으로 Thrift, Protocol Buffers 등이 있다.

모리 채널(channel1)을 통해 싱크(sink1)로 전달된다. agent1이 사용하는 싱크는 같은 호스트 hc2r1m1의 아파치 Avro 역할도 하게 되는데, 이번에는 포트 번호 11777을 사용한다. 아파치 스파크 Flume 예제 애플리케이션 이름은 stream4로, 포트 번호 11777을 통해 Flume 스트림을 기다릴 것이다.

그러면 'netcat(nc)' 명령을 다음과 같이 실행시켜 포트 10777을 여는 것으로 스트리밍 프로세스를 시작하자. 이렇게 한 다음 텍스트를 입력하면 입력된 내용이 Flume의 소스로 사용되어 데이터는 스파크 애플리케이션으로 전달될 것이다.

```
[hadoop@hc2nn ~]$ nc   hc2r1m1.semtech-solutions.co.nz   10777
```

Flume 에이전트 agent1을 실행시키기 위해 Flume 설정 파일 agent1.flume.cfg을 생성하였다. 이 안에는 에이전트의 소스, 채널, 싱크가 기술되어 있다. 파일의 내용은 다음과 같다. 먼저 agent1의 소스, 채널, 싱크 이름을 정한다.

```
agent1.sources  = source1
agent1.channels = channel1
agent1.sinks    = sink1
```

다음으로, source1을 정의하는 데, netcat 기반으로 호스트 hc2r1m1의 포트 번호 10777을 열고 동작하도록 할 것이다.

```
agent1.sources.source1.channels=channel1
agent1.sources.source1.type=netcat
agent1.sources.source1.bind=hc2r1m1.semtech-solutions.co.nz
agent1.sources.source1.port=10777
```

agent1의 채널 channel1은 메모리 기반의 채널로 정의하는 데 최대 1,000개의 이벤트를 처리할 수 있도록 설정한다.

```
agent1.channels.channel1.type=memory
agent1.channels.channel1.capacity=1000
```

마지막으로 agent1의 싱크 sink1은 아파치 Avro 싱크로 호스트 hc2r1m1의 포트 번호 11777을 열고 동작하도록 할 것이다.

```
agent1.sinks.sink1.type=avro
agent1.sinks.sink1.hostname=hc2r1m1.semtech-solutions.co.nz
agent1.sinks.sink1.port=11777
agent1.sinks.sink1.channel=channel1
```

이제 Flume 에이전트 agent1을 실행시키기 위해 배시[Bash] 스크립트 flume.bash를 다음과 같이 작성한다.

```
[hadoop@hc2r1m1 stream]$ more flume.bash

#!/bin/bash

# 에이전트 실행

flume-ng agent \
  --conf /etc/flume-ng/conf \
  --conf-file ./agent1.flume.cfg \
  -Dflume.root.logger=DEBUG,INFO,console  \
  -name agent1
```

스크립트는 Flume 실행파일 flume-ng를 실행시키는 데 파라미터로 agent1 설정 파일을 전달한다. 또한, 에이전트 이름을 agent1으로, Flume 설정 디렉터리를 /etc/flume-ng/conf/로 지정한다. 이제, netcat을 Flume 소스로 사용하는 스칼라 예제를 통해 데이터가 어떻게 아파치 스파크 애플리케이션으로 전달되는지를 보여줄 것이다. 이어서 RSS 기반의 데이터가 비슷한 방식으로 어떻게 처리되는지도 보여줄 것이다. 스칼라 코드는 netcat이

전달하는 데이터를 그대로 받게 될 것이다. 이를 위해 스파크와 Flume 클래스를 import하고 main 메소드를 정의한다.

```
package nz.co.semtechsolutions

import org.apache.spark._
import org.apache.spark.SparkContext._
import org.apache.spark.streaming._
import org.apache.spark.streaming.StreamingContext._
import org.apache.spark.streaming.flume._

object stream4 {

  def main(args: Array[String]) {
```

다음으로, 데이터 스트림에 사용될 호스트 이름과 포트 번호를 처리한다.

```
    if ( args.length < 2 )
    {
      System.err.println("Usage: stream4 <host> <port>")
      System.exit(1)
    }
    val hostname = args(0).trim
    val portnum  = args(1).toInt

    println("hostname : " + hostname)
    println("portnum  : " + portnum)
```

스파크 콘텍스트와 스트리밍 콘텍스트를 생성한 후, 스트리밍 콘텍스트에 있는 호스트와 포트 정보를 사용하여 Flume 기반의 데이터 스트림을 생성한다. createStream 메소드를 호출하기 위해 Flume 기반 클래스 FlumeUtils가 사용되었다.

```
    val appName = "Stream example 4"
    val conf    = new SparkConf()

    conf.setAppName(appName)

    val sc  = new SparkContext(conf)
    val ssc = new StreamingContext(sc, Seconds(10) )

    val rawDstream = FlumeUtils.createStream(ssc,hostname,portnum)
```

마지막으로 스트림 이벤트 횟수를 출력하고 (스트림을 테스트하는 동안 디버깅을 목적으로) 스트림 내용을 기록한다. 그리고 스트림 콘텍스트를 시작하고 애플리케이션이 끝날 때까지 동작하도록 한다.

```
    rawDstream.count()
        .map(cnt => ">>>> Received events : " + cnt )
        .print()

    rawDstream.map(e => new String(e.event.getBody.array() ))
            .print

    ssc.start()
    ssc.awaitTermination()

  } // end main
} // end stream4
```

컴파일을 한 다음, 이 애플리케이션을 실행시키기 위해서는 spark-submit을 이용해야 하는데, 앞으로 이 책의 나머지 장에서는 배시 스크립트 'run_stream.bash'를 이용하여 스칼라 애플리케이션을 실행시킬 것이다. 'run_stream.bash' 스크립트의 내용은 다음과 같다.

```
[hadoop@hc2r1m1 stream]$ more run_stream.bash

#!/bin/bash

SPARK_HOME=/usr/local/spark
SPARK_BIN=$SPARK_HOME/bin
SPARK_SBIN=$SPARK_HOME/sbin

JAR_PATH=/home/hadoop/spark/stream/target/scala-2.10/streaming_2.10-
1.0.jar
CLASS_VAL=$1
CLASS_PARAMS="${*:2}"

STREAM_JAR=/usr/local/spark/lib/spark-examples-1.3.1-hadoop2.3.0.jar

cd $SPARK_BIN

./spark-submit \
  --class $CLASS_VAL \
    master spark://hc2nn.semtech-solutions.co.nz:7077  \
  --executor-memory 100M \
  --total-executor-cores 50 \
  --jars $STREAM_JAR \
  $JAR_PATH \
  $CLASS_PARAMS
```

위의 스크립트는 스파크 변수 몇 개와 JAR 디렉터리 경로를 설정한다. 그리고 스크립트의 첫 번째 파라미터로 실행시킬 스파크 클래스를, 나머지 파라미터를 스파크 클래스의 파라미터로 전달한다. 그래서 위의 스크립트를 실행하기 위해서는 다음과 같이 입력하면 된다.

```
[hadoop@hc2r1m1 stream]$ ./run_stream.bash  \
                nz.co.semtechsolutions.stream4 \
                hc2r1m1.semtech-solutions.co.nz  \
                11777
```

앞과 같이 실행시키면 스파크 애플리케이션이 준비되었으며 포트 번호 11777로 Flume 싱크와 같이 동작한다는 것을 의미하게 된다. Flume 입력은 netcat으로 포트 번호 10777을 통해 전달하면 된다. 이제 Flume 에이전트 agent1을 실행시키기 위해 flume.bash 스크립트를 다음과 같이 실행시켜 netcat 소스 기반의 데이터를 아파치 스파크 Flume 기반의 싱크로 전달해보자.

```
[hadoop@hc2r1m1 stream]$ ./flume.bash
```

이제, netcat 세션을 열고 텍스트를 입력하면 입력된 내용이 Flume을 통해 스파크로 스트림 형태로 전달되고 처리될 것이다. 그러면 다음과 같이 텍스트를 입력해보자.

```
[hadoop@hc2nn ~]$ nc  hc2r1m1.semtech-solutions.co.nz 10777
I hope that Apache Spark will print this
OK
I hope that Apache Spark will print this
OK
I hope that Apache Spark will print this
OK
```

netcat 세션을 열고 3개의 간단한 문장을 전송하면 문장을 전송할 때마다 OK 응답을 보낼 것이다. 그때마다 데이터는 Flume으로 전달된다. 그러면 Flume 세션의 디버그 출력을 통해 이벤트가 잘 수신되고 처리되었는지를 확인해보자.

```
2015-07-06 18:13:18,699 (netcat-handler-0) [DEBUG - org.apache.flume.
source.NetcatSource$NetcatSocketHandler.run(NetcatSource.java:318)]
Chars read = 41

2015-07-06 18:13:18,700 (netcat-handler-0) [DEBUG - org.apache.flume.
source.NetcatSource$NetcatSocketHandler.run(NetcatSource.java:322)]
Events processed = 1
```

```
2015-07-06 18:13:18,990 (netcat-handler-0) [DEBUG - org.apache.flume.
source.NetcatSource$NetcatSocketHandler.run(NetcatSource.java:318)]
Chars read = 41

2015-07-06 18:13:18,991 (netcat-handler-0) [DEBUG - org.apache.flume.
source.NetcatSource$NetcatSocketHandler.run(NetcatSource.java:322)]
Events processed = 1

2015-07-06 18:13:19,270 (netcat-handler-0) [DEBUG - org.apache.flume.
source.NetcatSource$NetcatSocketHandler.run(NetcatSource.java:318)]
Chars read = 41

2015-07-06 18:13:19,271 (netcat-handler-0) [DEBUG - org.apache.flume.
source.NetcatSource$NetcatSocketHandler.run(NetcatSource.java:322)]
Events processed = 1
```

디버그 출력을 통해 스파크 stream4 애플리케이션 세션에서 3개의 이벤트가 수신되어 처리되었음을 확인할 수 있다. 그러면 실제 데이터가 제대로 도착하였는지를 기록해둔 세션 내용을 가지고 확인해보자. 물론 실제로는 이렇게 확인하는 것은 정상적인 방법은 아니지만, 이번 예제가 제대로 동작하였는지를 확인하는 차원에서 진행하였다.

```
-----------------------------------------------
Time: 1436163210000 ms
-----------------------------------------------
>>> Received events : 3
-----------------------------------------------
Time: 1436163210000 ms
-----------------------------------------------
I hope that Apache Spark will print this
I hope that Apache Spark will print this
I hope that Apache Spark will print this
```

이렇게 확인하는 것이 재미있기는 하지만 스파크 Flume 데이터 프로세싱에 있어 생산적인 가치는 높지 않다. 그래서 실질적인 데이터 프로세싱을 구현하기 위해 Flume 설정 파일을 아래와 같이 수정하여 펄^{Perl} 스크립트를 사용하도록 할 것이다.

```
agent1.sources.source1.type=exec
agent1.sources.source.command=./rss.perl
```

rss.perl을 통해 참조되는 펄 스크립트는 단순히 로이터 통신의 과학 뉴스의 소스로 동작한다. 즉, XML 형태로 뉴스를 받아 JSON 형태로 변환시키는 데, 노이즈 역할을 하는 불필요 데이터는 제거한다. 그러면 펄 스크립트를 살펴보자. 먼저 LWP와 XML 패키지를 import하여 XML 처리를 할 수 있도록 한다. 그리고 로이터 통신의 과학 뉴스를 데이터 소스로 지정하고 데이터를 처리하기 위해 새로운 LWP 에이전트를 생성시킨다.

```perl
#!/usr/bin/perl

use strict;
use LWP::UserAgent;
use XML::XPath;

my $urlsource="http://feeds.reuters.com/reuters/scienceNews" ;

my $agent = LWP::UserAgent->new;
```

그런 다음, 무한 반복을 하도록 while 루프를 열고 $urlsource에 저장된 URL로 HTTP GET 요청을 보낸다. 요청이 수신되면 $agent의 request 메소드를 호출하여 메시지로 사용할 데이터를 받는다.

```perl
while()
{
  my  $req = HTTP::Request->new(GET => ($urlsource));

  $req->header('content-type' => 'application/json');
  $req->header('Accept'       => 'application/json');

  my $resp = $agent->request($req);
```

요청이 성공적으로 이루어지면 XML 데이터를 디코드된 형태로 수신하게 되는데, XPath 호출을 통해 /rss/channel/item/title에 있는 title 정보를 추출한다.

```perl
if ( $resp->is_success )
{
  my $xmlpage = $resp -> decoded_content;

  my $xp = XML::XPath->new( xml => $xmlpage );
  my $nodeset = $xp->find( '/rss/channel/item/title' );

  my @titles = () ;
  my $index = 0 ;
```

title 별로 구성된 노드에서 각각의 데이터를 추출한다. 그리고 필요 없는 태그를 제거하여 펄 배열 titles에 넣는다.

```perl
foreach my $node ($nodeset->get_nodelist)
{
  my $xmlstring = XML::XPath::XMLParser::as_string($node) ;

  $xmlstring =~ s/<title>//g;
  $xmlstring =~ s/<\/title>//g;
  $xmlstring =~ s/"//g;
  $xmlstring =~ s/,//g;

  $titles[$index] = $xmlstring ;
  $index = $index + 1 ;

} # foreach find node
```

다음과 같이 description 부분도 처리한다. 이번에는 XPath 값으로 /rss/channel/item/description/을 사용한다. description 부분의 데이터에는 제거해야 할 태그가 많아 s///g 부분 탐색 및 치환이 많이 사용되었다.

```perl
my $nodeset = $xp->find( '/rss/channel/item/description' );

my @desc = () ;
$index = 0 ;

foreach my $node ($nodeset->get_nodelist)
{
  my $xmlstring = XML::XPath::XMLParser::as_string($node) ;

  $xmlstring =~ s/<img.+\/img>//g;
  $xmlstring =~ s/href=".+"//g;
  $xmlstring =~ s/src=".+"//g;
  $xmlstring =~ s/src='.+'//g;
  $xmlstring =~ s/<br.+\/>//g;
  $xmlstring =~ s/<\/div>//g;
  $xmlstring =~ s/<\/a>//g;
  $xmlstring =~ s/<a >\n//g;
  $xmlstring =~ s/<img >//g;
  $xmlstring =~ s/<img \/>//g;
  $xmlstring =~ s/<div.+>//g;
  $xmlstring =~ s/<title>//g;
  $xmlstring =~ s/<\/title>//g;
  $xmlstring =~ s/<description>//g;
  $xmlstring =~ s/<\/description>//g;
  $xmlstring =~ s/&lt;.+>//g;
  $xmlstring =~ s/"//g;
  $xmlstring =~ s/,//g;
  $xmlstring =~ s/\r|\n//g;

  $desc[$index] = $xmlstring ;
  $index = $index + 1 ;

} # foreach find node
```

마지막으로 'print' 명령을 이용하여 XML 기반의 title과 description 데이터를 RSS JSON 형태로 출력시킨다. 그리고 30초간 잠들게 한 후 추가 RSS 뉴스 정보를 가져오도록 하였다.

```
    my $newsitems = $index ;
    $index = 0 ;

    for ($index=0; $index < $newsitems; $index++) {

      print "{\"category\": \"science\","
          . " \"title\": \"" . $titles[$index] . "\","
          . " \"요약\": \"" .  $desc[$index] . "\""
          . "}\n";

    } # for rss items

  } # success ?

  sleep(30) ;

} # while
```

이번에는 stream5라는 이름의 두 번째 스트림 프로세싱 스칼라 코드를 만들자. stream5는 stream4와 거의 같으며 rss 아이템 데이터를 처리하는 것만 차이가 있다. XML rss 정보를 통해 category, title, summary를 처리하기 위해 case class를 정의하였다. 그리고 HDFS 위치를 지정하여 Flume 채널을 통해 들어오는 결과 데이터를 저장하도록 하였다.

```
case class RSSItem(category : String, title : String, summary : String)

val now: Long = System.currentTimeMillis

val hdfsdir = "hdfs://hc2nn:8020/data/spark/flume/rss/"
```

Flume 이벤트를 통해 들어온 rss 스트림 데이터를 문자열로 변환시킨다. 그리고 case class RSSItem을 사용하여 RSSItem 양식으로 변환시킨다. 만일 이벤트 데이터가 있다면 HDFS 디렉터리에 그 내용을 출력한다.

```
        rawDstream.map(record => {
                implicit val formats = DefaultFormats
                read[RSSItem](new String(record.event.getBody().
array()))
            })
            .foreachRDD(rdd => {
                if (rdd.count() > 0) {
                    rdd.map(item => {
                        implicit val formats = DefaultFormats
                        write(item)
                    }).saveAsTextFile(hdfsdir+"file_"+now.
toString())
                }
            })
```

예제 코드를 실행시키면 Flume 스크립트의 출력을 통해 총 80개의 이벤트를 받은 것을 확인함으로써(accepted, received) rss 필 스크립트가 데이터를 생성시켰다는 것을 알 수 있다.

```
2015-07-07 14:14:24,017 (agent-shutdown-hook) [DEBUG - org.apache.
flume.source.ExecSource.stop(ExecSource.java:219)] Exec source with
command:./news_rss_collector.py stopped. Metrics:SOURCE:source1{src.
events.accepted=80, src.events.received=80, src.append.accepted=0,
src.append-batch.accepted=0, src.open-connection.count=0, src.
append-batch.received=0, src.append.received=0}
```

스칼라 스파크 애플리케이션 stream5는 두 번의 배치 처리를 통해 80개의 이벤트를 처리한다.

```
>>>> Received events : 73
>>>> Received events : 7
```

이벤트는 HDFS에 저장되었으니 ls를 통해 저장 여부를 확인해보자.

```
[hadoop@hc2r1m1 stream]$ hdfs dfs -ls /data/spark/flume/rss/
Found 2 items
drwxr-xr-x   - hadoop supergroup          0 2015-07-07 14:09 /data/
spark/flume/rss/file_1436234439794
drwxr-xr-x   - hadoop supergroup          0 2015-07-07 14:14 /data/
spark/flume/rss/file_1436235208370
```

또한, 하둡 파일시스템 'cat' 명령을 통해 HDFS에 저장된 파일에 RSS로 공급된 뉴스 데이터가 잘 저장되었는지 확인할 수 있다.

```
[hadoop@hc2r1m1 stream]$ hdfs dfs -cat /data/spark/flume/rss/
file_1436235208370/part-00000 | head -1

{"category":"healthcare","title":"BRIEF-Aetna CEO says has not had
specific conversations with DOJ on Humana - CNBC","summary":"* Aetna
CEO Says Has Not Had Specific Conversations With Doj About Humana
Acquisition - CNBC"}
```

지금까지 아파치 Flume을 이용하여 RSS 소스로부터 데이터를 받아 Flume을 통해 스파크 소비자인 HDFS로 공급하는 스파크 스트림 프로세싱 예제를 살펴보았다. 이 예제도 아주 좋은 예제이지만 소비자가 하나라는 것이 아쉽다. 그렇다면 다수의 소비자로 이루어진 그룹으로 데이터를 발행하려면 어떻게 해야 할까? 그 답은 발행/구독 메시징 시스템인 아파치 Kafka를 통해 얻을 수 있을 것이다.

3.3.4. Kafka

아파치 Kafka(http://kafka.apache.org/)는 상위 레벨의 아파치 오픈소스 프로젝트로, 빠르고 높은 확장성을 제공하는 빅데이터 발행/구독 메시징 시스템^{publish/subscribe}messaging system이다. Kafka는 데이터 관리를 위해 메시지 브로커를 사용하고 데이터 설정을 위해 ZooKeeper를 사용하기 때문에 데이터를 소비자 그룹과 주제별로 구성할 수 있다. Kafka 내에 있는 데이터는 파티션으로 나누어지는 데, 이번 예제에서는 수신자가 없는 형태의 스파크 기반 Kafka 소비자를 만들 것이기 때문에 Kafka 데이터를 비교할 때 스파크 데이터 파티션을 설정하지 않아도 된다.

Kafka 기반의 메시지 생신과 소비를 보어주기 위해 앞의 세션에서 사용했던 RSS 펌 스크립트를 데이터 소스를 얻는 용도로 사용할 것이다. Kafka를 통해 스파크로 전달되는 데이터는 마찬가지로 JSON 양식의 로이터 통신 RSS 뉴스가 될 것이다.

토픽 메시지는 메시지 생산자에 의해 생산되는 데, 메시지 요청 순서에 따라 파티션에 위치하게 된다. 파티션에 있는 메시지는 일정 기간 동안(기간은 변경 가능) 파티션에 계속 지내는데, Kafka는 (메시지 소비 측면에서의) 소비자의 위치에 해당하는 오프셋 값을 파티션에 저장한다.

이번 예제에 사용된 클러스터는 같은 클라우데라 CDH 5.3 하둡 클러스터이며, Kafka를 설치하기 위해 http://archive.cloudera.com/csds/kafka/에서 Kafka JAR 라이브러리를 다운받아야 한다.

CDH 클러스터 매니저를 이용하고 있으므로 다운 받은 파일을 NameNode CentOS 서버의 /opt/cloudera/csd/ 디렉터리로 복사해야 한다. 이제 설치 준비는 끝났다.

```
[root@hc2nn csd]# pwd
/opt/cloudera/csd

[root@hc2nn csd]# ls -l KAFKA-1.2.0.jar
-rw-r--r-- 1 hadoop hadoop 5670 Jul 11 14:56 KAFKA-1.2.0.jar
```

그런 다음, NameNode 또는 마스터 서버에 있는 클라우데라 클러스터 매니저 서버를 재시작 해야 한다. 이렇게 해야 클라우데라 클러스터 매니저가 변경된 내용을 확인할 수 있다. 매니저 서버는 서비스 형태로 동작하기 때문에 재시작을 위해 root 권한이 필요하다.

```
[root@hc2nn hadoop]# service cloudera-scm-server restart
Stopping cloudera-scm-server:                              [  OK  ]
Starting cloudera-scm-server:                              [  OK  ]
```

이제 CDH 매니저 메뉴에서 Hosts | Parcels를 선택하면 아래의 그림과 같이 Kafka parcel이 보일 것이다. 이제 CDH parcel 설치를 위해 기본 사이클인 다운로드, 배포, 활성화를 진행하면 된다.

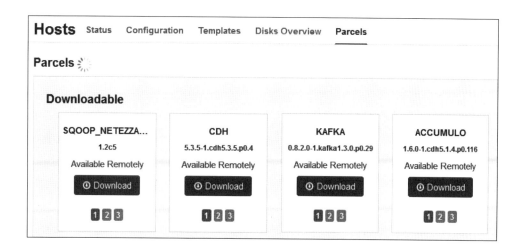

Kafka 메시지 브로커는 각 데이터 노드 혹은 스파크 슬레이브에 설치하였다. Kafka 브로커 ID 값은 브로커 서버 번호를 이용하여 `broker.id`로 지정하였으며, 이때 id는 1~4가 된다. 또한, Kafka가 클러스터 데이터 설정을 위해 ZooKeeper를 사용하기 때문에 모든 Kafka 데이터를 최상위 레벨의 노드에 있는 ZooKeeper 내 `kafka`에 보관하고자 한다. 이를 위해 /kafka에 Kafka ZooKeeper root 값을 `zookeeper.chroot`를 설정하였다. 지금까지 수정한 내용을 반영하기 위해 CDH Kafka 서버를 재시작해야 한다.

Kafka를 설치하였으니 스크립트를 이용하여 테스트를 해보도록 하자. 아래의 리스트는 메시지 생산자와 소비자를 위한 Kafka 기반의 스크립트로, 토픽을 관리하고 소비자 오프셋을 점검한다. 이번 섹션에서는 Kafka 기능을 보여주기 위해 아래의 스크립트를 사용할 것이다.

```
[hadoop@hc2nn ~]$ ls /usr/bin/kafka*

/usr/bin/kafka-console-consumer          /usr/bin/kafka-run-class
/usr/bin/kafka-console-producer          /usr/bin/kafka-topics
/usr/bin/kafka-consumer-offset-checker
```

설치된 Kafka 서버를 실행하기 위해 브로커 서버 ID의 (`broker.id`) 값을 설정해야 한다. 그렇지 않으면 오류를 일으킬 것이다. Kafka가 실행되면 이제 메시지 생산자 스크립트를 준비할 차례이다. 다음은 Bash 스크립트로 작성된 `kafka.bash`이다. 스크립트는 콤마로 구분된 브로커 리스트를 정의하는 것으로 시작하는 데, 브로커는 호스트 이름과 포트 번호로 구성된다. 이어서 rss라는 이름으로 토픽을 정의하고, 펄 스크립트 `rss.perl`을 실행시켜 RSS 데이터를 생성한다. 이 데이터는 파이프를 통해 Kafka 생산자 스크립트 `kafka-console-producer`로 전달되어 Kafka로 보내진다.

```
[hadoop@hc2r1m1 stream]$ more kafka.bash

#!/bin/bash

BROKER_LIST="hc2r1m1:9092,hc2r1m2:9092,hc2r1m3:9092,hc2r1m4:9092"
TOPIC="rss"

./rss.perl | /usr/bin/kafka-console-producer --broker-list $BROKER_
LIST --topic $TOPIC
```

아직 Kafka 토픽에 관해 언급하지 않았다는 것을 주의하기 바란다. Kafka 토픽이 만들어지면 파티션 개수가 정해진다. 아래 예제는 `kafka-topics` 스크립트를 실행시키는 데 `--create` 옵션을 넣으면서 파티션 개수는 5개, 데이터 복제 인자는 3으로 지정하였다. ZooKeeper 서버 스트링은 hc2r1m2~4로, 포트 번호는 2181로 지정되었는데, 최상위 ZooKeeper Kafka 노드가 /kafka로 정의되어 ZooKeeper 스트링에 사용되었다.

```
/usr/bin/kafka-topics \
  --create \
  --zookeeper hc2r1m2:2181,hc2r1m3:2181,hc2r1m4:2181/kafka \
  --replication-factor 3 \
  --partitions 5 \
  --topic rss
```

계속해서 테스트 도중에 사용할 Bash 스크립트 kafka_list.bash를 만들었는데, 이 스크립트는 모든 Kafka 토픽과 소비자 오프셋이 생성되었는지를 점검한다. 이를 위해 이 스크립트는 kafka-topics을 실행시키면서 --list와 ZooKeeper 스트링을 옵션으로 제공하여 생성된 토픽 리스트를 얻도록 하였다. 그리고 Kafka 스크립트 kafka-consumer-offset-checker를 실행시키면서 ZooKeeper 스트링과 함께 토픽 이름과 그룹 이름을 옵션으로 제공하여 소비자 오프셋 리스트를 얻도록 하였다. 결론적으로 'kafka_list.bash' 스크립트를 통해 토픽이 생성되었는지, 생성된 토픽이 제대로 소비되었는지를 확인할 수 있다.

```
[hadoop@hc2r1m1 stream]$ cat kafka_list.bash

#!/bin/bash

ZOOKEEPER="hc2r1m2:2181,hc2r1m3:2181,hc2r1m4:2181/kafka"
TOPIC="rss"
GROUP="group1"

echo ""
echo "==============================="
echo " Kafka Topics "
echo "==============================="

/usr/bin/kafka-topics --list --zookeeper $ZOOKEEPER

echo ""
echo "==============================="
echo " Kafka Offsets "
echo "==============================="

/usr/bin/kafka-consumer-offset-checker \
  --group $GROUP \
  --topic $TOPIC \
  --zookeeper $ZOOKEEPER
```

다음으로, Kafka 소비자 애플리케이션을 아파치 스파크 스칼라 코드를 작성할 차례이다. 앞에서 언급한대로 수신자가 없는 예제를 만들 것이다. 그래서 Kafka 데이터 파티션을 Kafka와 스파크를 양쪽으로 맞출 것이다. 그러면 코드 내용을 살펴보자. 예제 애플리케이션 이름은 stream6이다. 제일 먼저 패키지를 정의한 다음, Kafka, 스파크, 콘텍스트, 스트리밍 클래스를 가져온다. 그리고 stream6이라는 이름의 객체를 정의한다.

```
package nz.co.semtechsolutions

import kafka.serializer.StringDecoder

import org.apache.spark._
import org.apache.spark.SparkContext._
import org.apache.spark.streaming._
import org.apache.spark.streaming.StreamingContext._
import org.apache.spark.streaming.kafka._

object stream6 {

  def main(args: Array[String]) {
```

다음으로, 이번 프로그램은 3개의 파라미터(브로커가 나열된 문자열, 그룹 ID, 토픽)를 필요하므로 파라미터를 확인한다. 파라미터 수가 맞지 않는 경우 오류 문구를 출력한 다음 프로그램을 종료시킨다. 그렇지 않으면 해당하는 변수를 정의한다.

```
    if ( args.length < 3 )
    {
      System.err.println("Usage: stream6 <brokers> <groupid> <topics>\n")
      System.err.println("<brokers> = host1:port1,host2:port2\n")
      System.err.println("<groupid> = group1\n")
      System.err.println("<topics>  = topic1,topic2\n")
      System.exit(1)
    }
```

```
val brokers = args(0).trim
val groupid = args(1).trim
val topics  = args(2).trim

println("brokers : " + brokers)
println("groupid : " + groupid)
println("topics  : " + topics)
```

계속해서 애플리케이션 이름을 가지고 스파크 콘텍스트를 정의한다. 다시 언급하지만, 스파크 URL은 기본값으로 놔두었다. 그리고 스파크 콘텍스트를 이용하여 스트리밍 콘텍스트를 생성한다. 스트림 배치[batch] 간격은 앞의 예제와 같이 10초로 하였지만 원하는 대로 지정할 수 있다.

```
val appName = "Stream example 6"
val conf    = new SparkConf()

conf.setAppName(appName)

val sc  = new SparkContext(conf)
val ssc = new StreamingContext(sc, Seconds(10) )
```

다음으로, 브로커 리스트와 그룹 ID를 파라미터로 입력받은 값으로 설정한다. 이 값들은 Kafka 스파크 스트림 rawDStream을 생성하는 데 사용된다.

```
val topicsSet = topics.split(",").toSet
val kafkaParams : Map[String, String] =
    Map("metadata.broker.list" -> brokers,
        "group.id" -> groupid )

val rawDstream = KafkaUtils.createDirectStream[String, String,
StringDecoder, StringDecoder](ssc, kafkaParams, topicsSet)
```

디버깅을 위해 스트림 이벤트 횟수를 출력시켜 애플리케이션이 데이터를 받고 처리하는 것을 알 수 있도록 하였다.

```
    rawDstream.count().map(cnt => ">>>>>>>>>>>>>>> Received events :
" + cnt ).print()
```

Kafka 데이터가 저장되는 HDFS 디렉터리는 /data/spark/kafka/rss/로 지정했다. 그리고 DStream을 lines 변수에 매핑시킨 후 foreachRDD 메소드를 사용해 lines 변수에 저장된 데이터 개수를 확인한 후 saveAsTextFile 메소드를 이용하여 HDFS에 저장한다.

```
    val now: Long = System.currentTimeMillis

    val hdfsdir = "hdfs://hc2nn:8020/data/spark/kafka/rss/"

    val lines = rawDstream.map(record => record._2)

    lines.foreachRDD(rdd => {
            if (rdd.count() > 0) {
              rdd.saveAsTextFile(hdfsdir+"file_"+now.toString())
            }
    })
```

마지막으로, 스트림 프로세싱을 시작하고 awaitTermination 메소드로 프로세싱이 끝날 때까지 기다리도록 한다.

```
    ssc.start()
    ssc.awaitTermination()

  } // end main

} // end stream6
```

코드 설명도 끝났고 Kafka CDH 브로커도 동작하고 있으니 이제 아파치 ZooKeeper
가 관리하는 Kafka 설정을 확인하자(지금까지 설명한 모든 코드는 곧 제공될 예정이
다). zookeeper-client 툴을 이용하여 호스트 hc2r1m2 포트 번호 2181에 있는
zookeeper 서버에 연결하자. 성공적으로 연결되면 아래와 같이 client 세션이 생성된
것을 확인할 수 있다.

```
[hadoop@hc2r1m1 stream]$ /usr/bin/zookeeper-client -server
hc2r1m2:2181


[zk: hc2r1m2:2181(CONNECTED) 0]
```

기억하고 있는지 모르겠지만, 앞에서 Kafka를 위한 ZooKeeper의 최상위 디렉터리를
/kafka로 설정하였다. 이 설정에 맞게 Kafka ZooKeeper 구조가 구성되었는지 확인해보자.
여기에서 확인하려고 하는 것은 brokers(CDH Kafka 브로커 서버)와 consumers(앞에서
설명한 스파크 스칼라 코드)이다. ZooKeeper의 'ls' 명령은 ZooKeeper와 함께 등록된 4개의
Kafka 시버를 보여주고 각각의 broker.id 설정노 보여순다.

```
[zk: hc2r1m2:2181(CONNECTED) 2] ls /kafka
[consumers, config, controller, admin, brokers, controller_epoch]

[zk: hc2r1m2:2181(CONNECTED) 3] ls /kafka/brokers
[topics, ids]

[zk: hc2r1m2:2181(CONNECTED) 4] ls /kafka/brokers/ids
[3, 2, 1, 4]
```

이번에는 Kafka 스크립트 kafka-topics를 create 옵션을 붙여 실행하여 이번 예제
에 사용할 토픽을 생성할 것이다. 이 작업은 수동으로 진행하는 데 그 이유는 진행하는 동안
데이터 파티션을 정의하는 것을 보여줄 수 있기 때문이다. 참고로 다음에서 볼 수 있는 것과
같이 파티션을 5개로 설정하였다. 그리고 ZooKeeper 연결을 위한 문자열을 제공하였는데, 이

때, 문자열에는 콤마로 구분된 ZooKeeper 서버와 함께 마지막에는 ZooKeeper Kafka의 최상위 디렉터리인 /kafka가 붙는다. Kafka **토픽** rss를 생성하는 전체 명령은 다음과 같다.

```
[hadoop@hc2nn ~]$ /usr/bin/kafka-topics \
>    --create  \
>    --zookeeper hc2r1m2:2181,hc2r1m3:2181,hc2r1m4:2181/kafka \
>    --replication-factor 3  \
>    --partitions 5  \
>    --topic rss

Created topic "rss".
```

이제, Kafka 토픽 설정 확인을 위해 ZooKeeper 클라이언트를 사용할 때 토픽 이름과 파티션도 확인할 수 있다.

```
[zk: hc2r1m2:2181(CONNECTED) 5] ls /kafka/brokers/topics
[rss]

[zk: hc2r1m2:2181(CONNECTED) 6] ls /kafka/brokers/topics/rss
[partitions]

[zk: hc2r1m2:2181(CONNECTED) 7] ls /kafka/brokers/topics/rss/
partitions
[3, 2, 1, 0, 4]
```

이처럼 ZooKeeper에 있는 Kafka 브로커에 대한 설정을 확인하였다. 그러면 소비자는 어떨까? 소비자와 관련하여 지금까지 진행된 결과를 아래에서 확인할 수 있는데, 아직 동작하는 소비자가 없는 것을 알 수 있다.

```
[zk: hc2r1m2:2181(CONNECTED) 9]  ls /kafka/consumers
[]
[zk: hc2r1m2:2181(CONNECTED) 10] quit
```

이번 예제를 시험하기 위해 Kafka 데이터 생산자와 소비자 스크립트를 동작시킬 것이다. 그래서 스파크 애플리케이션의 결과를 통해 Kafka 파티션 오프셋과 HDFS에 데이터가 제대로 도착하였는지 확인할 것이다. 이번 예제는 조금 복잡한 관계로 시험 환경을 아래와 같이 그림으로 정리하였다.

펄 스크립트 rss.perl은 Kafka 데이터 생산자에게 데이터 소스를 제공한다. Kafka 데이터 생산자는 CDH Kafka 브로커 서버로 데이터를 공급하고, 데이터는 ZooKeeper에 저장될 것이다. 이때 데이터가 저장되는 디렉터리는 최상위 디렉터리 바로 아래의 /kafka 디렉터리가 된다. 그런 다음, 아파치 스파크 스칼라 애플리케이션은 Kafka 소비자처럼 동작하여 데이터를 읽어 HDFS에 저장할 것이다.

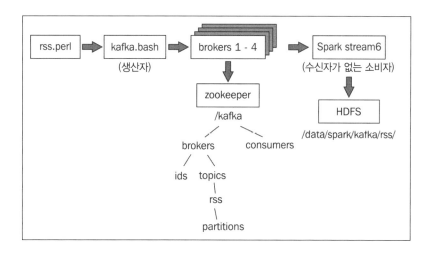

복잡도를 시험해보기 위해 복잡도를 계산하는 메소드를 추가하였다. 이 메소드는 'spark-submit' 명령과 함께 시작할 것이다. 다시 한 번 강조하지만 여기에서 언급하는 모든 코드를 제공할 것이기 때문에 여러분은 자신만의 방법으로 시험해 볼 수 있을 것이다. 필자의 경우, 서버 시험 관리를 위해 항상 스크립트를 사용하여 복잡한 부분을 감싸버리기 때문에 명령 실행을 빠르게 반복할 수 있다. run_stream.bash 스크립트 역시 이번 장이나 이 책에서 사용한 다른 예제 스크립트와 비슷하다. 즉, 클래스 이름과 클래스 파라미터를 입력받아 spark-submit 실행 시 파라미터로 사용한다.

```
[hadoop@hc2r1m1 stream]$ more run_stream.bash

#!/bin/bash

SPARK_HOME=/usr/local/spark
SPARK_BIN=$SPARK_HOME/bin
SPARK_SBIN=$SPARK_HOME/sbin

JAR_PATH=/home/hadoop/spark/stream/target/scala-2.10/streaming_2.10-
1.0.jar
CLASS_VAL=$1
CLASS_PARAMS="${*:2}"

STREAM_JAR=/usr/local/spark/lib/spark-examples-1.3.1-hadoop2.3.0.jar
cd $SPARK_BIN

./spark-submit \
  --class $CLASS_VAL \
  --master spark://hc2nn.semtech-solutions.co.nz:7077  \
  --executor-memory 100M \
  --total-executor-cores 50 \
  --jars $STREAM_JAR \
  $JAR_PATH \
  $CLASS_PARAMS
```

그런 다음, 두 번째 스크립트인 run_kafka_example.bash를 실행시켜 앞에서 작성한 stream6 애플리케이션 스크립트에 있는 Kafka 소비자 코드를 실행시킨다. 이때, 이 스크립트는 전체 애플리케이션 클래스 이름인 브로커 서버 리스트를 설치한다. 이와 함께 토픽 이름(호출된 rss)을 셋업하여 데이터 소비자가 사용할 수 있도록 한다. 마지막으로 소비자 그룹 group1을 정의한다. 다시 한 번 강조하지만 Kafka는 발행/구독 메시지 브로커 시스템이다. 따라서 토픽, 그룹, 파티션에 따라 다양한 생산자와 소비자가 구성될 수 있다.

```
[hadoop@hc2r1m1 stream]$ more run_kafka_example.bash

#!/bin/bash

RUN_CLASS=nz.co.semtechsolutions.stream6
BROKERS="hc2r1m1:9092,hc2r1m2:9092,hc2r1m3:9092,hc2r1m4:9092"
GROUPID=group1
TOPICS=rss

# 아파치 스파크 Kafka 예제 실행

./run_stream.bash $RUN_CLASS \
                  $BROKERS \
                  $GROUPID \
                  $TOPICS
```

그래서, `run_kafka_example.bash` 스크립트를 실행시키면 spark-submit이 실행되면서 `stream6` 코드가 동작하게 됨에 따라 Kafka 소비자를 동작하게 할 수 있다. `kafka_list.bash` 스크립트를 통해 Kafka 데이터 소비를 모니터링 하는 동안 `kafka-consumer-offset-checker` 스크립트를 이용하여 Kafka 토픽 리스트를 구할 수 있었다. 하지만 몇 가지 이유로 인해 아래와 같이 오프셋을 확인할 때 제대로 된 디렉터리 경로(ZooKeeper의 /kafka)를 확인하지 못했다.

```
[hadoop@hc2r1m1 stream]$ ./kafka_list.bash
===============================
 Kafka Topics
===============================
__consumer_offsets
rss
===============================
 Kafka Offsets
===============================
Exiting due to: org.apache.zookeeper.KeeperException$NoNodeException:
KeeperErrorCode = NoNode for /consumers/group1/offsets/rss/4.
```

kafka.bash 스크립트를 이용하여 RSS를 제공하는 Kafka 생산자를 실행시킴으로써 Kafka를 통해 rss 데이터를 스파크로 보내고 HDFS에 저장할 수 있게 되었다. 주기적으로 spark-submit 세션 출력을 확인하면 이벤트가 스파크 기반의 Kafka DStream을 통해 날 아가는 것을 확인할 수 있다. 아래의 결과는 스칼라 코드의 스트림 개수로, 28개의 이벤트가 처리되었음을 알 수 있다.

```
-------------------------------------------
Time: 1436834440000 ms
-------------------------------------------
>>>>>>>>>>>>>>> Received events : 28
```

하둡 파일 시스템의 'ls' 명령으로 HDFS의 /data/spark/kafka/rss/ 디렉터리를 점검해보면 HDFS에 데이터가 저장된 것을 확인할 수 있다.

```
[hadoop@hc2r1m1 stream]$ hdfs dfs -ls /data/spark/kafka/rss
Found 1 items
drwxr-xr-x   - hadoop supergroup          0 2015-07-14 12:40 /data/
spark/kafka/rss/file_1436833769907
```

방금 생성된 디렉터리의 내용을 보면 part 데이터 파일을 확인할 수 있으며, 이 파일 안에 RSS 기반으로 작성된 로이터 뉴스가 들어있을 것이다.

```
[hadoop@hc2r1m1 stream]$ hdfs dfs -ls /data/spark/kafka/rss/
file_1436833769907
Found 2 items
-rw-r-r--   3 hadoop supergroup          0 2015-07-14 12:40 /data/
spark/kafka/rss/file_1436833769907/_SUCCESS
-rw-r-r--   3 hadoop supergroup       8205 2015-07-14 12:40 /data/
spark/kafka/rss/file_1436833769907/part-00001
```

하둡 파일 시스템 명령 cat을 통해 HDFS 파일의 내용을 확인할 수 있다. 여기에서는 'head' 명령을 통해 일부만 보이도록 하였다. 아래의 내용에서 볼 수 있듯이, rss.perl 스크립트를 통해 가져온 XML 형태의 RSS 로이터 과학뉴스가 RSS JSON 양식으로 바뀐 것을 알 수 있다.

```
[hadoop@hc2r1m1 stream]$ hdfs dfs -cat /data/spark/kafka/rss/
file_1436833769907/part-00001 | head -2

{"category": "science", "title": "Bear necessities: low metabolism
lets pandas survive on bamboo", "summary": "WASHINGTON (Reuters)
- Giant pandas eat vegetables even though their bodies are better
equipped to eat meat. So how do these black-and-white bears from
the remote misty mountains of central China survive on a diet almost
exclusively of a lownutrient food like bamboo?"}

{"category": "science", "title": "PlanetiQ tests sensor for
commercial weather satellites", "summary": "CAPE CANAVERAL (Reuters)
- PlanetiQ a privately owned company is beginning a key test intended
to pave the way for the first commercial weather satellites."}
```

지금까지 Kafka 예제를 살펴보았다. Kafka 브로커를 설치하고 설정하였으며, Kafka 생산자는 RSS 데이터를 브로커에게 제공하는 것도 확인하였다. 또한, ZooKeeper 클라이언트를 사용하여 Kafka 구조, 브로커 매칭, 토픽과 파티션 설치 모두 ZooKeeper에서 이루어지는 것을 확인하였으며, 아파치 스파크 기반 스칼라 코드인 stream6 애플리케이션을 통해 Kafka 데이터가 소비되어 HDFS에 저장되는 것까지 확인할 수 있었다.

3.4. 요약

이번 장에서 큐잉 시스템으로 잘 알려진 키네시스^{Kinesis} 같은 스트리밍 예제도 다루고 싶었지만 지면 관계상 다룰 수 없었다. 다만, 트위터 스트리밍은 검사점 섹션에서 설명하였다.

이번 장에서는 스파크 스트리밍의 검사점을 통해 데이터를 복구하는 예제를 선보였다. 아울러 검사점의 성능상의 한계로 인해 스파크 스트림 배치 간격의 5~10배 밖에 설정할 수 없다는 것도 설명하였다. 검사점은 스파크 애플리케이션이 다운됐을 때에 스트림 기반의 복구 메커니즘을 제공할 수 있다는 것도 알 수 있었다.

이어서 TCP, 파일, Flume, Kafka 등 몇 가지 스트림 기반 스파크 스트림 코딩 예제를 다루었다. 모든 예제는 스칼라로 작성하였으며, sbt로 컴파일 하였다. 전체 코드는 이 책과 함께 제공될 것이다. 복잡한 예제의 경우 그림을 통해 구성도를 보여주기도 하였다(Kafka 예제가 해당한다).

아파치 스파크 스트리밍 모듈에는 다양한 많은 기능이 있으므로 여러분의 입맛에 맞는 것이 있을 것이다. 아울러, 스파크의 버전이 올라갈수록 모듈도 점점 확장될 것이다. 아파치 스파크 웹 사이트(http://spark.apache.org/)의 내용도 확인하고 스파크 유저 리스트(user@spark.apache.org)에도 가입하기 바란다. 질문하거나 실수하는 것을 두려워하지 않기를 바란다. 성공했을 때보다 실수했을 때 더 많은 것을 배울 것이다.

다음 장에서는 스파크 SQL 모듈에 관해 설명한다. 이와 함께 SQL, 데이터 프레임, 하이브 등에 관해 다룰 것이다.

4장
아파치 스파크 SQL

이번 장에서는 아파치 스파크 SQL과 함께 아파치 하이브, 데이터프레임을 다룬다. 데이터프레임은 컬럼 단위 데이터 저장구조로, 관계형 데이터베이스 테이블과 거의 같은 개념이며, 스파크 1.3에서 선보였다. 이 책은 장 순서로 쓰지 않아서 앞에서 나오는 장이 뒤에서 나오는 장보다 더 최신 버전을 쓰기도 하였다. 어쨌든, 스파크 SQL을 위해 사용자 정의 함수도 사용하였는데 이에 대한 내용도 다룰 것이다. 스파크 클래스 API에 대한 정보는 spark.apache.org/docs/<버전>/api/scala/index.html을 참조하기 바란다.

주로 Scala를 사용하는 것을 선호하지만 API는 자바와 파이썬 언어로도 사용할 수 있다. 〈버전〉 부분에는 1.3.1과 같이 사용하는 버전을 넣으면 된다. 이번 장에서 다루는 주요 내용은 다음과 같다.

- SQL 콘텍스트
- 데이터 불러오기 및 저장하기
- 데이터프레임
- SQL 사용하기
- 사용자 정의 함수
- 하이브 사용하기

SQL과 데이터프레임을 시작하기에 앞서 먼저 SQL 콘텍스트에 관해 간단히 설명할 것이다.

4.1. SQL 콘텍스트

SQL 콘텍스트는 아파치 스파크에서 컬럼 단위 데이터를 다루기 위한 시작점이 된다. SQL 콘텍스트는 스파크 콘텍스트로부터 생성되며 서로 다른 형태의 데이터 파일을 로드하고 저장하거나 데이터프레임을 사용하거나 혹은 SQL과 함께 컬럼 단위 데이터를 다룰 수 있도록 한다. SQL 콘텍스트는 아래와 같은 경우에 사용될 수 있다.

- SQL 메소드를 통해 SQL 실행
- 사용자 정의 함수를 UDF 메소드를 통해 등록
- 캐시
- 설정
- 데이터프레임
- 데이터 소스 접근
- DDL 연산

이 외에도 다양한 용도로 SQL 콘텍스트를 사용할 수 있을 것이다. 이번 장에서 사용되는 예제들은 필자 개인적 취향에 따라 스칼라로 작성하였는데, 파이썬이나 자바를 사용할 수도 있다. 앞에서 언급하였듯이 SQL 콘텍스트는 스파크 콘텍스트로부터 생성된다. SQL 콘텍스트를 무조건 import하면 자동으로 RDD를 데이터프레임으로 변환시켜준다.

```
val sqlContext = new org.apache.spark.sql.SQLContext(sc)
import sqlContext.implicits._
```

위의 예제에서 implicits 호출을 사용함으로써 CSV 파일을 가져와 공백 글자를 기준으로 분리할 수 있다. 그런 다음 toDF 메소드를 사용하여 RDD 형태의 데이터를 데이터 프레임으로 변환시킬 수 있다.

또한, 하이브^{Hive} 콘텍스트를 정의하여 아파치 하이브 데이터베이스 테이블 데이터에 접근하거나 다루는 것도 가능하다(하이브는 아파치 데이터 웨어하우스(data warehouse)로 하둡 생태계의 일부를 차지하며 저장소로 HDFS를 사용한다). 하이브 콘텍스트는 스파크 콘텍스트와 비교하였을 때 SQL 기능을 포함하는 상위 집합 역할을 한다. 스파크와 하이브를 함께 사용하는 부분은 이번 장의 마지막 섹션에서 다룰 것이다.

이어서 데이터를 불러오고 저장하는 것이 가능한 몇 가지 파일 형태에 관해 설명하겠다.

4.2. 데이터 불러오기 및 저장하기

사실 데이터를 불러오고 저장하는 것은 스파크 SQL과는 관련이 깊은 부분이 아니지만 이번 장에 1개 섹션으로 추가하였다. 그 이유는 Parquet과 JSON 파일 형태를 다룰 수 있기 때문이다. 이번 섹션에서는 CSV, Parquet, JSON 형태의 텍스트에 접근하고 저장하는 방법을 편리하게도 한꺼번에 설명한다.

4.2.1. 텍스트 파일 처리

스파크 콘텍스트를 사용하면 textFile 메소드를 이용하여 텍스트 파일을 RDD로 로드할 수 있다. 그리고 wholeTextFile 메소드는 디렉터리에 있는 RDD 내용을 읽을 수 있다. 아래의 예제는 로컬 파일 시스템(file://)이나 HDFS(hdfs://)에 있는 파일을 스파크 RDD로 읽어오는 방법을 보여준다. 이 예제들은 데이터를 6개의 파트로 나누어 성능을 향상시키도록 한다. 첫 번째 2줄은 리눅스 파일 시스템에서 동일하게 동작한다.

```
sc.textFile("/data/spark/tweets.txt",6)
sc.textFile("file:///data/spark/tweets.txt",6)
sc.textFile("hdfs://server1:4014/data/spark/tweets.txt",6)
```

4.2.2. JSON 파일 처리

JSON은 데이터를 상호 변환시킬 수 있는 포맷이자 JavaScript Object Notation의 약자로, 자바스크립트로부터 개발되었다. JSON은 텍스트 기반 포맷이지만 XML과 같은 형태로 표현될 수도 있다. 다음의 예는 SQL 콘텍스트 메소드 jsonFile을 이용하여 HDFS에 저장된 JSON 데이터 파일 device.json을 로드하는 것을 보여준다. 그 결과로 데이터 프레임이 생성된다.

```
val dframe = sqlContext.jsonFile("hdfs:///data/spark/device.json")
```

toJSON 메소드를 이용하면 아래의 예와 같이 데이터프레임을 JSON 포맷으로 저장할 수 있다. 먼저 아파치 스파크와 스파크 SQL 클래스를 import 해야 한다.

```
import org.apache.spark._
import org.apache.spark.SparkContext._
import org.apache.spark.sql.Row;
import org.apache.spark.sql.types.{StructType,StructField,StringType};
```

다음으로, 객체 클래스 sql1을 정의한다. 먼저 main 메소드를 정의하는 데, 설정 객체를 정의하여 스파크 콘텍스트를 생성하는 데 사용한다. 마스터 스파크 URL은 기본값으로 설정하여 스파크가 로컬 모드로 동작하도록 하는데, 호스트는 localhost, 포트 번호는 7077을 사용한다.

```
object sql1 {

  def main(args: Array[String]) {

    val appName = "sql example 1"
    val conf    = new SparkConf()

    conf.setAppName(appName)

    val sc = new SparkContext(conf)
```

SQL 콘텍스트는 스파크 콘텍스트로부터 생성되고 textFile 메소드를 사용하여 raw 텍스트 파일 adult.test.data_1x를 CSV 포맷으로 로드한다. 그리고 스키마 문자열을 만드는 데 이 안에는 데이터 컬럼 이름이 들어있다. 이어서, 스키마를 생성하는 데, 스키마 문자열을 공백 글자를 기준으로 나누고 StructType과 StructField 메소드를 이용하여 각 스키마 컬럼을 문자열 값으로 정의한다.

```
    val sqlContext = new org.apache.spark.sql.SQLContext(sc)

    val rawRdd = sc.textFile("hdfs:///data/spark/sql/adult.test.
data_1x")

    val schemaString = "age workclass fnlwgt education " +
"educational-num marital-status occupation relationship " +
"race gender capital-gain capital-loss hours-per-week " +
"native-country income"

    val schema =
      StructType(
        schemaString.split(" ").map(fieldName =>
StructField(fieldName, StringType, true)))
```

이제 각각의 데이터 행이 생성되는 데, raw CSV 데이터를 콤마로 나눈 다음 모든 요소가
Row() 구조로 들어간다. 그리고 스키마로부터 데이터 프레임이 생성되는 데, toJSON 메소
드를 통해 행 데이터가 JSON 포맷으로 변환된다. 마지막으로 saveAsTextFile 메소드를
이용하여 최종 데이터가 HDFS에 저장된다.

```
    val rowRDD = rawRdd.map(_.split(","))
                       .map(p => Row( p(0),p(1),p(2),p(3),p(4),p(5),
p(6),p(7),p(8),
                             p(9),p(10),p(11),p(12),p(13)
,p(14) ))

    val adultDataFrame = sqlContext.createDataFrame(rowRDD, schema)

    val jsonData = adultDataFrame.toJSON

    jsonData.saveAsTextFile("hdfs:///data/spark/sql/adult.json")

  } // end main

} // end sql1
```

그렇게 해서 최종 결과 데이터를 HDFS에서 확인할 수 있게 되었다. 하둡 파일 시스템 'ls' 명령을 통해 SUCCESS 파일과 2개의 part 파일을 통해 정상적으로 결과가 저장된 것을 아래와 같이 확인할 수 있다.

```
[hadoop@hc2nn sql]$ hdfs dfs -ls /data/spark/sql/adult.json

Found 3 items
-rw-r-r--   3 hadoop supergroup           0 2015-06-20 17:17 /data/
spark/sql/adult.json/_SUCCESS
-rw-r-r--   3 hadoop supergroup        1731 2015-06-20 17:17 /data/
spark/sql/adult.json/part-00000
-rw-r-r--   3 hadoop supergroup        1724 2015-06-20 17:17 /data/
spark/sql/adult.json/part-00001
```

그러면 하둡 파일 시스템의 'cat' 명령으로 JSON 데이터의 내용을 살펴보자. 지면 관계상 일부만 실었다.

```
[hadoop@hc2nn sql]$ hdfs dfs -cat /data/spark/sql/adult.json/part-
00000 |more

{"age":"25","workclass":" Private","fnlwgt":"
226802","education":"11th","educational-num":"7","marital-status":"
Never-married","occupation":" Machine-opinspct","relationship":"
Ownchild","race":" Black","gender":" Male","capital-gain":"
0","capitalloss":"0","hours-per-week":" 40","native-country":"
United-States","income":" <=50K"}
```

Parquet 데이터 처리 방식은 JSON과 매우 유사하다. 이어서 Parquet에 관해 설명한다.

4.2.3. Parquet 파일 처리

아파치 Parquet은 하이브, 피그, 임팔라[Impala] 등과 같은 하둡 툴 세트의 다양한 툴에서 파일 I/O를 위해 사용되는 또 다른 형태의 컬럼 기반 데이터 포맷이다. Parquet은 효율적인 압축과 인코딩 루틴을 사용하여 성능을 향상시킨다.

Parquet 처리 예제는 JSON 스칼라 코드와 굉장히 비슷하다. 즉, 데이터프레임을 생성한 다음 Parquet 포맷으로 저장한다.

```
val adultDataFrame = sqlContext.createDataFrame(rowRDD, schema)
adultDataFrame.save("hdfs:///data/spark/sql/adult.parquet","parquet")

} // end main

} // end sql2
```

결과를 보기 위해 HDFS를 확인하면 3개의 Parquet 파일(일반 메타데이터 파일, 메타데이터 파일, 임시 파일)이 생성된 것을 알 수 있다.

```
[hadoop@hc2nn sql]$ hdfs dfs -ls /data/spark/sql/adult.parquet
Found 3 items
-rw-r-r--   3 hadoop supergroup       1412 2015-06-21 13:17 /data/
spark/sql/adult.parquet/_common_metadata
-rw-r-r--   3 hadoop supergroup       1412 2015-06-21 13:17 /data/
spark/sql/adult.parquet/_metadata
drwxr-xr-x  - hadoop supergroup          0 2015-06-21 13:17 /data/
spark/sql/adult.parquet/_temporary
```

하둡 파일 시스템의 'cat' 명령으로 메타데이터 파일의 내용을 보면 Parquet 포맷을 확인할 수 있다. 하지만 Parquet 헤더는 바이너리 값이기 때문에 more나 cat으로는 볼 수 없다.

```
[hadoop@hc2nn sql]$ hdfs dfs -cat /data/spark/sql/adult.parquet/_
metadata | more
s%
ct","fields":[{"name":"age","type":"string","nullable":true,"metad
ata":{}},{"name":"workclass","type":"string","nullable":true,"meta
data":{}},{"name":"fnlwgt","type":"string","nullable":true,"metada
ta":{}},
```

스파크와 SQL 콘텍스트 메소드에 대한 더 자세한 내용은 `org.apache.spark.SparkContext`나 `org.apache.spark.sql.SQLContext`에서 클래스 부분을 참조하거나 아래의 아파치 스파크 API URL을 참조하기 바란다. 〈**버전**〉에는 현재 사용 중인 아파치 스파크 버전을 넣으면 된다.

`spark.apache.org/docs/<version>/api/scala/index.html`

다음 섹션에서는 아파치 스파크 버전 1.3에서 소개된 아파치 스파크 데이터프레임에 관해 설명한다.

4.3. 데이터프레임

앞에서 데이터프레임^{DataFrame}은 컬럼 단위의 포맷이라고 설명하였다. 데이터프레임으로부터 임시 테이블을 생성할 수 있는데, 이 부분에 관해서는 다음 섹션에서 설명할 것이다. 데이터를 다루고 처리하기 위해 사용되는 데이터프레임 메소드는 매우 다양하다. 여기에서는 이전 섹션에서 다룬 스칼라 코드를 기반으로 줄단위 작업과 그 결과를 보여줄 것이다. 아래와 같이 데이터프레임 스키마를 출력하는 것도 가능하다.

```
adultDataFrame.printSchema()

root
 |-- age: string (nullable = true)
 |-- workclass: string (nullable = true)
 |-- fnlwgt: string (nullable = true)
```

```
|-- education: string (nullable = true)
|-- educational-num: string (nullable = true)
|-- marital-status: string (nullable = true)
|-- occupation: string (nullable = true)
|-- relationship: string (nullable = true)
|-- race: string (nullable = true)
|-- gender: string (nullable = true)
|-- capital-gain: string (nullable = true)
|-- capital-loss: string (nullable = true)
|-- hours-per-week: string (nullable = true)
|-- native-country: string (nullable = true)
|-- income: string (nullable = true)
```

그리고, select 메소드를 사용해 데이터를 컬럼 형태로 필터링 할 수도 있다. 지면 관계상 일부분만 나타냈지만 어떤 식으로 동작하는지 충분히 이해할 수 있을 것이다.

```
adultDataFrame.select("workclass","age","education","income").show()

workclass          age education       income
 Private            25  11th            <=50K
 Private            38  HS-grad         <=50K
 Local-gov          28  Assoc-acdm      >50K
 Private            44  Some-college    >50K
 none               18  Some-college    <=50K
 Private            34  10th            <=50K
 none               29  HS-grad         <=50K
 Self-emp-not-inc   63  Prof-school     >50K
 Private            24  Some-college    <=50K
 Private            55  7th-8th         <=50K
```

filter 메소드를 이용하여 데이터프레임으로부터 데이터를 추출하는 것도 가능하다. 다음은 occupation 컬럼을 추가하고 나이를 필터링 한 예제 코드와 그 결과이다.

```
adultDataFrame
  .select("workclass","age","education","occupation","income")
  .filter( adultDataFrame("age") > 30 )
  .show()

workclass             age education     occupation        income
 Private              38  HS-grad       Farming-fishing   <=50K
 Private              44  Some-college  Machine-op-inspct  >50K
 Private              34  10th          Other-service     <=50K
 Self-emp-not-inc     63  Prof-school   Prof-specialty     >50K
 Private              55  7th-8th       Craft-repair      <=50K
```

또한, groupBy 메소드를 사용하여 특정 데이터에 대한 전체 개수를 구할 수도 있다. 그러면 수입 항목별 인원이 어떻게 되는지 구해보자. 의미 있는 결과를 위해 좀 더 큰 데이터 세트를 사용하였다.

```
adultDataFrame
  .groupBy("income")
  .count()
  .show()

income count
 <=50K 24720
 >50K   7841
```

결과가 꽤 흥미롭다. 하지만 이 결과를 occupation별로 세분화하고 occupation 기준으로 정렬까지 시킨다면 결과를 이해하기가 더 쉬워질 것이다. 다음의 예제는 이처럼 만들기 위한 예제 코드와 그 결과이다. 결과를 살펴보면 경영쪽 직업이 다른 직업보다 더 높은 보수를 받는 것을 알 수 있다. 또한, 직업별로 정렬되어 출력된 것도 확인할 수 있다.

```
    adultDataFrame
     .groupBy("income","occupation")
     .count()
     .sort("occupation")
     .show()
```

income	occupation	count
>50K	Adm-clerical	507
<=50K	Adm-clerical	3263
<=50K	Armed-Forces	8
>50K	Armed-Forces	1
<=50K	Craft-repair	3170
>50K	Craft-repair	929
<=50K	Exec-managerial	2098
>50K	Exec-managerial	1968
<=50K	Farming-fishing	879
>50K	Farming-fishing	115
<=50K	Handlers-cleaners	1284
>50K	Handlers-cleaners	86
>50K	Machine-op-inspct	250
<=50K	Machine-op-inspct	1752
>50K	Other-service	137
<=50K	Other-service	3158
>50K	Priv-house-serv	1
<=50K	Priv-house-serv	148
>50K	Prof-specialty	1859
<=50K	Prof-specialty	2281

결론적으로, 데이터프레임을 사용하면 select, filter, sort, groupBy, print 등의 메소드를 통해 SQL과 비슷한 일을 할 수 있다. 다음 섹션에서는 데이터프레임을 통해 테이블을 생성하는 방법과 이를 이용하여 SQL 작업이 어떻게 실행되는지를 설명한다.

4.4. SQL 사용하기

HDFS에 있는 CSV 데이터 파일을 이용하여 데이터프레임을 생성하는 앞의 스칼라 예제를 통해 데이터프레임 기반의 임시 테이블을 만들고 SQL 구문을 실행시킬 수 있게 되었다. 아래의 예제는 임시 테이블 adult를 정의하고 SQL 구문인 COUNT(*)를 실행시킨 결과를 얻는 방법을 보여준다.

```
adultDataFrame.registerTempTable("adult")

val resRDD = sqlContext.sql("SELECT COUNT(*) FROM adult")

resRDD.map(t => "Count - " + t(0)).collect().foreach(println)
```

위의 예제를 실행시키면 32,000개가 넘는 줄이 있다는 결과를 보여준다.

```
Count - 32561
```

또한, SQL 구문 LIMIT을 이용하여 select 하는 데이터 양을 제한할 수 있다. 아래의 예는 데이터에서 최초 10개 행을 선택하는 데, 이러한 제한은 단순히 데이터의 형태와 품질을 확인하는 용도로 유용하다.

```
val resRDD = sqlContext.sql("SELECT * FROM adult LIMIT 10")

resRDD.map(t => t(0) + " " + t(1) + " " + t(2) + " " + t(3) + " " +
               t(4) + " " + t(5) + " " + t(6) + " " + t(7) + " " +
               t(8) + " " + t(9) + " " + t(10) + " " + t(11) + " " +
               t(12) + " " + t(13) + " " + t(14)
        )
        .collect().foreach(println)
```

위의 예제 코드의 실행 결과는 다음과 같다.

```
50  Private  283676  Some-college  10  Married-civ-spouse  Craft-
repair  Husband  White  Male  0  0  40  United-States  >50K
```

위의 데이터를 위한 스키마가 이전 섹션의 데이터프레임 스칼라 예제를 통해 생성되었을 때
모든 컬럼이 문자열로 생성되었다. 하지만 데이터를 SQL 구문인 WHERE 절로 필터링을 하기
위해서는 각 컬럼이 적절한 데이터 타입을 가져야 한다. 예를 들어, 나이 컬럼이 정수 값을 저
장한다면 실제 저장될 때도 integer 값으로 저장되어야 숫자 비교 등이 가능해질 것이다. 이를
가능하게 하려고 스칼라 코드를 다음의 import문으로 수정하였다.

```
import org.apache.spark.sql.types._
```

이처럼 스키마의 각 컬럼에 적절한 데이터 타입으로 지정하여 쉽게 데이터를 비교할 수 있
도록 하였으며, 실제 데이터도 각각의 타입에 맞게 변경하였다.

```
val schema =
  StructType(
    StructField("age",              IntegerType, false) ::
    StructField("workclass",        StringType,  false) ::
    StructField("fnlwgt",           IntegerType, false) ::
    StructField("education",        StringType,  false) ::
    StructField("educational-num",  IntegerType, false) ::
    StructField("marital-status",   StringType,  false) ::
    StructField("occupation",       StringType,  false) ::
    StructField("relationship",     StringType,  false) ::
    StructField("race",             StringType,  false) ::
    StructField("gender",           StringType,  false) ::
    StructField("capital-gain",     IntegerType, false) ::
    StructField("capital-loss",     IntegerType, false) ::
    StructField("hours-per-week",   IntegerType, false) ::
    StructField("native-country",   StringType,  false) ::
    StructField("income",           StringType,  false) ::
    Nil)
```

```
val rowRDD = rawRdd.map(_.split(","))
                   .map(p => Row( p(0).trim.toInt,p(1),
                         p(2).trim.toInt,p(3), p(4).trim.toInt,
                         p(5),p(6),p(7),p(8),p(9),p(10).trim.toInt,
                         p(11).trim.toInt,p(12).trim.toInt,p(13),
                         p(14) ))
```

이제 SQL WHERE 구문을 이용하여 숫자를 제대로 필터링 할 수 있게 되었다. 만일 age 컬럼이 문자열이라면 WHERE 구문은 제대로 동작하지 않을 것이다. 아래는 60세 미만의 경우에 해당하는 결과를 얻도록 필터링 한 예제 코드이다.

```
val resRDD = sqlContext.sql("SELECT COUNT(*) FROM adult WHERE
age < 60")
    resRDD.map(t => "Count - " + t(0)).collect().foreach(println)
```

결과는 약 30,000줄 가까이 된다.

```
Count - 29917
```

WHERE 구문을 이용한 필터링에 논리연산자 사용도 가능하다. 아래 예제 코드는 나이 범위를 더 한정 지었다. 참고로, 변수를 사용하여 SQL select와 **필터링** 구문을 나누어 구문이 길어져도 관리가 쉽도록 하였다.

```
val selectClause = "SELECT COUNT(*) FROM adult "
val filterClause = "WHERE age > 25 AND age < 60"
val resRDD = sqlContext.sql( selectClause + filterClause )
resRDD.map(t => "Count - " + t(0)).collect().foreach(println)
```

결과는 약 23,000줄 정도가 된다.

```
Count - 23506
```

이번에는 **논리연산자**와 괄호를 같이 사용한 예제 코드이다.

```
    val selectClause = "SELECT COUNT(*) FROM adult "
    val filterClause = "WHERE ( age > 15 AND age < 25 ) OR ( age >
30 AND age < 45 ) "

    val resRDD = sqlContext.sql( selectClause + filterClause )
    resRDD.map(t => "Count - " + t(0)).collect().foreach(println)
```

2개의 연령층을 함께 필터링 한 결과는 17,000줄 정도이다.

```
Count - 17198
```

아파치 스파크 SQL을 이용하여 서브쿼리를 하는 것도 가능하다. 아래의 예제 코드를 보면, adult 테이블로부터 3개의 컬럼 **나이, 학력, 직업**을 추출한 서브쿼리 t1을 생성한 다음, t1 테이블에 나이에 대한 제한을 걸었다. 참고로, 아직은 group과 order 부분은 비워두었다.

```
    val selectClause = "SELECT COUNT(*) FROM "
    val tableClause = " ( SELECT age,education,occupation from
adult) t1 "
    val filterClause = "WHERE ( t1.age > 25 ) "
    val groupClause = ""
    val orderClause = ""

    val resRDD = sqlContext.sql( selectClause + tableClause +
                                 filterClause +
                                 groupClause + orderClause
                               )

    resRDD.map(t => "Count - " + t(0)).collect().foreach(println)
```

이번에는 테이블 join을 해보겠다. 테이블 join을 위해 CSV 데이터 파일 adult.train.

data2를 만들었는데, 이 파일은 앞의 adult 파일과 거의 동일하며 맨 앞 컬럼에 idx라는 인덱스 컬럼이 추가된 것만 차이가 난다. 그럼 하둡 파일 시스템 'cat' 명령을 통해 어떤 내용이 들어 있는지 확인해보자. 리눅스 head 명령으로 출력 길이를 제한하였다.

```
[hadoop@hc2nn sql]$ hdfs dfs -cat /data/spark/sql/adult.train.data2
| head -2

1,39, State-gov, 77516, Bachelors, 13, Never-married, Adm-clerical,
Notin-family, White, Male, 2174, 0, 40, United-States, <=50K
2,50, Self-emp-not-inc, 83311, Bachelors, 13, Married-civ-spouse,
Execmanagerial, Husband, White, Male, 0, 0, 13, United-States, <=50K
```

인덱스 컬럼 idx를 반영하기 위하여 스키마를 다음과 같이 재정의 하였다.

```
    val schema =
      StructType(
        StructField("idx",                  IntegerType, false) ::
        StructField("age",                  IntegerType, false) ::
        StructField("workclass",            StringType,  false) ::
        StructField("fnlwgt",               IntegerType, false) ::
        StructField("education",            StringType,  false) ::
        StructField("educational-num",      IntegerType, false) ::
        StructField("marital-status",       StringType,  false) ::
        StructField("occupation",           StringType,  false) ::
        StructField("relationship",         StringType,  false) ::
        StructField("race",                 StringType,  false) ::
        StructField("gender",               StringType,  false) ::
        StructField("capital-gain",         IntegerType, false) ::
        StructField("capital-loss",         IntegerType, false) ::
        StructField("hours-per-week",       IntegerType, false) ::
        StructField("native-country",       StringType,  false) ::
        StructField("income",               StringType,  false) ::
        Nil)
```

그리고 rawRDD와 rowRDD도 첫 번째 컬럼을 처리하여 문자열을 숫자로 바꾼다.

```
val rowRDD = rawRdd.map(_.split(","))
                  .map(p => Row( p(0).trim.toInt,
                                 p(1).trim.toInt,
                                 p(2),
                                 p(3).trim.toInt,
                                 p(4),
                                 p(5).trim.toInt,
                                 p(6),
                                 p(7),
                                 p(8),
                                 p(9),
                                 p(10),
                                 p(11).trim.toInt,
                                 p(12).trim.toInt,
                                 p(13).trim.toInt,
                                 p(14),
                                 p(15)
                               ))

val adultDataFrame = sqlContext.createDataFrame(rowRDD, schema)
```

서브쿼리까지 보았으니 이제 테이블을 join 할 차례이다. 다음 예제는 방금 생성한 인덱스를 사용하여 2개의 테이블을 join 시킬 것이다. 이번 예제는 같은 테이블에서 2개의 데이터 집합을 join 시키기 때문에 조금 억지스러운 면도 있지만, 기본 아이디어를 얻는 데는 부족함이 없을 것이다. 2개의 테이블은 서브쿼리를 이용하여 만들고, 다시 인덱스 컬럼을 가지고 join 시킨다.

테이블 join 예제를 위한 SQL은 다음에서 보는 바와 같다. 2개의 테이블 t1, t2는 임시 테이블 adult로부터 생성된다. 그리고 새로운 인덱스 idx는 테이블 t1과 t2를 join 하는데 사용된다. 메인 SELECT 구문은 2개의 테이블을 합하여 7개의 컬럼을 갖는 테이블을 생성한다. 아울러 LIMIT 구문을 사용하여 데이터 출력에 제한도 걸었다.

```
val selectClause = "SELECT t1.idx,age,education,occupation,workclas
s,race,gender FROM "
val tableClause1 = " ( SELECT idx,age,education,occupation FROM
adult) t1 JOIN "
val tableClause2 = " ( SELECT idx,workclass,race,gender FROM adult)
t2 "
val joinClause = " ON (t1.idx=t2.idx) "
val limitClause = " LIMIT 10"

val resRDD = sqlContext.sql( selectClause +
                            tableClause1 + tableClause2 +
                            joinClause + limitClause
                          )

    resRDD.map(t => t(0) + " " + t(1) + " " + t(2) + " " +
               t(3) + " " + t(4) + " " + t(5) + " " + t(6)
              )
          .collect().foreach(println)
```

메인 SELECT 구문을 보면 어떤 인덱스 컬럼을 기준으로 할 것인지를 지정해야 해서
t1.idx를 사용하였다. 인덱스 컬럼을 제외한 나머지 컬럼은 t1과 t2가 서로 다르다. 그러
므로 나머지 컬럼에 관해서는 t1.age 같은 표현을 사용하지 않아도 되었다. 코드 실행 결과
는 다음과 같다.

```
33 45  Bachelors  Exec-managerial  Private  White  Male
233 25  Some-college  Adm-clerical  Private  White  Male
433 40  Bachelors  Prof-specialty  Self-emp-not-inc  White  Female
633 43  Some-college  Craft-repair  Private  White  Male
833 26  Some-college  Handlers-cleaners  Private  White  Male
1033 27  Some-college  Sales  Private  White  Male
1233 27  Bachelors  Adm-clerical  Private  White  Female
1433 32  Assoc-voc  Sales  Private  White  Male
1633 40  Assoc-acdm  Adm-clerical  State-gov  White  Male
1833 46  Some-college  Prof-specialty  Local-gov  White  Male
```

지금까지의 예제를 통해 아파치 스파크의 SQL 기능을 이해할 수 있었을 것이다. 하지만 입맛에 맞는 메소드가 없을 때는 새로운 함수가 필요하다. 이럴 때는 사용자 정의 함수(UDF, User-defined function)가 유용하게 사용된다. UDF에 관해서는 다음 섹션에서 설명한다.

4.5. 사용자 정의 함수

스칼라 코드로 사용자 정의 함수를 만들기 위해 앞의 예제에서 사용한 adult 데이터 집합을 재활용할 것이다. 이번 예제를 위해 새로 만들 사용자 정의 함수는 학력 컬럼에 들어있는 값에 관해 번호를 매길 것이다. 그래서 최종적으로 컬럼의 내용이 integer 값으로 바뀌게 된다. 이러한 작업은 머신 러닝용으로 데이터를 사용할 때 매우 유용하다. 이어서 LabelPoint 구조체를 만든다. 각각의 레코드를 표현하는 데 사용되는 벡터는 숫자로 구성되어야 하기 때문이다. 먼저 학력 컬럼에 사용된 모든 값을 찾아보고, 이 값들을 숫자로 변환시키는 함수를 만든 다음, 이 함수를 SQL에서 사용한다.

먼저 학력 값을 정렬해서 보여주는 스칼라 코드를 만들었다. DISTINCT 키워드는 각각의 값에 관해 하나의 인스턴스만 존재하도록 한다. 그리고 ORDER BY 구문이 동작할 수 있도록 데이터 컬럼을 위한 edu_dist라는 이름의 시브 테이블을 만들있다.

```
    val selectClause = "SELECT t1.edu_dist FROM "
    val tableClause  = " ( SELECT DISTINCT education AS edu_dist
FROM adult ) t1 "
    val orderClause  = " ORDER BY t1.edu_dist "

    val resRDD = sqlContext.sql( selectClause + tableClause +
orderClause )

    resRDD.map(t => t(0)).collect().foreach(println)
```

결과는 다음과 같다. 지면 관계상 전체 내용을 다루지는 못하지만 어떤 의미인지는 쉽게 이해할 수 있을 것이다.

```
10th
11th
12th
1st-4th
..........
Preschool
Prof-school
Some-college
```

이제 학력에 대한 문자열 값을 받아 해당하는 숫자를 반환하는 함수를 작성해보자. 해당하는 문자열이 없는 경우에는 9999를 반환시킨다.

```
def enumEdu( education:String ) : Int =
{
  var enumval = 9999

      if ( education == "10th" )         { enumval = 0 }
  else if ( education == "11th" )         { enumval = 1 }
  else if ( education == "12th" )         { enumval = 2 }
  else if ( education == "1st-4th" )      { enumval = 3 }
  else if ( education == "5th-6th" )      { enumval = 4 }
  else if ( education == "7th-8th" )      { enumval = 5 }
  else if ( education == "9th" )          { enumval = 6 }
  else if ( education == "Assoc-acdm" )   { enumval = 7 }
  else if ( education == "Assoc-voc" )    { enumval = 8 }
  else if ( education == "Bachelors" )    { enumval = 9 }
  else if ( education == "Doctorate" )    { enumval = 10 }
  else if ( education == "HS-grad" )      { enumval = 11 }
  else if ( education == "Masters" )      { enumval = 12 }
  else if ( education == "Preschool" )    { enumval = 13 }
  else if ( education == "Prof-school" )  { enumval = 14 }
  else if ( education == "Some-college" ) { enumval = 15 }

  return enumval
}
```

이제 스칼라 SQL 프로그램에 이 함수를 아래와 같이 등록하면 SQL 구문에서도 이 함수를 사용할 수 있다.

```
sqlContext.udf.register( "enumEdu", enumEdu _ )
```

이제, 새로 정의한 함수를 적용한 예제 코드를 살펴보자. 새로 등록한 함수 이름은 enumEdu로, SELECT 구문에서 사용된다. 이 함수는 학력 파라미터를 받아 학력 값에 해당하는 일련번호를 반환한다. 이 함수가 반환하는 숫자 값이 들어가는 컬럼 명은 idx라는 이름으로 지정하였다.

```
    val selectClause = "SELECT enumEdu(t1.edu_dist) as idx,t1.edu_
dist FROM "
    val tableClause = " ( SELECT DISTINCT education AS edu_dist FROM
adult ) t1 "
    val orderClause = " ORDER BY t1.edu_dist "

    val resRDD = sqlContext.sql( selectClause + tableClause +
orderClause )

    resRDD.map(t => t(0) + " " + t(1) ).collect().foreach(println)
```

실행결과를 보면 다음과 같이 학력에 대한 일련번호와 해당 문자열이 출력됨을 알 수 있다.

```
0    10th
1    11th
2    12th
3    1st-4th
4    5th-6th
5    7th-8th
6    9th
7    Assoc-acdm
8    Assoc-voc
```

```
9   Bachelors
10   Doctorate
11   HS-grad
12   Masters
13   Preschool
14   Prof-school
15   Some-college
```

이번에는 ageBracket이라는 함수를 만들어보자. 이 함수는 숫자 값인 age를 파라미터로 받은 다음 연령대를 지정하는 숫자 값을 반환한다.

```
def ageBracket( age:Int ) : Int =
{
  var bracket = 9999

      if ( age >= 0 && age < 20 )    { bracket = 0 }
  else if ( age >= 20 && age < 40 )  { bracket = 1 }
  else if ( age >= 40 && age < 60 )  { bracket = 2 }
  else if ( age >= 60 && age < 80 )  { bracket = 3 }
  else if ( age >= 80 && age < 100 ) { bracket = 4 }
  else if ( age > 100 )              { bracket = 5 }

  return bracket
}
```

마찬가지로, 이렇게 정의한 함수를 등록시켜 SQL 구문에서 사용할 수 있도록 한다.

```
sqlContext.udf.register( "ageBracket", ageBracket _ )
```

그러면 SQL문을 이용하여 나이, 연령대, 학력을 선택하는 스칼라 SQL 코드를 살펴보자.

```
    val selectClause = "SELECT age, ageBracket(age) as
bracket,education FROM "
    val tableClause = " adult "
    val limitClause = " LIMIT 10 "

    val resRDD = sqlContext.sql( selectClause + tableClause +
                                 limitClause )

    resRDD.map(t => t(0) + " " + t(1) + " " + t(2) ).collect().
foreach(println)
```

실행결과는 다음과 같다. LIMIT문으로 인해 10줄만 출력되었다.

```
39 1 Bachelors
50 2 Bachelors
38 1 HS-grad
53 2 11th
28 1 Bachelors
37 1 Masters
49 2 9th
52 2 HS-grad
31 1 Masters
42 2 Bachelors
```

또한, SQL에서 사용하기 위한 함수를 inline 형식으로 등록할 수도 있다. 다음의 예제 코드는 dblAge라는 이름의 함수를 정의하는 데, 단순히 숫자 파라미터를 받아 그 두 배 되는 값을 반환한다. 함수 등록 코드는 아래와 같다. integer 파라미터(age)를 받아 2를 곱한 값을 반환한다.

```
sqlContext.udf.register( "dblAge", (a:Int) => 2*a )
```

이렇게 정의한 함수를 사용하는 코드는 아래에 있다. SQL select문으로 age와 dblAge(age)를 사용하여 age 값의 두 배가 되는 값을 출력시킨다.

```
val selectClause = "SELECT age,dblAge(age) FROM "
val tableClause = " adult "
val limitClause = " LIMIT 10 "

val resRDD = sqlContext.sql( selectClause + tableClause +
limitClause )

resRDD.map(t => t(0) + " " + t(1) ).collect().foreach(println)
```

결과를 보면 나이와 나이의 두 배가 되는 값이 출력된 것을 확인할 수 있다.

```
39 78
50 100
38 76
53 106
28 56
37 74
49 98
52 104
31 62
42 84
```

지금까지 데이터프레임, SQL, 사용자 정의 함수 등을 알아보았다. 혹시, 하둡 계열의 클러스터를 사용한다면 아파치 하이브도 같이 사용하는지 모르겠다. 지금까지 정의한 adult 테이블은 임시 테이블이었지만, 아파치 스파크 SQL을 사용하는 하이브에 접근할 수 있다면 진짜 데이터베이스 테이블을 사용할 수 있게 된다. 다음 섹션에서는 실제 데이터베이스를 사용해볼 것이다.

4.6. 하이브 사용하기

만일 기업정보 형태의 작업을 저지연으로 처리해야 하는 요구사항과 함께 다수의 사용자를 지원하도록 해야 하는 경우라면 데이터베이스 접근을 위해 임팔라^{Impala} 사용을 고려할 것이다. 하이브 상에서의 아파치 스파크는 배치 처리와 ETL 사이클을 위해 사용된다. 이번 섹션에서는 하이브를 스파크에 연결하는 방법과 이를 위한 설정 방법에 관해 설명한다. 먼저, 로컬 하이브 메타스토어를 사용하는 애플리케이션을 통해 하이브 자체에 테이블 데이터를 저장하거나 유지하지 않는 것을 보여줄 것이다. 그런 다음 아파치 스파크와 하이브 메타스토어 서버에 연결하여 하이브에 테이블과 데이터를 저장하는 모습을 보여줄 것이다. 먼저 로컬 메타스토어 서버부터 살펴보자.

4.6.1. 로컬 하이브 메타스토어 서버

다음의 스칼라 예제 코드는 하이브 콘텍스트를 작성하고 아파치 스파크를 이용하여 하이브 기반 테이블을 생성한다. 먼저, 스파크 설정, 콘텍스트, SQL, 하이브 클래스를 import 한다. 그런 다음, 객체 클래스 hive_ex1 정의를 시작하고 main 메소드를 정의한다. 계속해서 애플리케이션 이름을 정의하고 스파크 설정 객체를 생성한다. 이어서 설정 객체를 이용히여 스파크 콘텍스트를 생성한다.

```scala
import org.apache.spark.{SparkConf, SparkContext}
import org.apache.spark.sql._
import org.apache.spark.sql.hive.HiveContext

object hive_ex1 {

  def main(args: Array[String]) {

    val appName = "Hive Spark Ex 1"
    val conf    = new SparkConf()

    conf.setAppName(appName)

    val sc = new SparkContext(conf)
```

다음으로, 스파크 콘텍스트를 이용하여 하이브 implicits와 하이브 콘텍스트 SQL을 import 한다. implicits는 자동으로 변환시켜주도록 하며, SQL은 하이브 콘텍스트 기반의 SQL 이 동작하도록 한다.

```
val hiveContext = new HiveContext(sc)

import hiveContext.implicits._
import hiveContext.sql
```

이어서 adult2라는 이름의 빈 테이블을 생성한다. 코드를 보면 이 테이블의 스키마가 이 번 장에서 계속 사용하고 있는 adult 데이터로부터 온 것임을 알 수 있을 것이다.

```
hiveContext.sql( "
    CREATE TABLE IF NOT EXISTS adult2
        (
            idx             INT,
            age             INT,
            workclass       STRING,
            fnlwgt          INT,
            education       STRING,
            educationnum    INT,
            maritalstatus   STRING,
            occupation      STRING,
            relationship    STRING,
            race            STRING,
            gender          STRING,
            capitalgain     INT,
            capitalloss     INT,
            nativecountry   STRING,
            income          STRING
        )

    ")
```

다음으로, COUNT(*)를 이용하여 adult2 테이블의 줄 개수를 구하여 출력한다.

```
val resRDD = hiveContext.sql("SELECT COUNT(*) FROM adult2")

resRDD.map(t => "Count : " + t(0) ).collect().foreach(println)
```

결과는 예상했던대로 테이블에 아무 것도 없다고 나타난다.

```
Count : 0
```

아파치 스파크 하이브에 하이브 기반의 외부 테이블을 생성하는 것도 가능하다. 다음의 HDFS 'ls' 명령은 HDFS의 /data/spark/hive 디렉터리에 adult.train.data2라는 이름의 CSV 파일이 있고 이 파일 안에 데이터가 있음을 보여준다.

```
[hadoop@hc2nn hive]$ hdfs dfs -ls /data/spark/hive
Found 1 items
-rw-r--r--   3 hadoop supergroup    4171350 2015-06-24 15:18 /data/
spark/hive/adult.train.data2
```

이제, 스칼라 코드에서 하이브 SQL을 적용하여 adult3이라는 이름의 외부 테이블을 생성할 것이다(테이블이 존재하지 않는 경우). 외부 테이블 adult3은 앞의 테이블과 구조가 같다. Create 구문을 통해 이 테이블의 행 양식을 지정하면서 콤마로 필드를 구별하여 CSV 데이터인 것처럼 보이게 하였다. 여기에 location 옵션을 추가하여 데이터가 HDFS의 /data/spark/hive 디렉터리에 저장되도록 하였다. 그래서 이 테이블을 나타내기 위해 HDFS의 동일 디렉터리에 여러 개의 파일이 존재할 수 있다. 각 파일의 내용은 이 테이블 구조와 같은 데이터 구조로 이루어져야 한다.

```
hiveContext.sql( "

    CREATE TABLE IF NOT EXISTS adult3
```

```
        (
            idx             INT,
            age             INT,
            workclass       STRING,
            fnlwgt          INT,
            education       STRING,
            educationnum    INT,
            maritalstatus   STRING,
            occupation      STRING,
            relationship    STRING,
            race            STRING,
            gender          STRING,
            capitalgain     INT,
            capitalloss     INT,
            nativecountry   STRING,
            income          STRING
        )
        ROW FORMAT DELIMITED FIELDS TERMINATED BY ','
        LOCATION '/data/spark/hive'

            ")
```

adult3의 행 개수를 구한 후 출력한다.

```
    val resRDD = hiveContext.sql("SELECT COUNT(*) FROM adult3")

    resRDD.map(t => "Count : " + t(0) ).collect().foreach(println)
```

실행 결과에서 알 수 있듯이, 이 테이블에는 약 32,000개의 행이 있다. 이 테이블은 외부 테이블로, HDFS 데이터가 아직 옮겨지지 않아 행 연산은 CSV 데이터를 기반으로 진행되었다.

```
Count : 32561
```

이번에는 외부 테이블 adult3에 저장된 raw CSV 형식의 데이터로부터 디멘젼^{dimension} 데이터를 빼내고자 한다. 그리고 하이브는 데이터 웨어하우스이므로, raw CSV 데이터를 사용하는 일반적인 ETL 사이클의 일부분이 데이터로부터 디멘젼과 객체를 제거한다. 그런 다음, 새로운 테이블을 생성한다. 만일 학력 디멘젼에 관해 어떤 값들이 들어있는지를 알아보고자 한다면 SQL은 다음 코드와 같이 될 것이다.

```
val resRDD = hiveContext.sql("

    SELECT DISTINCT education AS edu FROM adult3
      ORDER BY edu


              ")

resRDD.map(t => t(0) ).collect().foreach(println)
```

이번 장에서 설명한 스파크 SQL의 order 옵션을 통해 해당하는 값들이 정렬되어 나타날 것이다.

```
10th
11th
12th
1st-4th
5th-6th
7th-8th
9th
Assoc-acdm
Assoc-voc
Bachelors
Doctorate
HS-grad
Masters
Preschool
Prof-school
Some-college
```

이러한 방법은 꽤 유용한데 만일 디멘젼 값을 생성한 다음 integer 타입의 인덱스 값을 앞의 학력 디멘젼 값에 각각 지정하고 싶은 경우(예를 들어 10th는 0, 11th는 1)를 생각해보자. 아래와 같이 HDFS에 학력 디멘젼을 위한 디멘젼 CSV 파일을 작성하였다. 이 파일 안에는 단순히 유일한 값들과 그에 대한 인덱스로 구성된 리스트가 들어있다.

```
[hadoop@hc2nn hive]$ hdfs dfs -ls /data/spark/dim1/
Found 1 items
-rw-r--r--   3 hadoop supergroup        174 2015-06-25 14:08 /data/
spark/dim1/education.csv
[hadoop@hc2nn hive]$ hdfs dfs -cat /data/spark/dim1/education.csv
1,10th
2,11th
3,12th
```

이제, 학력 디멘젼 테이블을 생성하기 위해 아파치 애플리케이션에서 몇 가지 하이브 QL^{Query Language}을 실행할 수 있게 되었다. 먼저, 만일 학력 테이블이 존재한다면 이 테이블을 버린다. 그리고 HDFS CSV 파일을 파싱하여 테이블을 생성한다.

```
    hiveContext.sql("  DROP TABLE IF EXISTS education ")
    hiveContext.sql("

    CREATE TABLE IF NOT EXISTS  education
      (
        idx         INT,
        name        STRING
      )
      ROW FORMAT DELIMITED FIELDS TERMINATED BY ','
      LOCATION '/data/spark/dim1/'
                  ")
```

그러면 새로운 학력 테이블의 내용을 select 하여 제대로 보이는지 확인할 수 있다.

```
val resRDD = hiveContext.sql(" SELECT * FROM education ")
resRDD.map( t => t(0)+" "+t(1) ).collect().foreach(println)
```

예상대로 인덱스 값과 학력 디멘젼 값이 나오는 것을 확인할 수 있다.

```
1 10th
2 11th
3 12th
.........
16 Some-college
```

이렇게 해서 ETL 파이프라인의 시작점을 갖게 되었다. Raw CSV 데이터는 외부 테이블로 사용되었으며, 디멘젼 테이블을 생성하여 raw 데이터의 디멘젼을 숫자 인덱스로 변환시키는 데 사용하였다. 이제 하이브 콘텍스트를 사용하여 하이브 메타스토어 서버에 접속하고 테이블을 생성하고 추가하는 스파크 애플리케이션을 성공적으로 만들었다.

현재, 리눅스 서버에 하둡 계열의 클라우데라 CDH 5.3이 설치되어 있으며, 이 책을 집필하는 동안 HDFS 접근용으로 사용하였다. 또한, 하이브와 Hue를 설치하고 실행 중이다(CDH 설치 정보는 클라우데라 웹 사이트 `http://cloudera.com/content/cloudera/en/documentation.html`에 있다). HDFS의 `/user/hive/warehouse`에 생성되었어야 할 `adult3` 테이블이 있는지 확인해보니 다음과 같이 파일이 없는 것으로 나타났다.

```
[hadoop@hc2nn hive]$ hdfs dfs -ls /user/hive/warehouse/adult3
ls: '/user/hive/warehouse/adult3': No such file or directory
```

예상한 위치에 하이브 테이블이 존재하지 않았다. 그러면 Hue 메타스토어 매니저로 기본 데이터베이스에 어떤 테이블이 있는지를 확인해보자. 다음 그림은 기본 데이터베이스가 현재 비어있음을 보여준다. 현재 기본 데이터베이스를 보고 있으며 데이터가 없다는 부분을 굵은 줄로 표시하였다. 정확히 표현하자면, 아파치 스파크 애플리케이션을 실행시킬 때, 하이브 콘텍스트를 이용하여 하이브 메타스토어 서버에 연결 중이었다. 이러한 상황을 로그를 통해 알 수 있었으며, 또한 아파치 스파크가 재시작 할 때 테이블이 이런 식으로 계속 생성되는 것도 알 수 있었다.

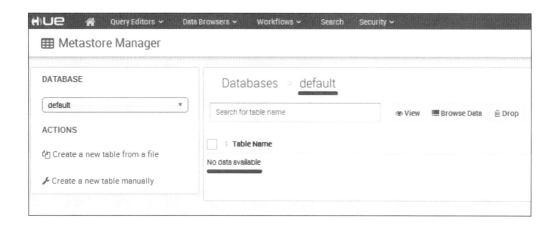

실행 중인 애플리케이션 내에 있는 하이브 콘텍스트는 로컬 하이브 메타스토어 서버를 사용하였으며, 데이터를 로컬 위치에 저장하였다. 실제로 이번 경우에는 HDFS의 /tmp 아래에 저장되었다. 이제 하이브 메타스토어 서버를 사용하여 하이브에 직접 테이블과 데이터를 생성할 것이다. 다음 섹션에서 이것이 어떻게 이루어지는지 살펴보자.

4.6.2. 하이브 기반 메타스토어 서버

앞에서 하둡 계열의 클라우데라 CDH 5.3을 사용한다고 하였다. 이 안에는 하이브, HDFS, Hue, Zookeeper가 동작하고 있다. 애플리케이션을 작성하고 실행시키기 위해 아파치 스파크 1.3.1을 /usr/local/spark에 설치하였다(CDH 5.3은 아파치 스파크 1.2와 함께 출시되었지만 이 책에서 설명하는 데이터프레임을 사용하기 위해서는 스파크 1.3.x 버전이 필요하다).

아파치 스파크를 하이브에 연결하기 위해 제일 먼저 해야 하는 일은 하이브 설정 파일 hive-site.xml을 스파크가 설치된 모든 서버의 스파크 설정 디렉터리에 복사하는 것이다.

```
[hadoop@hc2nn bin]# cp /var/run/cloudera-scm-agent/process/1237-
hive-HIVEMETASTORE/hive-site.xml /usr/local/spark/conf
```

그리고 PostgreSQL을 사용할 수 있도록 CDH 매니저를 통해 아파치 하이브를 설치한다. 이를 위해서는 스파크용 PostgreSQL connector를 설치해야 한다. 그렇지 않으면 하이브에 접속하는 방법을 알 수 없으므로 아래와 같은 오류가 발생하게 될 것이다.

```
15/06/25 16:32:24 WARN DataNucleus.Connection: BoneCP specified but
not present in CLASSPATH (s)

Caused by: java.lang.RuntimeException: Unable to instantiate org.
apache.hadoop.hive.metastore.

Caused by: java.lang.reflect.InvocationTargetException

Caused by: javax.jdo.JDOFatalInternalException: Error creating
transactional connection factor

Caused by: org.datanucleus.exceptions.NucleusException: Attempt to
invoke the "dbcp-builtin" pnectionPool gave an

error : The specified datastore driver ("org.postgresql.Driver") was
not f. Please check your CLASSPATH specification, and the name of
the driver.

Caused by: org.datanucleus.store.rdbms.connectionpool.

DatastoreDriverNotFoundException: The spver ("org.postgresql.
Driver") was not found in the CLASSPATH. Please check your CLASSPATH
specme of the driver.
```

위의 오류 메시지는 주요 부분만 발췌하였는데, 전체 내용을 모두 싣기에는 양이 꽤 많다. PostgreSQL의 버전은 아래와 같이 9.0이며 클라우데라 parcel을 구성하는 jar 파일이다.

```
[root@hc2nn jars]# pwd ; ls postgresql*
/opt/cloudera/parcels/CDH/jars
postgresql-9.0-801.jdbc4.jar
```

다음으로, `https://jdbc.postgresql.org/` 웹 사이트에서 필요한 PostgreSQL connector 라이브러리를 받는다. 아래와 같이 자바 버전이 1.7인 것을 알 수 있는데, 자바 버전에 따라 라이브러리 버전이 다르니 주의해야 한다.

```
[hadoop@hc2nn spark]$ java -version
java version "1.7.0_75"
OpenJDK Runtime Environment (rhel-2.5.4.0.el6_6-x86_64 u75-b13)
OpenJDK 64-Bit Server VM (build 24.75-b04, mixed mode)
```

사이트에서는 자바 1.7이나 1.8을 사용하는 경우 JDBC41 버전을 사용해야 한다고 안내하고 있다. 그래서 'postgresql-9.4-1201.jdbc41.jar' 파일을 다운받았다. 이제 다운받은 파일을 아파치 스파크가 설치된 `lib` 디렉터리에 아래와 같이 복사한다.

```
[hadoop@hc2nn lib]$ pwd ; ls -l postgresql*
/usr/local/spark/lib
-rw-r--r-- 1 hadoop hadoop 648487 Jun 26 13:20 postgresql-9.4-1201.
jdbc41.jar
```

이제 스파크 bin 디렉터리에 있는 'compute-classpath.sh' 파일에 PostgreSQL 라이브러리를 CLASSPATH에 추가하면 된다.

```
[hadoop@hc2nn bin]$ pwd ; tail compute-classpath.sh
/usr/local/spark/bin

# postgresql connector 를 classpath 에 추가한다.
appendToClasspath "${assembly_folder}"/postgresql-9.4-1201.jdbc41.
jar

echo "$CLASSPATH"
```

필자의 시스템에서는 CDH 5.3 하이브와 아파치 스파크 간 하이브 버전에 따른 오류가 아래와 같이 발생하였지만, 버전 차이가 아주 크지 않아 그냥 무시하고 진행하였다.

```
Caused by: MetaException(message:Hive Schema version 0.13.1aa does
not match metastore's schema version 0.13.0

Metastore is not upgraded or corrupt)
```

실제 버전을 맞추지 않은 상황에서 위의 상태를 해결하기 위해 스파크 버전에 대한 인증이 통과된 것으로 고쳤다. 이를 위해 'hive-site.xml' 파일을 수정하였다. 수정 작업은 이 파일의 스파크와 관련된 모든 부분에서 해야 하며, 파일 수정이 끝나면 스파크를 재시작해야 한다. 아래는 'hive-site.xml' 파일을 수정한 부분이다. value 부분을 'false'로 바꾸었다.

```
<property>
  <name>hive.metastore.schema.verification</name>
  <value>false</value>
</property>
```

이제, 앞의 섹션에서 만든 동일한 SQL 애플리케이션을 실행시키면 아파치 하이브 기본 데이터베이스에 객체를 생성할 수 있다. 먼저 스파크 기반의 하이브 콘텍스트를 이용하여 adult2라는 이름의 빈 테이블을 생성할 것이다.

```
hiveContext.sql( "

    CREATE TABLE IF NOT EXISTS adult2
      (
        idx             INT,
        age             INT,
        workclass       STRING,
        fnlwgt          INT,
        education       STRING,
        educationnum    INT,
        maritalstatus   STRING,
```

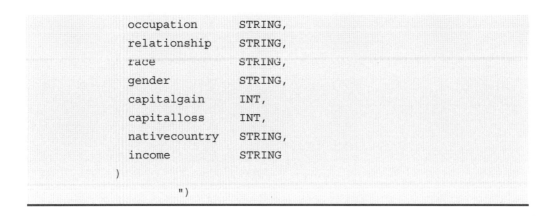

```
        occupation       STRING,
        relationship     STRING,
        race             STRING,
        gender           STRING,
        capitalgain      INT,
        capitalloss      INT,
        nativecountry    STRING,
        income           STRING
    )
        ")
```

아래 그림과 같이, 애플리케이션을 실행하고 Hue 메타스토어 브라우저로 확인해보면 adult2 테이블이 생성된 것을 확인할 수 있다.

앞에서 전체 테이블 엔트리를 나열하였는데, Hue 데이터베이스 브라우저로 adult2 테이블을 선택하면 같은 구조를 확인할 수 있다.

	Name	Type
0	idx	int
1	age	int
2	workclass	string
3	fnlwgt	int
4	education	string
5	educationnum	int
6	maritalstatus	string
7	occupation	string
8	relationship	string
9	race	string
10	gender	string
11	capitalgain	int
12	capitalloss	int
13	nativecountry	string
14	income	string

이제 외부 테이블 adult3에 관해 Hue를 통하여 스파크 기반의 하이브 QL이 실행되고 데이터 접근이 허용될 수 있다. 마지막 섹션에서 필요한 하이브 QL은 다음과 같다.

```
hiveContext.sql("

    CREATE EXTERNAL TABLE IF NOT EXISTS adult3
        (
            idx              INT,
            age              INT,
            workclass        STRING,
            fnlwgt           INT,
            education        STRING,
```

```
            educationnum     INT,
            maritalstatus    STRING,
            occupation       STRING,
            relationship     STRING,
            race             STRING,
            gender           STRING,
            capitalgain      INT,
            capitalloss      INT,
            nativecountry    STRING,
            income           STRING
          )
          ROW FORMAT DELIMITED FIELDS TERMINATED BY ','
          LOCATION '/data/spark/hive'

            ")
```

아래 결과에서 알 수 있듯이, 스파크에 의해 하이브 기반 테이블의 adult3이 기본 데이터베이스에 생성되었다. 아래 그림은 adult3 테이블이 생성된 것을 Hue 메타스토어 브라우저에서 확인한 것이다.

다음의 하이브 QL은 Hue 하이브 쿼리 에디터에서 실행되었다. 그림을 통해 adult3 테이블이 하이브로 접근 가능한 것을 알 수 있다. 이미지 크기 제한으로 LIMIT 구문을 사용하였다. 아울러, 현재 결과로 표시되는 데이터 내용은 중요하지 않다. 중요한 것은 데이터베이스에 접근할 수 있다는 것이다.

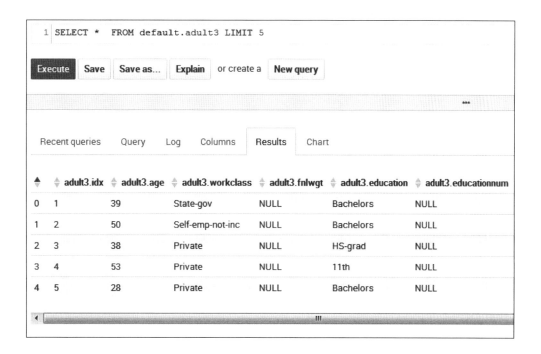

이번 섹션에서 마지막으로 설명할 것은 하이브 대신 스파크를 통해 하이브 QL을 사용하는 것이 유용하며, 사용자 정의 함수(UDF) 형태로 사용될 것이다. 그러면 사용자 정의 함수 row_sequence 예제를 살펴보자.

```
hiveContext.sql("

ADD JAR /opt/cloudera/parcels/CDH-5.3.3-1.cdh5.3.3.p0.5/jars/hive-
contrib-0.13.1-cdh5.3.3.jar

  ")

hiveContext.sql("

CREATE TEMPORARY FUNCTION row_sequence as 'org.apache.hadoop.hive.
contrib.udf.UDFRowSequence';

  ")
```

```
val resRDD = hiveContext.sql("

    SELECT row_sequence(),t1.edu FROM
      ( SELECT DISTINCT education AS edu FROM adult3 ) t1
    ORDER BY t1.edu

                ")
```

기존에 제공된 것이든 여러분이 직접 만든 것이든 상관없이 JAR 라이브러리라면 ADD JAR 구문으로 스파크 하이브 세션에 사용될 수 있도록 할 수 있다. 이렇게 JAR 라이브러리를 추가한 다음 CREATE TEMPORARY FUNCTION을 이용하여 임시로 함수를 등록한다. 이때 패키지에 해당하는 클래스 이름을 사용한다. 그러면 등록한 함수 이름을 하이브 QL 구문에서 사용할 수 있게 된다.

이번 장에서는 아파치 스파크 애플리케이션을 통해 하이브에 연결하고 하이브 QL을 실행시켜 하이브에 있는 테이블과 데이터를 다룰 수 있다는 것을 보여주었다. 그렇다면 데이터베이스에 접근할 수 있다는 것이 왜 중요할까? 사실 스파크는 인메모리 병렬 처리 시스템으로, 하둡 기반의 맵리듀스보다 처리 속도가 월등히 빠르다. 그래서 하이브 데이터 웨어하우스를 스토리지로 사용하고 아파치 스파크는 프로세싱 엔진으로 사용할 수 있다. 즉, 인메모리 스파크 기반의 빠른 프로세싱과 하이브에 존재하는 빅데이터 규모의 구조화 된 데이터 웨어하우스가 결합하여 더 큰 시너지를 낼 수 있다.

4.7. 요약

이번 장은 스파크 SQL 구문과 파일 I/O 메소드를 설명하며 시작하였다. 이어서 스파크와 HDFS 데이터가 유사 SQL 메소드를 통해 데이터프레임과 같이 처리되고 임시 테이블을 등록함으로써 스파크 SQL로 처리될 수 있음을 알 수 있었다. 그리고 사용자 정의 함수를 통해 필요한 기능을 수행하는 함수를 직접 만들고 등록한 다음 SQL 구문 내에서 호출하여 데이터를 처리하도록 함으로써 스파크 SQL을 확장할 수 있었다.

마지막으로 아파치 스파크에서 하이브 콘텍스트를 사용하는 방법을 소개하였다. 스파크에서의 하이브 콘텍스트는 SQL 구문의 기능을 포함하는 상위 집합 기능을 제공하다는 것을 기억하기 바란다. 이를 바탕으로 SQL 구문이 하이브 콘텍스트 기능을 수행할 수 있도록 확장될 수 있었다. 그리고 스파크에서 하이브 QL을 이용하여 하이브 데이터를 처리하는 것을 로컬 하이브와 하이브 기반의 메타스토어 서버에서 보여주었다. 개인적으로는 메타스토어 서버를 사용하는 것이 생성한 테이블과 데이터를 지속적으로 보관할 수 있다는 점에서 더 좋다고 생각한다.

이번 장의 설명을 위해 클라우데라 CDH 5.3 환경에서 하이브 0.13, PostgreSQL, ZooKeeper, Hue를 사용하였다. 또한, 아파치 스파크는 버전 1.3.1을 사용하였다. 이번 장에서 보여준 설정은 완전히 현재 구성된 환경만을 위한 설정이기 때문에 만일 MySQL 같은 데이터베이스를 사용한다면 이에 맞는 환경설정을 조사해야 할 것이다. 이를 위한 가장 좋은 출발점은 user@spark.apache.org가 될 것이다.

마지막으로, 아파치 스파크 하이브 콘텍스트 설정을 통해 하이브 스토리지를 사용하는 것이 매우 효율적이라는 것을 강조하고 싶다. 이렇게 함으로써 하이브를 빅데이터 규모의 데이터를 저장하는 데이터 웨어하우스용으로 사용하고 아파치 스파크는 빠른 인메모리 프로세싱용으로 사용할 수 있다. 또한, 스파크 기반의 모듈(MLlib, SQL, GraphX, 스트림)뿐만 아니리 히둡 기반의 툴을 사용하여 데이터를 처리할 수 있게 되어 ETL 체인을 생성하기가 더 쉬워진다.

다음 장에서는 스파크 그래프 프로세싱 모듈인 GraphX에 관해 알아볼 것이다. 그리고 그래프 데이터베이스 Neo4J와 메이즈러너[MazeRunner] 애플리케이션도 함께 선보일 것이다.

5장

아파치 스파크 GraphX

이번 장에서는 아파치 스파크 GraphX 모듈을 소개하고 일반적인 그래프 처리에 관해 설명한다. 그리고 그래프 데이터베이스인 Neo4j를 통해 그래프 기반 스토리지도 간단히 소개할 것이다. 이번 장에서 다루는 주요 내용은 다음과 같다.

- GraphX 코딩
- Neo4j를 사용하는 메이즈러너(MazeRunner)

GraphX 코딩 섹션에서는 몇 가지 그래프를 처리하는 스칼라 예제 코드를 살펴볼 것이다. 이어서 케니 바스타니^{Kenny Bastani}의 실험 작품인 메이즈러너^{Mazerunner}를 통해 2개의 주제를 하나의 실질적인 예제에서 다루는 것을 보여줄 것이다. 메이즈러너는 Docker에서 동작하는 프로토타입 기반의 예도 제공하는 데, 이를 통해 아파치 스파크 GraphX와 Neo4j 스토리지 간 데이터를 주고받을 수 있다.

스파크 GraphX 모듈을 사용하는 스파크 코드를 작성하기 전에 먼저 그래프 처리 관점에서의 그래프가 과연 무엇인가에 관해 간단히 설명할 것이다. 다음 섹션에서는 간단한 그래프의 예를 통해 그래프에 대해 소개를 할 것이다.

5.1. 그래프 개요

그래프는 데이터 구조로, 정점^{vertex}과 이를 연결하는 간선^{edge}으로 구성된다. 그래프의 정점 또는 노드^{node}는 객체 혹은 사람으로, 간선은 이들 간의 관계를 나타낼 수 있다. 간선은 방향성을 가질 수 있으며 이때는 하나의 노드가 다른 노드로 관계연산을 한다고 해석할 수 있다. 예를 들면 노드 A는 노드 B의 아버지가 된다.

다음의 그림에서 원은 정점 또는 노드(A~D)를, 굵은 선은 간선 또는 관계(E1~E6)를 나타낸다. 각각의 노드 또는 간선은 속성을 가질 수 있는데, 이때 속성은 정사각형으로 표시되어 있다(P1~P7).

그래서, 만일 그래프가 어떤 길을 찾기 위한 경로 맵을 표시한다면 간선은 좁은 도로나 오토바이 도로를 표시할 수도 있을 것이며 그렇다면 노드는 교차로가 될 것이다. 그리고 노드나 간선의 속성은 도로 유형, 제한속도, 거리, 가격, 위치좌표 등이 될 것이다.

그래프를 구현하는 방법은 굉장히 다양하다. 대표적인 것들로 위조 모델링^{Fraud modeling}, 금융 통화거래 모델링^{Financial currency transaction modeling}, 소셜 모델링(페이스북에서 친구와 친구 간의 연결), 맵 프로세싱, 웹 프로세싱, 페이지 순위 등이 있다.

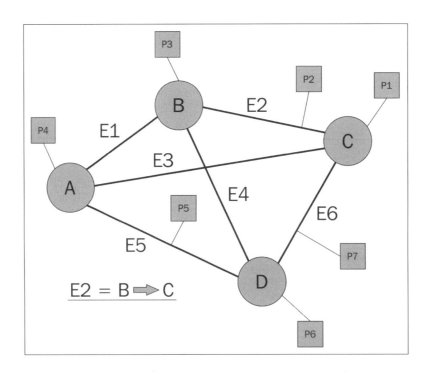

그래서 앞의 그림은 속성을 지닌 그래프의 일반적인 예를 보여주고 있다. 또한, 간선이 방향성을 가질 수 있다는 것도 보여주고 있는데, 즉 E2 간선은 노드 B에서 C로 동작한다. 다음의 예는 가족 구성원 간의 관계에 관해 그래프로 나타낸 것을 보여준다. 간선은 두 노드 또는 정점 간 1개 이상 있을 수 있다. 예를 들어, 마이크와 사라는 각각 남편과 아내의 관계를 갖고 있다. 또한, 노드나 간선에는 1개 이상의 속성이 있을 수 있다.

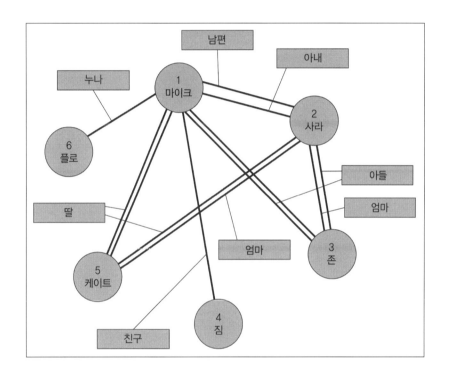

그래서 위의 그림을 보면, 누나 속성이 노드 6 플로에서 노드 1 마이크로 동작한다. 이런 것들은 모두 그래프 구조와 요소를 설명하기 위한 간단한 그래프로, 실제 그래프 애플리케이션은 극한의 크기를 다루어야 하므로 분산 처리와 분산 저장을 동시에 만족시킬 수 있어야 한다. 페이스북의 경우 아파치 Giraph를 사용하여 1조 개가 넘는 간선을 보유하는 그래프도 처리할 수 있다(출처 : 애버리 칭-페이스북). Giraph는 아파치 하둡 생태계에 속한 그래프 처리 툴로, 초기에는 맵리듀스에서 동작하였으나 이제는 팅커팝^{TinkerPop}을 사용한다. 팅커팝에 관해서는 6장에서 설명할 것이다. 이 책이 아파치 스파크에 집중하고 있지만 간선 개수는 처리 가능한 그래프의 크기를 표시하는 아주 좋은 방법을 제공한다.

다음 섹션에서는 스칼라를 가지고 아파치 스파크 GraphX 모듈을 사용하는 방법을 설명할 것이다.

5.2. GraphX 코딩

이번 섹션에서는 앞의 섹션에서 보여준 가족관계 그래프를 데이터 샘플로 이용하여 아파치 스파크 GraphX 스칼라 프로그램을 시험할 것이다. 샘플 데이터는 HDFS에 저장되어 정점과 간선 목록으로 접근될 것이다. 데이터 규모는 작지만 이와 같은 방식으로 그래프를 만든다면 굉장히 커질 수도 있을 것이다. 여기에서는 HDFS를 사용하였는데 그 이유는 그래프 규모가 빅데이터 급으로 커진다면 분산되고 대체 가능한 형태의 저장소가 필요해지기 때문이다. 이번 장에서는 예제를 통해 HDFS가 이를 가능케 할 수 있음을 보여줄 것이다. 아파치 스파크 SQL 모듈을 사용하면 스토리지는 아파치 하이브가 될 것이다. 이 부분에 관해서는 4장을 참조하기 바란다.

5.2.1. 코딩 환경

스칼라 기반의 GraphX 코딩을 위해 hc2nn 서버에서 리눅스 계정 hadoop을 사용하였다. SBT 구조는 이전 예제와 같으며 코드 및 graph.sbt 설정 파일은 graphx 서브 디렉터리에 저장하였다.

```
[hadoop@hc2nn graphx]$ pwd
/home/hadoop/spark/graphx

[hadoop@hc2nn graphx]$ ls
   src    graph.sbt          project        target
```

예상했겠지만 소스 코드는 서브 디렉터리 src/main/scala에 있으며, 총 5개의 코드 샘플이 들어있다.

```
[hadoop@hc2nn scala]$ pwd
/home/hadoop/spark/graphx/src/main/scala
```

```
[hadoop@hc2nn scala]$ ls
graph1.scala  graph2.scala  graph3.scala  graph4.scala  graph5.scala
```

각 그래프 예제에서 스칼라 파일은 HDFS에서 데이터를 로드하고 그래프를 생성하기 위해 같은 코드를 사용한다. 하지만 각자 저마다의 GraphX 기반의 그래프 프로세싱을 제공한다. 이번 장에서는 서로 다른 스파크 모듈이 사용됨에 따라 sbt 설정파일 'graph.sbt'도 다음과 같이 바뀌었다.

```
[hadoop@hc2nn graphx]$ more graph.sbt

name := "Graph X"

version := "1.0"

scalaVersion := "2.10.4"

libraryDependencies += "org.apache.hadoop" % "hadoop-client" %
"2.3.0"

libraryDependencies += "org.apache.spark" %% "spark-core" % "1.0.0"

libraryDependencies += "org.apache.spark" %% "spark-graphx" % "1.0.0"
// CDH 를 사용하는 경우 ,  클라우데라 저장소도 추가한다 .
resolvers += "Cloudera Repository" at https://repository.cloudera.
com/artifactory/cloudera-repos/
```

위에서 'more' 명령을 통해 'graph.sbt' 파일의 내용을 확인할 수 있다. 여기에서 이전 예제들과 바뀐 부분이 두 곳이 있다. 하나는 콘텐츠 내용 설명을 위해 name 값이 바뀐 것이며, 더 중요한 나머지 하나는 라이브러리 의존성을 위해 스파크 GraphX 라이브러리 버전이 1.0.0을 사용했다는 것이다.

2개의 데이터 파일이 HDFS의 /data/spark/graphx/ 디렉터리에 있다. 데이터 파일에는 이번 섹션에서 사용될 데이터가 정점과 간선을 만들어 그래프를 만드는 데 사용된다. 하둡 파일 시스템 'ls' 명령을 통해 'graph1_edges.cvs'와 'graph1_vertex.csv' 파일을 확인할 수 있다.

```
[hadoop@hc2nn scala]$ hdfs dfs -ls /data/spark/graphx
Found 2 items
-rw-r--r--   3 hadoop supergroup          129 2015-03-01 13:52 /data/
spark/graphx/graph1_edges.csv
-rw-r--r--   3 hadoop supergroup           59 2015-03-01 13:52 /data/
spark/graphx/graph1_vertex.csv
```

하둡 파일 시스템 'cat' 명령을 통해 vertex 파일을 보면 단순히 앞에서 사용한 그래프를 나타내는 6개의 줄만 있다. 각 정점은 사람을 나타내며, 정점 ID, 이름, 나이값을 표현한다.

```
[hadoop@hc2nn scala]$ hdfs dfs -cat /data/spark/graphx/graph1_
vertex.csv
1,Mike,48
2,Sarah,45
3,John,25
4,Jim,53
5,Kate,22
6,Flo,52
```

'edges' 파일에는 방향성을 갖는 간선 값이 출발점 정점 ID, 도착점 정점 ID, 관계의 형태로 저장되어 있다. 그래서 1번 레코드는 **플로**가 **마이크**에게 누나임을 나타낸다.

```
[hadoop@hc2nn scala]$  hdfs dfs -cat /data/spark/graphx/graph1_
edges.csv
6,1,Sister
1,2,Husband
2,1,Wife
5,1,Daughter
5,2,Daughter
```

```
3,1,Son
3,2,Son
4,1,Friend
1,5,Father
1,3,Father
2,5,Mother
2,3,Mother
```

앞에서 sbt 환경과 HDFS 기반의 데이터를 설명하였기 때문에, 이제 GraphX 예제 코드를
살펴볼 준비가 되었다. 앞의 예제를 컴파일하고 패키지하는 것은 모두 graphx 서브 디렉터
리에서 이루어진다. 패키지 결과로는 실행 가능한 JAR 파일인 'graph-x_2.10-1.0.jar'
이 만들어진다.

```
[hadoop@hc2nn graphx]$ pwd
/home/hadoop/spark/graphx

[hadoop@hc2nn graphx]$  sbt package

Loading /usr/share/sbt/bin/sbt-launch-lib.bash
[info] Set current project to Graph X (in build file:/home/hadoop/
spark/graphx/)
[info] Compiling 5 Scala sources to /home/hadoop/spark/graphx/
target/scala-2.10/classes...
[info] Packaging /home/hadoop/spark/graphx/target/scala-2.10/
graphx_2.10-1.0.jar ...
[info] Done packaging.
[success] Total time: 30 s, completed Mar 3, 2015 5:27:10 PM
```

5.2.2. 그래프 생성

이번 섹션에서는 HDFS 데이터를 사용하여 GraphX를 생성하는 동일한 스칼라 코드에 관해
설명한다. 이 코드는 각 예제에 같이 사용되기 때문에 코딩 시간을 줄여줄 것이다. 최초 한 번
설명한 다음부터는 실제 그래프를 다루는 부분에 집중할 것이다.

반복되는 코드는 스파크 콘텍스트, graphx, RDD 기능을 스칼라에서 사용하기 위해 import 하는 부분부터 시작한다.

```
import org.apache.spark.SparkContext
import org.apache.spark.SparkContext._
import org.apache.spark.SparkConf

import org.apache.spark.graphx._
import org.apache.spark.rdd.RDD
```

그리고 애플리케이션을 정의하는 데 App 클래스를 extends로 정의한다. 이때, 애플리케이션 이름은 예제에 따라 graph1~graph5까지 바꾸면 된다. 이 애플리케이션 이름은 spark-submit을 사용하여 애플리케이션을 실행시킬 때 사용된다.

```
object graph1 extends App
{
```

데이터 파일은 HDFS에 있으므로 HDFS 접근을 위한 서버와 포트를 정의하고 실제 파일이 저장된 디렉터리와 파일 이름까지 지정한다. 앞에서 설명한 대로 각각 정점과 간선 정보를 저장하는 2개의 데이터 파일이 있다.

```
  val hdfsServer = "hdfs://hc2nn.semtech-solutions.co.nz:8020"
  val hdfsPath   = "/data/spark/graphx/"
  val vertexFile = hdfsServer + hdfsPath + "graph1_vertex.csv"
  val edgeFile   = hdfsServer + hdfsPath + "graph1_edges.csv"
```

이어서 스파크 마스터 URL과 애플리케이션 이름을 정의하는 데, 애플리케이션 이름은 나중에 스파크 UI를 통해 확인할 수 있다. 계속해서 새로운 스파크 설정 객체를 생성하고 URL 과 이름을 객체에 지정한다.

```
val sparkMaster = "spark://hc2nn.semtech-solutions.co.nz:7077"
val appName = "Graph 1"
val conf = new SparkConf()
conf.setMaster(sparkMaster)
conf.setAppName(appName)
```

방금 정의한 설정 객체를 이용하여 새로운 스파크 콘텍스트를 생성한다.

```
val sparkCxt = new SparkContext(conf)
```

sparkCxt.textFile 메소드를 통해 HDFS 파일에 있는 정점 정보는 RDD 데이터 구조인 vertices에 로드된다. 데이터는 long 타입의 VertexID와 이름과 나이를 저장할 문자열에 저장된다. 데이터 줄은 CSV 데이터처럼 콤마로 구분된다.

```
val vertices: RDD[(VertexId, (String, String))] =
    sparkCxt.textFile(vertexFile).map { line =>
      val fields = line.split(",")
      ( fields(0).toLong, ( fields(1), fields(2) ) )
}
```

비슷하게 간선 데이터도 RDD 데이터 구조인 edges에 로드된다. 역시나 CSV 데이터이므로 콤마를 기준으로 데이터를 분리한다. 첫 번째 2개의 데이터 값은 Long 값으로, 시작점과 도착점에 해당하는 정점 ID값을 나타나며, 마지막 문자열 값은 간선의 의미를 나타낸다. 참고로, RDD 구조 edges에 들어있는 각 레코드는 이제 Edge 레코드가 된다.

```
val edges: RDD[Edge[String]] =
    sparkCxt.textFile(edgeFile).map { line =>
      val fields = line.split(",")
      Edge(fields(0).toLong, fields(1).toLong, fields(2))
}
```

기본값은 연결이나 정점이 없을 때의 값으로 정의된다. 기본값을 정의한 다음 graph 변수를 정의하는 데, RDD 구조, 즉 vertices, edges, default 레코드로 생성한다.

```
val default = ("Unknown", "Missing")
val graph = Graph(vertices, edges, default)
```

이렇게 해서 Graph 구조를 갖는 graph 변수가 생성되었으며, 예제에 사용할 수 있게 되었다. 물론 위의 예제에서 그래프를 만들기 위해 사용하는 샘플 데이터는 소규모이지만 이러한 방식으로 엄청나게 큰 그래프도 생성할 수 있을 것이다. PageRank, 삼각형 카운팅과 같이 예제에서 다루는 많은 알고리즘은 반복적으로 수행하는 형태로 동작하기 때문에 이 프로그램들은 반복하는 스파크 작업을 많이 생성하게 될 것이다.

5.2.3. 예제 1 - 카운팅

그래프가 로드되면 데이터 파일에 들어있는 데이터 크기를 확인할 수 있다. 그렇다면 그래프 자체로 봤을 때 정점 및 간선이라는 데이터 크기(개수)는 어떻게 알 수 있을까? 그 답은 매우 간단하다. 아래와 같이 그저 정점과 간선의 카운트 함수만 사용하면 된다.

```
println( "vertices : " + graph.vertices.count )
println( "edges    : " + graph.edges.count )
```

카운트 정보를 알려주는 graph1 예제를 실행시키기 위해 앞에서 생성한 JAR 파일을 사용한다. 옵션으로 스파크 클러스터에 접속하는 데 필요한 마스터 URL과 메모리, 코어 등의 기본 파라미터도 제공한다.

```
spark-submit \
  --class graph1 \
  --master spark://hc2nn.semtech-solutions.co.nz:7077  \
  --executor-memory 700M \
  --total-executor-cores 100 \
 /home/hadoop/spark/graphx/target/scala-2.10/graph-x_2.10-1.0.jar
```

graph1을 호출한 스파크 클러스터 작업은 아래와 같은 예상했던 결과를 내놓는다. 물론 데이터 파일의 내용과도 일치한다.

```
vertices : 6
edges    : 12
```

5.2.4. 예제 2 - 필터링

이번에는 메인 그래프를 이용하여 사람의 나이나 관계 등과 같은 기준으로 필터링을 통해 서브 그래프를 생성하는 방법을 알아볼 것이다. 두 번째 스칼라 예제 파일 graph2의 필터링 부분을 보면 다음과 같다.

```
val c1 = graph.vertices.filter { case (id, (name, age)) => age.
toLong > 40 }.count

val c2 = graph.edges.filter { case Edge(from, to, property)
  => property == "Father" | property == "Mother" }.count

println( "Vertices count : " + c1 )
println( "Edges    count : " + c2 )
```

2개의 카운트 값이 메인 그래프로부터 생성되는 데, 첫 번째는 정점(사람)의 속성 중 나이를 필터링하는 데, 40세보다 나이가 많은 사람을 선택한다. 이때, age 값은 문자열이므로 수치 비교를 위해 long 타입으로 변환시킨 것에 주의하기 바란다. 두 번째 필터는 간선의 속성 중 **엄마**나 **아빠**에 해당하는 것만 선택한다. 2개의 카운트 변수 c1과 c2가 생성되어 그 값을 출력하면 아래와 같은 결과가 나타난다.

```
Vertices count : 4
Edges    count : 4
```

5.2.5. 예제 3 - PageRank

PageRank 알고리즘은 그래프의 각 정점에 대한 순위 값을 제공한다. 순위를 매기기 위해 기본적으로 정점에 연결된 간선이 많을수록 더 중요한 것으로 간주한다. 검색엔진들은 웹 검색이 이루어지는 동안 PageRank를 사용하여 페이지 디스플레이에 필요한 순위를 제공한다.

```
val tolerance = 0.0001
val ranking = graph.pageRank(tolerance).vertices
val rankByPerson = vertices.join(ranking).map {
  case (id, ( (person,age) , rank )) => (rank, id, person)
}
```

위의 코드는 tolerance 변수를 만들고 graph의 pageRank 메소드를 호출할 때 이 변수를 사용한다. 그러면 정점의 순위가 매겨지고 그 값은 ranking에 저장된다. 이렇게 구한 순위에 의미를 부여하기 위해 원래의 정점 RDD를 join 시킨다. 이렇게 하면 rankByPerson에는 rank, 정점 ID, 이름값이 들어간다.

이어서 PageRank의 결과가 저장된 rankByPerson을 레코드 단위로 출력한다. 이때, 레코드 콘텐츠를 구분하기 위하여 case 구문을 사용한다. 출력할 때는 format 구문을 이용하였는데 순위 값이 다양할 수 있으므로 일정한 양식을 적용하였다.

```
rankByPerson.collect().foreach {
  case (rank, id, person) =>
    println ( f"Rank $rank%1.2f id $id person $person")
}
```

출력 결과는 아래와 같다. 예상한 대로 **마이크**와 **사라**가 관계가 많은 만큼 가장 높은 순위를 차지했다.

```
Rank 0.15 id 4 person Jim
Rank 0.15 id 6 person Flo
Rank 1.62 id 2 person Sarah
```

```
Rank 1.82 id 1 person Mike
Rank 1.13 id 3 person John
Rank 1.13 id 5 person Kate
```

5.2.6. 예제 4 – 삼각형 카운팅

삼각형 카운팅 알고리즘은 어떤 정점을 기준으로 이 정점과 연계된 정점들로 구성된 삼각형의 개수를 계산한다. 예를 들어, 정점 **마이크**(1)는 **케이트**(5)와 연결되어 있으며, **케이트**(5)는 **사라**(2)와 연결되어 있고 **사라**(2)는 **마이크**(1)와 연결되어 삼각형을 이룬다. 삼각형 카운팅 알고리즘은 경로 탐색을 위해 최소 그래프, triangle-free 그래프, 스패닝 트리 그래프 등을 생성하여 경로를 설계해야 할 때 유용하다.

아래의 코드는 삼각형을 세어 그 개수를 출력한다. 즉, `triangleCount` 메소드가 그래프 정점에 관해 실행되어 그 결과가 tCount에 저장되고, tCount 값을 출력한다.

```
val tCount = graph.triangleCount().vertices
println( tCount.collect().mkString("\n") )
```

결과를 보면, **플로**(4), **짐**(6)은 삼각형이 없으며, **마이크**(1)와 **사라**(1)는 역시나 가장 많은 관계를 형성하고 있으므로 삼각형 개수도 가장 많음을 알 수 있다.

```
(4,0)
(6,0)
(2,4)
(1,4)
(3,2)
(5,2)
```

5.2.7. 예제 5 - 연결 요소(Connected components)

데이터를 통해 커다란 그래프가 생성되면 그 안에는 서로 연결되지 않은 서브 그래프가 존재할 수도 있다. 즉, 서브 그래프 간 서로 분리되어 있어 연결하는 간선이 없는 것이다. 이 알고리즘은 이러한 연결성을 측정한다. 이러한 알고리즘은 모든 정점이 연결되었는지를 판단하는 경우 중요한 역할을 하게 된다.

이번 예제를 위해 2개의 그래프 메소드 `connectedComponents`와 `strongly ConnectedComponents`를 사용한다. strong 메소드는 최대 반복 횟수가 있어야 하는데, 여기에서는 1,000으로 세팅하였다. 그렇게 하면 그래프 정점에 관해 최대 반복 횟수까지 동작하게 된다.

```
val iterations = 1000
val connected  = graph.connectedComponents().vertices
val connectedS = graph.stronglyConnectedComponents(iterations).
vertices
```

그런 다음, 정점별 카운트 값을 원래의 정점 레코드에 join 시켜 연결 횟수가 사람 이름과 같은 정점 정보에 연계되도록 한다.

```
val connByPerson = vertices.join(connected).map {
  case (id, ( (person,age) , conn )) => (conn, id, person)
}

val connByPersonS = vertices.join(connectedS).map {
  case (id, ( (person,age) , conn )) => (conn, id, person)
}
#case 구문과 고정 양식을 활용하여 결과를 출력한다.
connByPerson.collect().foreach {
  case (conn, id, person) =>
    println ( f"Weak $conn  $id $person" )
}
```

connectedComponents 메소드 결과는 예상한 대로 각 정점마다 하나의 연결 요소만이 있는 것으로 나타났다. 이 결과의 의미는 모든 정점이 하나의 그래프의 멤버로 속한다는 것이다. 실제 그래프 모양은 이번 장 앞부분을 확인하기 바란다.

```
Weak 1  4 Jim
Weak 1  6 Flo
Weak 1  2 Sarah
Weak 1  1 Mike
Weak 1  3 John
Weak 1  5 Kate
```

stronglyConnectedComponents 메소드도 그래프의 연결성을 측정하는 데 간선의 방향을 고려하여 계산한다. 우선, 코드를 보면 stronglyConnectedComponents 알고리즘 결과를 출력시킨다.

```
connByPersonS.collect().foreach {
  case (conn, id, person) ->
    println ( f"Strong $conn  $id $person" )
}
```

그래프의 관계 중 **누나**와 **친구**는 각각 **플로**(6)와 **짐**(4)에서 출발하여 **마이크**(1)로 이동하는데, 이 간선과 정점 데이터는 아래와 같다.

```
6,1,Sister
4,1,Friend
1,Mike,48
4,Jim,53
6,Flo,52
```

그래서 strong 메소드 결과를 보면 대부분의 정점 레코드는 두 번째 열이 1로 하나의 그래프 컴포넌트가 있음을 알 수 있다. 그러나 4, 6번 정점에는 도달할 수가 없으므로 컴포넌트 ID 대신 vertex ID를 갖게 된다.

```
Strong 4   4 Jim
Strong 6   6 Flo
Strong 1   2 Sarah
Strong 1   1 Mike
Strong 1   3 John
Strong 1   5 Kate
```

5.3. Neo4j용 메이즈러너(Mazerunner)

앞에서 아파치 스파크 GraphX 코드를 스칼라 언어로 작성하여 HDFS에 저장된 그래프 데이터를 처리하는 방법에 대해 설명하였다. 이와 같이 PageRank, 삼각형 카운팅 등 몇 가지 그래프 알고리즘도 알아보았다. 이러한 알고리즘에는 제약이 있는데, 스파크에는 스토리지가 없는 동시에 HDFS에 있는 단편적인 파일로는 그래프 기반의 데이터를 저장하고 필요한 위치에 접근하며 처리하는 것이 어렵다는 것이다. 그래서 관계 데이터베이스의 경우 SQL을 이용하여 저장된 데이터에 접근하여 정보를 꺼낼 수 있는 것처럼 Neo4j 같은 그래프 데이터베이스를 사용할 수 있다. 즉, 그래프 데이터베이스는 그래프를 저장할 수 있는 메커니즘과 그래프에 적합한 데이터 접근 언어를 사용할 수 있다. 이번 섹션에서는 케니 바스타니^{Kenny Bastani}가 GraphX Neo4j 프로세싱 프로토타입 형태로 제작한 메이즈러너^{Mazerunner}에 관해 살펴볼 것이다.

다음의 그림은 메이즈러너의 아키텍쳐를 보여준다. 먼저 Neo4j에서 그래프 데이터를 HDFS로 보내면 GraphX는 알림^{notification} 프로세스를 통해 받은 데이터를 처리한다. 업데이트된 데이터는 HDFS에 키-값 리스트 형태로 저장되는 데, 이렇게 변경된 데이터는 다시 Neo4j로 전달되어 저장된다. 이러한 프로토타입 아키텍쳐에 사용되는 알고리즘들은 HTTP URL 기반의 REST를 통해 접근할 수 있는데, 이에 관해서는 나중에 설명할 것이다. 여기에서의 요점은 이러한 알고리즘들이 GraphX 처리를 통해 동작할 수 있으며 데이터 변경은 Neo4j 데이터베이스 cypher 언어 질의를 통해 이루어진다는 것이다. 케니의 결과물에 대한 더 자세한 내용은 http://www.kennybastani.com/2014/11/using-apache-spark-and-neo4j-for-big.html에서 확인할 수 있다.

이번 섹션에서는 메이즈러너 아키텍쳐 설명에 집중하였는데, 다음 섹션부터 메이즈러너에 대한 예제를 통해 어떻게 사용하는지를 중점적으로 살펴볼 것이다. 메이즈러너 아키텍쳐는 GraphX와 그래프 기반의 스토리지가 묶여서 처리되는 독특한 예제를 제공한다.

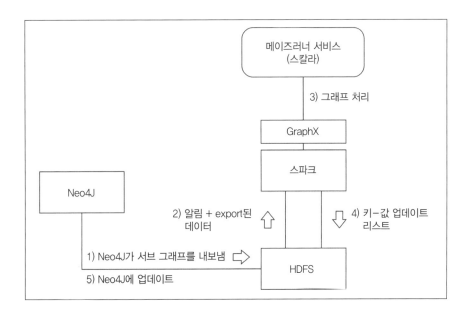

5.3.1. Docker 설치

메이즈러너 예제 코드를 설치하는 전체 과정은 다음의 사이트를 통해 확인할 수 있다.

`https://github.com/kbastani/neo4j-mazerunner`

메이즈러너를 설치한 환경은 64비트 CentOS 6.5 리눅스 머신이다. 메이즈러너 예제는 Docker 툴을 사용한다. Docker는 예제에서 동작하는 HDFS, Neo4j, 메이즈러너를 위해 표시를 해 둔 가상의 컨테이너를 생성한다. 먼저 Docker를 설치해야 한다. 이를 위해 root 계정으로 'yum' 명령을 실행해야 한다. 다음의 첫 번째 명령을 통해 `docker-io` 모듈을 설치한다 (docker라는 모듈 이름은 CentOS 6.5의 다른 애플리케이션이 이미 사용했다).

```
[root@hc1r1m1 bin]# yum -y install docker-io
```

다음으로, `public_ol6` 저장소를 활성화 시키고, `device-mapper-event-libs` 패키지를 설치한다. 아래의 명령을 `root` 권한으로 실행한다.

```
[root@hc1r1m1 ~]# yum-config-manager --enable public_ol6_latest
[root@hc1r1m1 ~]# yum install device-mapper-event-libs
```

필자의 시스템에서는 lib-device-mapper가 Docker에서 요구하는 symbol을 내보내지 않는다는 오류가 발생하기도 한다.

```
/usr/bin/docker: relocation error: /usr/bin/docker: symbol dm_task_
get_info_with_deferred_remove, version Base not defined in file
libdevmapper.so.1.02 with link time reference
```

Docker를 설치한 다음, Docker 버전을 점검한다.

```
[root@hc1r1m1 ~]# docker version
Client version: 1.4.1
Client API version: 1.16
Go version (client): go1.3.3
Git commit (client): 5bc2ff8/1.4.1
OS/Arch (client): linux/amd64
Server version: 1.4.1
Server API version: 1.16
Go version (server): go1.3.3
Git commit (server): 5bc2ff8/1.4.1
```

리눅스에서 Docker를 실행시키기 위해 서비스로 동작시키면 된다. 또한, 'chkconfig' 명령을 이용하여 리눅스 서버가 시작할 때 Docker를 강제로 실행하도록 할 수도 있다.

```
[root@hc1r1m1 bin]# service docker start
[root@hc1r1m1 bin]# chkconfig docker on
```

이제 3개의 Docker 이미지(HDFS, 메이즈러너, Neo4j)를 다운받을 수 있다. 이미지들 파일의 용량이 크기 때문에 시간이 조금 걸린다.

```
[root@hc1r1m1 ~]# docker pull sequenceiq/hadoop-docker:2.4.1
Status: Downloaded newer image for sequenceiq/hadoop-docker:2.4.1

[root@hc1r1m1 ~]# docker pull kbastani/docker-neo4j:latest
Status: Downloaded newer image for kbastani/docker-neo4j:latest

[root@hc1r1m1 ~]# docker pull kbastani/neo4j-graph-analytics:latest
Status: Downloaded newer image for kbastani/neo4j-graph-
analytics:latest
```

이미지 파일까지 다운받았다면 Docker 컨테이너는 HDFS, 메이즈러너, Neo4j의 순서대로 실행시킨다. 그러면 Neo4j의 기본 데이터베이스인 movie 데이터베이스가 다운로드되고, 메이즈러너 알고리즘은 이 데이터를 이용하여 동작할 것이다. HDFS 컨테이너는 다음과 같은 명령으로 실행시킨다.

```
[root@hc1r1m1 ~]# docker run -i -t --name hdfs sequenceiq/hadoop-
docker:2.4.1 /etc/bootstrap.sh –bash

Starting sshd:                                    [  OK  ]
Starting namenodes on [26d939395e84]
26d939395e84: starting namenode, logging to /usr/local/hadoop/logs/
hadoop-root-namenode-26d939395e84.out
localhost: starting datanode, logging to /usr/local/hadoop/logs/
hadoop-root-datanode-26d939395e84.out
Starting secondary namenodes [0.0.0.0]
0.0.0.0: starting secondarynamenode, logging to /usr/local/hadoop/
logs/hadoop-root-secondarynamenode-26d939395e84.out
starting yarn daemons
starting resourcemanager, logging to /usr/local/hadoop/logs/yarn--
resourcemanager-26d939395e84.out
```

```
localhost: starting nodemanager, logging to /usr/local/hadoop/logs/
yarn-root-nodemanager-26d939395e84.out
```

메이즈러너 서비스 컨테이너는 아래와 같이 실행시킨다.

```
[root@hc1r1m1 ~]# docker run -i -t --name mazerunner —link hdfs:hdfs
kbastani/neo4j-graph-analytics
```

출력되는 내용이 많아 책에는 생략했지만, 오류가 없음을 확인할 수 있을 것이다. 이와 함께 다음과 같은 설치 메시지를 기다린다는 내용도 표시될 것이다.

```
[*] Waiting for messages. To exit press CTRL+C
```

Neo4j를 처음으로 설치하였다면 Neo4j 컨테이너를 시작하기 위해 새로운 Neo4j 데이터베이스를 설치해야 한다. DB가 설치된 경우에는 그 경로만 알려주면 된다. 아래의 명령은 link 옵션을 이용하여 Neo4j 컨테이너를 HDFS와 메이즈러너 컨테이너와 연결한다.

```
[root@hc1r1m1 ~]# docker run -d -P -v /home/hadoop/neo4j/data:/opt/
data --name graphdb --link mazerunner:mazerunner --link hdfs:hdfs
kbastani/docker-neo4j
```

neo4j/data 디렉터리를 확인하면 'graph.db'라는 이름의 데이터베이스 파일이 생성되었음을 확인할 수 있다.

```
[root@hc1r1m1 data]# pwd
/home/hadoop/neo4j/data

[root@hc1r1m1 data]# ls
graph.db
```

아래의 'docker inspect' 명령을 이용하여 컨테이너 기반의 IP 주소와 Docker 기반의 Neo4j 컨테이너를 사용할 수 있게 만든다. 'inspect' 명령은 Neo4j 컨테이너에 접근할 수 있는 로컬 IP 주소를 제공한다. 케니의 웹 사이트를 통해 알게 된 'curl' 명령을 포트 번호와 함께 사용하면(여기에서는 기본값인 7474 사용) REST 인터페이스가 동작 중인 상태를 보여 준다.

```
[root@hc1r1m1 data]# docker inspect --format="{{.NetworkSettings.
IPAddress}}" graphdb
172.17.0.5

[root@hc1r1m1 data]# curl  172.17.0.5:7474
{
  "management" : "http://172.17.0.5:7474/db/manage/",
  "data" : "http://172.17.0.5:7474/db/data/"
}
```

5.3.2. Neo4j 브라우저

이번 섹션의 대부분의 작업은 Neo4j 브라우저 URL을 통해 이루어진다.

```
http://172.17.0.5:7474/browser
```

위의 URL은 Docker 기반의 로컬 IP 주소로, hc1r1m1 서버가 접속할 수 있게 되는데, 별 도의 추가적인 네트워크 설정 없이는 로컬 인트라넷의 나머지 부분은 보이지 않는다.

위의 URL에 접속하면 Neo4j 브라우저의 기본 페이지가 나타난다. Movie 그래프는 movie 링크를 클릭하여 설치하고 Cypher 쿼리를 선택하여 실행시킬 수 있다.

그러면 Cypher 쿼리를 통해 데이터를 추출할 수 있게 되는데, 이 부분에 관해서는 6장에서 자세히 설명할 것이다. 아래의 그림은 Cypher 쿼리를 통해 데이터가 그래프로 접근됨을 시각적으로 나타낸 것이다. 첫 번째 그래프는 사람과 영화의 간단한 관계를 보여주는 데, 관계에 대한 세부 내용은 연결된 간선에 나타난다.

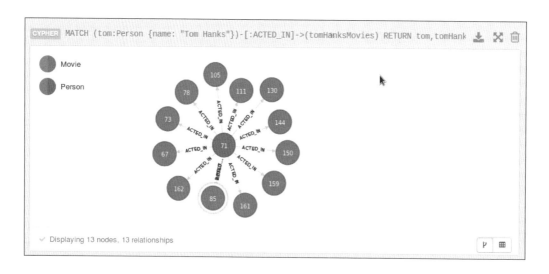

두 번째 그래프는 Neo4j의 강력한 점을 보여주는 데, 앞의 그래프보다 더 복잡한 cypher 쿼리를 통해 더 복잡한 그래프 결과를 얻었다. 이 그래프는 135개의 노드와 180개의 관계를 보유하고 있다. 물론 이 숫자는 프로세싱 측면에서 봤을 때 그리 큰 수는 아니지만, 그래프가 점점 복잡해진다는 것은 명백하다.

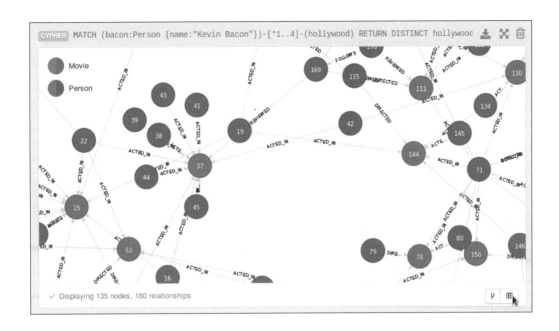

```
CYPHER MATCH (bacon:Person {name:"Kevin Bacon"})-[*1..4]-(hollywood) RETURN DISTINCT hollywood
```

아래는 메이즈러너 알고리즘 예제가 HTTP REST URL을 통해 호출되는 것을 보여준다. 호출 방식은 알고리즘을 지정하고 그래프에서 이루어질 행동에 대한 속성을 지정하는 것으로 구성된다.

```
http://localhost:7474/service/mazerunner/analysis/{algorithm}/
{attribute}
```

그래서, 다음 섹션에서 보여주겠지만 이러한 일반적인 URL을 이용하여 algorithm=pagerank와 같이 세팅함으로써 PageRank 알고리즘을 동작시키도록 사용할 수 있다. 그리고 attribute=FOLLOWS로 세팅함으로써 알고리즘이 follows 관계에서 동작하도록 할 수 있다. 다음 섹션에서는 메이즈러너 알고리즘별로 실행시키는 방법과 그 결과로 나타나는 Cypher 출력을 알아보겠다.

5.3.3. 메이즈러너 알고리즘

이번 섹션에서는 메이즈러너 알고리즘이 바로 앞의 섹션에서 언급한 REST 기반의 HTTP URL 방식으로 어떻게 동작하는지를 설명한다. 이번 섹션에서 설명하는 알고리즘은 이미 앞에서 예제 코드까지 본 것이다. 하지만 이번 섹션에서는 Neo4j에 있는 데이터를 가지고 스파크 GraphX에서 처리한 다음 다시 Neo4j에 업데이트하는 과정까지 설명할 것이다. 말은 쉽지만 이 과정에는 여러 프로세스가 존재한다. 각각의 예제에 관해 알고리즘이 그래프에 추가한 속성은 Cypher 쿼리를 통해 처리된다. 그래서 각 예제는 쿼리보다는 Neo4j에 데이터 업데이트가 일어나는 부분에 더 중점을 두었다.

5.3.3.1. PageRank 알고리즘

첫 번째는 PageRank 알고리즘으로, PageRank 속성이 영화 그래프에 추가된다. 앞에서 PageRank 알고리즘의 각 정점이 얼마나 많은 간선과 연결되었는지에 대한 순위를 제공한다고 하였다. 이번 예제에서는 FOLLOWS 관계를 적용할 것이다.

아래의 그림은 PageRank 알고리즘 결과에 대한 화면이다. 그림의 맨 윗줄에 있는 (MATCH 부터 시작하는) 문장은 CYPHER 쿼리로, pagerank 속성이 그래프에 추가되었음을 보여준다.

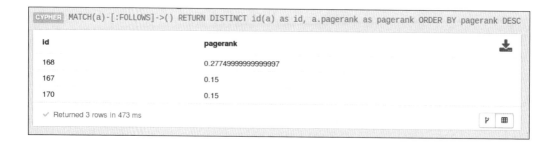

5.3.3.2. 근접중심도(Closeness centrality) 알고리즘

근접중심도 알고리즘은 그래프에서 가장 중요한 정점을 결정한다. 이번 예제에서는 closeness 속성이 그래프에 추가되었다.

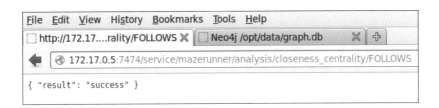

아래의 그림은 근접중심도 알고리즘 결과를 보여준다. 마찬가지로 맨 윗줄에 있는 문장은 cypher 쿼리로, closeness_centrality 속성이 그래프에 추가되었음을 보여준다. 이 때, closeness 별칭이 cypher 쿼리에서 사용되었는데, closeness_centrality 속성을 나타낸다. 글자 수가 짧은 별칭을 사용함에 따라 쿼리 문장을 읽기 수월해졌다.

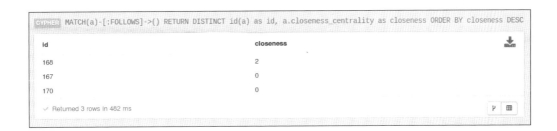

5.3.3.3. 삼각형 카운팅 알고리즘

삼각형 카운팅 알고리즘은 정점에서 만들 수 있는 삼각형의 개수를 세는 데 사용된다. 이를 위해 FOLLOWS 관계가 사용되며 triangle_count 속성이 그래프에 추가된다.

아래 그림은 삼각형 카운팅 알고리즘 결과를 보여준다. 맨 윗줄에 있는 문장은 CYPHER 쿼리로, triangle_count 속성이 그래프에 추가되었음을 알 수 있다. 앞에서와 마찬가지로 triangle_count 속성 이름에 대한 별칭으로 tcount를 사용하여 쿼리 문장을 수월하게 표시하고 있다.

```
CYPHER  MATCH(a)-[:FOLLOWS]->() RETURN DISTINCT id(a) as id, a.triangle_count as tcount ORDER BY tcount DESC
```

id	tcount
167	0
168	0
170	0

✓ Returned 3 rows in 444 ms

5.3.3.4. 연결 요소 알고리즘

연결 요소^{connected components} 알고리즘은 그래프 데이터 안에 실제 연결 요소가 얼마나 많이 있는지를 측정한다. 예를 들어, 데이터는 서로 간에 연결된 경로가 없는 2개의 서브 그래프를 가지는 경우 연결 요소는 2가 된다. 연결 요소 알고리즘을 사용하기 위해 connected_components 속성이 그래프에 추가되었다.

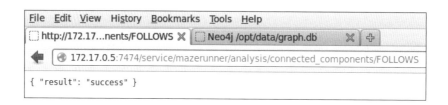

다음의 그림은 연결 요소 알고리즘 결과를 보여준다. 맨 위 문장은 CYPHER 쿼리로 connected_components 속성이 그래프에 추가되었음을 보여준다. 앞에서와 마찬가지로 connected_components 속성 이름에 대한 별칭으로 ccomp가 사용되었다.

```
CYPHER  MATCH(a)-[:FOLLOWS]->() RETURN DISTINCT id(a) as id, a.connected_components as ccomp ORDER BY ccomp DESC
```

id	ccomp	
167	167	
168	167	
170	167	

✓ Returned 3 rows in 411 ms

5.3.3.5. 강한 연결 요소 알고리즘

강한 연결 요소^{strongly connected components} 알고리즘은 연결 요소 알고리즘과 매우 유사하지만 방향성을 갖는다는 점에 차이가 있다. 방향성이 있는 FOLLOWS 관계를 이용하여 그래프 데이터로부터 서브 그래프가 생성된다. 모든 그래프 요소가 사용될 때 까지 서브 그래프가 생성된다. 이러한 서브 그래프는 강한 연결 요소를 이룬다. 이번에는 strongly_connected_compoents 속성이 그래프에 사용되었다.

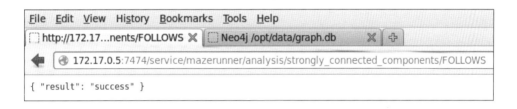

File Edit View History Bookmarks Tools Help

http://172.17...nents/FOLLOWS ✕ | Neo4j /opt/data/graph.db ✕ ✛

172.17.0.5:7474/service/mazerunner/analysis/strongly_connected_components/FOLLOWS

{ "result": "success" }

아래의 그림은 강한 연결 요소 알고리즘 결과를 보여준다. 마찬가지로 맨 위 문장은 CYPHER 쿼리로 strongly_connected_components 속성이 그래프에 추가되었음을 보여준다. 이번에도 마찬가지로 strongly_connected_components 속성 이름에 대한 별칭으로 sccomp가 사용되었다.

```
CYPHER  MATCH(a)-[:FOLLOWS]->() RETURN DISTINCT id(a) as id, a.strongly_connected_components as sccomp ORDER BY sccomp DESC
```

id	sccomp	
170	170	
168	168	
167	167	

✓ Returned 3 rows in 619 ms

5.4. 요약

이민 장에서는 스칼라 코드를 통해 아파치 스파크에서 GraphX 알고리즘을 사용하는 예를 보여주었다. 스칼라를 사용한 이유는 코드량이 적어 개발 시간을 단축시킬 수 있기 때문이었다. 아울러, 스칼라 기반의 셸을 사용할 수 있으며 코드 또한 스파크 애플리케이션 안에 컴파일 될 수 있다. 모든 예제는 SBT 툴을 사용하여 컴파일 및 설정되었다. 설정내용 및 예제 코드는 모두 제공되니 다운받아 확인해보기 바란다.

이번 장에서는 Neo4j와 아파치 스파크를 위한 메이즈러너 아키텍쳐(케니 바스타니가 개발)를 소개하였다. 왜 메이즈러너가 중요하냐면 아파치 스파크가 그래프 처리를 위해 사용될 때 그래프 스토리지를 위한 그래프 기반의 데이터베이스를 사용하는 방법을 제시하였기 때문이다. 물론, 지금 당장 제품 개발에 사용하라고 권하는 것이 아니다. 메이즈러너의 정식 버전 출시를 위해서는 아직 해결해야 할 부분이 많이 남아있기 때문이다. 하지만 그래프 기반의 스토리지는 분산 환경에서 그래프 기반의 처리를 할 때 Neo4j의 Cypher와 같은 쿼리 언어를 사용하여 데이터를 처리할 수 있는 옵션을 제공한다.

이번 장이 여러분에게 도움이 되기를 바란다. 다음 장에서는 그래프 기반 스토리지에 관해 더 깊이 알아볼 것이다. 이제 여러분은 GraphX 코딩에 한 단계 더 깊이 들어갈 준비가 되었기 때문에 제공된 예제를 실행시키고 코드를 수정하여 그래프 개발 프로세스에 관해 더 친숙해지기 바란다.

6장

그래프 기반 스토리지

아파치 스파크를 특별히 GraphX와 함께 이용하여 처리하면 그래프에 대한 인메모리의 클러스터 기반의 실시간 프로세싱을 받을 수 있다. 하지만 아파치 스파크는 스토리지를 제공하지 않는다. 그래서 그래프 기반의 데이터가 처리되기 위해서는 어디엔가 스토리지를 확보해야 한다. 그래서 이번 장에서는 그래프 데이터베이스인 타이탄을 통해 그래프 기반의 스토리지에 대한 예를 살펴볼 것이다. 이번 장에서 다루는 주요 내용은 다음과 같다.

- 타이탄(Titan) 소개
- 팅커팝(TinkerPop) 소개
- 타이탄 설치
- HBase과 함께 타이탄 사용하기
- 카산드라(Cassandra)와 함께 타이탄 사용하기
- 스파크와 함께 타이탄 사용하기

아파치 스파크와 그래프 기반의 스토리지 시스템인 타이탄과의 스토리지 통합은 이 분야에 있어 아직 초기 수준이다.

5장에서는 Neo4j의 메이즈러너 아키텍처에 관해 설명하면서 스파크 기반의 데이터 전송이 Neo4j로 어떻게 바뀔 수 있는지를 보여주었다. 이번 장에서는 타이탄을 사용하는 데, 그 이유는 타이탄이 현재 제공하는 기능 때문이 아니라 향후 아파치 스파크에 그래프 기반의 스토리지를 제공할 것으로 약속하였기 때문이다.

6.1. 타이탄(Titan)

타이탄은 그래프 데이터베이스로 아우렐리우스(Aurelius, `http://thinkaurelius.com/`)에서 개발하였다. 애플리케이션 소스와 바이너리 코드는 GitHub(`http://thinkaurelius.github.io/titan/`)에서 다운받을 수 있으며, 타이탄 문서도 같이 받을 수 있다. 타이탄은 아파치2 라이선스 하에 종속된 오픈소스 애플리케이션으로 출시되었다. 현재 아우렐리우스는 DataStax에 인수되었지만 타이탄 프로젝트는 계속 진행되기를 바란다.

타이탄은 다양한 스토리지 옵션을 제공하지만, 여기에서는 2개에 관해서만 집중할 것이다. 하나는 HBase로, 하둡 계열의 NoSQL 데이터베이스이며, 다른 하나는 카산드라^{Cassandra}로, 비(非) 하둡 계열의 NoSQL 데이터베이스이다. 두 스토리지 메커니즘을 사용하여 타이탄은 빅데이터 규모의 그래프 기반 스코리지를 제공할 수 있다.

팅커팝3^{TinkerPop3} 기반의 타이탄 버전 0.9.0-M2는 2015년 6월에 출시되었으며, 아파치 스파크와의 통합을 더 좋게 만들어준다(팅커팝에 관해서는 다음 섹션에서 다룬다). 이번 장에서는 이 버전을 사용할 예정이다. 팅커팝은 현재 타이탄 데이터베이스가 그래프 처리를 위해 사용하고 있다. 이번 장에서 사용하는 타이탄은 아직 정식 버전이 아니지만 향후 출시 버전에는 타이탄 기능이 포함되기를 기대한다.

이번 장에서는 Neo4j와 같은 대체 그래프 데이터베이스 대신 타이탄 데이터베이스에만 집중하는 데, 그것은 타이탄이 하둡 기반의 스토리지를 사용할 수 있기 때문이다. 또한, 타이탄은 향후 빅데이터급 데이터를 인메모리 그래프 기반 프로세싱 형태로 아파치 스파크와 통합할 것임을 약속한 것도 큰 이유 중 하나이다. 다음의 그림은 이번 장에서 다룰 내용에 대한 아키텍쳐를 보여준다. 점선은 스파크 데이터베이스에 직접 접근하는 것을 뜻하고, 실선은 스파크가 타이탄 클래스를 통해 데이터에 접근하는 것을 의미한다.

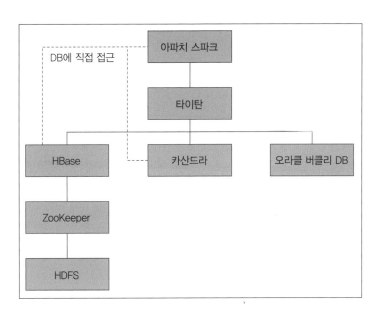

스파크 인터페이스는 아직 공식적으로 존재하지 않지만(오직 M2 개발 버전에만 가능) 레퍼런스 차원에서 추가하였다. 타이탄이 스토리지로 오라클도 제공하지만, 이번 장에서는 다루지 않는다. 대신 타이탄을 HBase와 카산드라 아키텍쳐에 통합시키는 것에 관해 먼저 설명한 후 아파치 스파크와의 통합에 대해 설명을 할 것이다. HBase(분산)를 고려 시 ZooKeeper도 통합에 필요하다는 것을 기억해야 한다. 다행히 이미 지금까지 진행되는 과정을 통해 CDH5 클러스터, HBase, ZooKeeper가 모두 설치되었다.

6.2. 팅커팝(TinkerPop)

팅커팝^{TinkerPop}은 아파치 인큐베이터 프로젝트로 2015년 7월 현재 버전 3까지 나왔으며, `http://tinkerpop.incubator.apache.org/`에서 확인할 수 있다. 팅커팝은 자신만의 그래프 처리 모듈을 생성하기보다는 그래프 데이터베이스(타이탄 같은)와 그래프 분석 시스템(Giraph 같은)을 모두 지원하여 그래프 처리에 서브시스템 형태로 사용된다.

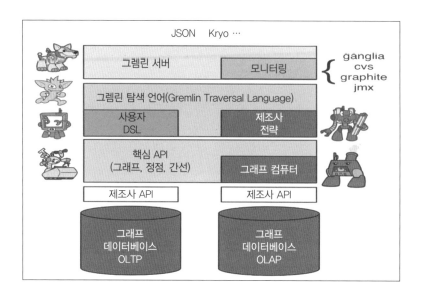

위의 그림은(팅커팝 웹 사이트에서 인용) 팅커팝 아키텍쳐를 보여준다. 핵심 API 계층은 핵심 팅커팝 API로, 그래프, 정점, 간선 프로세싱을 위한 그래프 처리 API를 제공한다. 제조사 API 네모는 제조사에서 자신들의 시스템과 통합하기 위해 구현해야 하는 API를 의미한다. 위의 그림은 두 가지 가능한 API가 있음을 보여준다. 하나는 OLTP[Online Transaction Processing] 데이터베이스 시스템이며, 다른 하나는 OLAP[Online Analytical Processing] 분석 시스템이다.

또한, 위의 그림은 팅커팝과 타이탄을 위해 그래프를 생성하고 관리하는 용도로 그렘린 언어[Gremlin Languaga]가 사용되고 있음을 보여준다. 그리고 그렘린 서버가 아키텍쳐 최상위에 있어서 Ganglia 같은 모니터링 시스템과 통합할 수 있다는 것도 알 수 있다.

6.3. 타이탄 설치

이번 장에서 필요한 타이탄 설치 과정을 보여줄 것이다. 이를 통해 타이탄을 어떻게 구하고, 설치하고, 설정하는지를 알 수 있을 것이다. 먼저 가장 최신 prebuilt 버전인 0.9.0-M2를 s3.thinkaurelius.com/downloads/titan/titan-0.9.0-M2-hadoop1.zip에 접속하여 다운받았다.

다음과 같이 zip 파일을 임시 디렉터리에 다운로드한 다음, 타이탄이 클러스터의 모든 노드에 설치되도록 다음과 같은 과정을 밟았다.

```
[[hadoop@hc2nn tmp]$ ls -lh titan-0.9.0-M2-hadoop1.zip
-rw-r--r-- 1 hadoop hadoop 153M Jul 22 15:13 titan-0.9.0-M2-hadoop1.
zip
```

리눅스 'unzip' 명령으로 다운 받은 타이탄 배포 파일의 압축을 풀었다.

```
[hadoop@hc2nn tmp]$ unzip titan-0.9.0-M2-hadoop1.zip

[hadoop@hc2nn tmp]$ ls -l
total 155752
drwxr-xr-x 10 hadoop hadoop     4096 Jun  9 00:56 titan-0.9.0-M2-
hadoop1
-rw-r--r--  1 hadoop hadoop 159482381 Jul 22 15:13 titan-0.9.0-M2-
hadoop1.zip
```

이어서, root 권한으로 작업하기 위해 'su' 명령을 사용하여 root 계정으로 바꾸고 압축이
풀린 설치 패키지를 /usr/local/ 디렉터리로 이동시켰다. 그리고 설치 패키지의 사용자와
그룹 권한을 hadoop으로 변경시킨 후 /usr/local/titan-0.9.0-M2-hadoop1 디렉터리에 관
해 심볼릭 링크로 /usr/local/titan을 설정하여 쉽게 접근할 수 있도록 하였다.

```
[hadoop@hc2nn ~]$ su -
[root@hc2nn ~]# cd /home/hadoop/tmp
[root@hc2nn titan]# mv titan-0.9.0-M2-hadoop1 /usr/local
[root@hc2nn titan]# cd /usr/local
[root@hc2nn local]# chown -R hadoop:hadoop titan-0.9.0-M2-hadoop1
[root@hc2nn local]# ln -s titan-0.9.0-M2-hadoop1 titan
[root@hc2nn local]# ls -ld *titan*
lrwxrwxrwx  1 root    root      19 Mar 13 14:10 titan -> titan-0.9.0-
M2-hadoop1
drwxr-xr-x 10 hadoop hadoop 4096 Feb 14 13:30 titan-0.9.0-M2-hadoop1
```

타이탄 그렘린 셸에 대한 예는 나중에 보여줄 것이다. 이제 타이탄을 사용할 수 있게 되었다. 방금 설치한 타이탄 버전은 Java 8을 필요로하여 자바 버전이 제대로 설치되었는지도 확인해야 할 것이다.

6.4. HBase와 함께 타이탄 사용하기

앞의 그림에서 보여준 바와 같이 HBase는 ZooKeeper의 도움을 받는다. 이미 ZooKeeper가 CDH5 클러스터에 설치되었기 때문에(hc2r1m2, hc2r1m3, hc2r1m4 노드에서 동작) HBase만 설치하고 하둡 클러스터에서 동작하도록 하면 된다.

6.4.1. HBase 클러스터

여기에서는 클라우데라 CDH 클러스터 매니저를 이용하여 HBase의 배포 버전을 설치할 것이다. 매니저 콘솔을 사용하면 손쉽게 HBase를 설치할 수 있다. 설치 과정에서 결정해야 할 것은 HBase 서버가 클러스터의 어디에 설치할 것인지만 지정해주는 것이다. 아래 그림은 CDH HBase 설치 후에 View By Host 형태로 확인한 내용을 보여준다. 오른쪽 Added Roles 부분에 HBase 컴포넌트가 추가된 것을 알 수 있다.

그림에서 알 수 있듯이 HBase 지역 서버(RS$^{\text{region server}}$)가 hc2r1m2, hc2r1m3, hc2r1m4 노드에 추가되었으며, HBase 마스터(M)와 HBase REST 서버(HBREST), HBase Thrift 서버 (HBTS)는 hc2r1m1 호스트에 추가되었다.

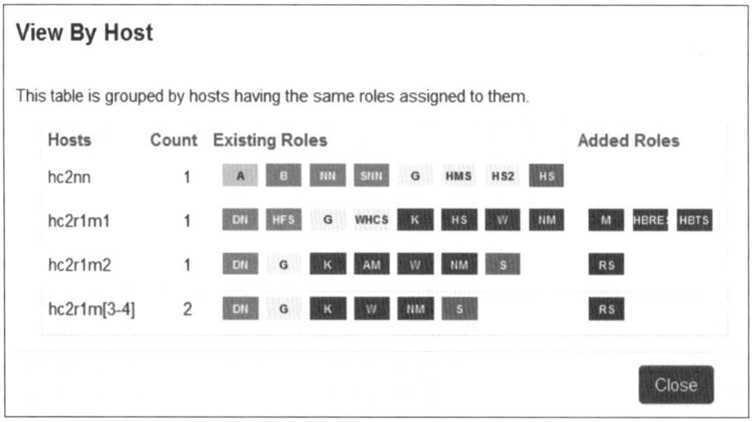

그동안 많은 하둡 기반의 컴포넌트를 설치하고 설정하는 과정을 통해 매니저 기반으로 컴포넌트를 설치하고 설정하는 것이 가장 빠르고 안정적이라는 것을 알게 되었다. 또한, 시간도 절약되어 타이탄과 같은 다른 시스템에 집중할 수 있도록 도와주기도 한다.

HBase 설치가 끝나면 CDH 매니저 콘솔을 시작하여 제대로 동작하는지 확인해야 한다. 여기에서는 HBase 셸을 사용하여 진행한다.

```
[hadoop@hc2r1m2 ~]$ hbase shell
Version 0.98.6-cdh5.3.2, rUnknown, Tue Feb 24 12:56:59 PST 2015
hbase(main):001:0>
```

위의 출력 내용에서도 알 수 있듯이 HBase 셸을 리눅스 hadoop 계정으로 실행시켰다. 이어서 HBase 버전 0.98.6이 설치되었다고 나타나는 데, 이 버전 숫자는 나중에 타이탄을 실행시킬 때 중요하게 사용된다.

```
hbase(main):001:0> create 'table2', 'cf1'
hbase(main):002:0> put 'table2', 'row1', 'cf1:1', 'value1'
hbase(main):003:0> put 'table2', 'row2', 'cf1:1', 'value2'
```

계속해서 table2라는 이름의 간단한 테이블을 생성하였는데 cf1이라는 이름의 컬럼 패밀리column family도 같이 생성하였다. 그리고 2개의 행을 각각 다른 값으로 추가하였다. 이 테이블은 hc2r1m2 노드에서 생성되었는데 HBase 클러스터의 다른 노드 hc2r1m4에서도 table2가 확인됨을 알 수 있다.

```
[hadoop@hc2r1m4 ~]$ hbase shell

hbase(main):001:0> scan 'table2'

ROW                      COLUMN+CELL
 row1                       column=cf1:1, timestamp=1437968514021,
value=value1
 row2                       column=cf1:1, timestamp=1437968520664,
value=value2
2 row(s) in 0.3870 seconds
```

결과에서도 알 수 있듯이 다른 호스트에서도 `table2`의 2줄을 확인할 수 있다. 이를 통해 HBase가 제대로 설치되고 동작하고 있음을 알 수 있다. 그러면 이제 HBase와 타이탄 그렘린 셀을 사용하여 타이탄에 그래프를 추가해보도록 하자.

6.4.2. 그렘린(Gremlin) HBase 스크립트

먼저 자바 버전이 8인지를 확인해야 한다. 그렇지 않으면 타이탄 0.9.0-M2는 동작하지 않을 것이다.

```
[hadoop@hc2r1m2 ~]$ java -version
openjdk version "1.8.0_51"
```

만일 자바 버전이 다르다면 아래와 같은 구글링을 하기 전에는 무슨 뜻인지 알 수 없는 오류를 마주하게 될 것이다.

```
Exception in thread "main" java.lang.UnsupportedClassVersionError:
org/apache/tinkerpop/gremlin/groovy/plugin/RemoteAcceptor :
Unsupported major.minor version 52.0
```

대화형 셀인 타이탄 그렘린 셀은 타이탄 설치 디렉터리에 있다. 셀을 시작하면 그렘린 프롬프트를 볼 수 있다.

```
[hadoop@hc2r1m2 bin]$ pwd
/usr/local/titan/

[hadoop@hc2r1m2 titan]$ bin/gremlin.sh
gremlin>
```

아래의 스크립트는 그렘린 셸에서 입력하였다. 앞부분에는 스토리지(여기에서는 HBase)에 대한 설정을 하는데, ZooKeeper 서버, ZooKeeper 포트 번호, HBase 테이블 이름을 지정한다.

```
hBaseConf = new BaseConfiguration();
hBaseConf.setProperty("storage.backend","hbase");
hBaseConf.setProperty("storage.hostname","hc2r1m2,hc2r1m3,hc2r1m4");
hBaseConf.setProperty("storage.hbase.ext.hbase.zookeeper.property.
clientPort","2181")
hBaseConf.setProperty("storage.hbase.table","titan")

titanGraph = TitanFactory.open(hBaseConf);
```

다음으로는 일반적인 정점의 속성 이름과 나이를 정의하여 Management System을 통해 그 래프가 생성되도록 한다. 그리고 관리 시스템에 변경사항을 적용한다.

```
manageSys = titanGraph.openManagement();
nameProp = manageSys.makePropertyKey('name').dataType(String.class).
make();
ageProp  = manageSys.makePropertyKey('age').dataType(String.class).
make();
manageSys.buildIndex('nameIdx',Vertex.class).addKey(nameProp).
buildCompositeIndex();
manageSys.buildIndex('ageIdx',Vertex.class).addKey(ageProp).
buildCompositeIndex();

manageSys.commit();
```

이제, 6개의 정점을 그래프에 추가한다. 각각의 정점을 구별할 수 있도록 숫자 값 라벨을 지정한다. 각 정점은 이름과 나이값을 갖게 된다.

```
v1=titanGraph.addVertex(label, '1');
v1.property('name', 'Mike');
v1.property('age', '48');

v2=titanGraph.addVertex(label, '2');
v2.property('name', 'Sarah');
v2.property('age', '45');

v3=titanGraph.addVertex(label, '3');
v3.property('name', 'John');
v3.property('age', '25');

v4=titanGraph.addVertex(label, '4');
v4.property('name', 'Jim');
v4.property('age', '53');

v5=titanGraph.addVertex(label, '5');
v5.property('name', 'Kate');
v5.property('age', '22');

v6=titanGraph.addVertex(label, '6');
v6.property('name', 'Flo');
v6.property('age', '52');
```

마지막으로 그래프의 간선을 정점과 함께 추가한다. 각각의 간선은 관계 값을 갖는다. 간선의 생성이 끝나면 지금까지의 내용을 타이탄, 즉 **HBase**에 저장시킨다.

```
v6.addEdge("Sister", v1)
v1.addEdge("Husband", v2)
v2.addEdge("Wife", v1)
v5.addEdge("Daughter", v1)
```

```
v5.addEdge("Daughter", v2)
v3.addEdge("Son", v1)
v3.addEdge("Son", v2)
v4.addEdge("Friend", v1)
v1.addEdge("Father", v5)
v1.addEdge("Father", v3)
v2.addEdge("Mother", v5)
v2.addEdge("Mother", v3)

titanGraph.tx().commit();
```

이렇게 하면 그 결과로 아래의 그림과 같은 간단한 그래프가 생성된다. 이 그래프는 앞의 장에서 사용한 그래프이기도 하다.

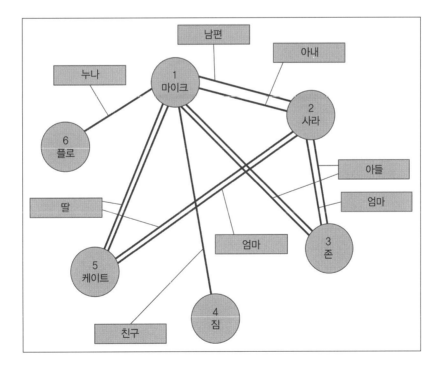

이 그래프는 이제 그렘린 셸의 비슷한 스크립트를 통해 타이탄에서 제대로 동작하는지를 시험할 수 있다. 다음의 내용을 gremlin> 프롬프트에서 입력해보자. 스크립트의 첫 6줄은

titanGraph 설정을 생성한다. 그리고 그래프 탐색 변수 g를 생성한다.

```
hBaseConf = new BaseConfiguration();
hBaseConf.setProperty("storage.backend","hbase");
hBaseConf.setProperty("storage.hostname","hc2r1m2,hc2r1m3,hc2r1m4");
hBaseConf.setProperty("storage.hbase.ext.hbase.zookeeper.property.
clientPort","2181")
hBaseConf.setProperty("storage.hbase.table","titan")

titanGraph = TitanFactory.open(hBaseConf);

gremlin> g = titanGraph.traversal()
```

이제 그래프 탐색 변수를 사용하여 그래프 내용을 확인할 수 있게 되었다. ValueMap 옵션을 사용하여 Mike와 Flo 노드를 탐색해보면 아래와 같이 성공적으로 탐색하는 것을 확인할 수 있다.

```
gremlin> g.V().has('name','Mike').valueMap();
==>[name:[Mike], age:[48]]

gremlin> g.V().has('name','Flo').valueMap();
==>[name:[Flo], age:[52]]
```

이처럼, 그렘린 셸을 이용하면 타이탄에 그래프를 생성하고 확인할 수 있다. 그러면 HBase 셸을 이용하여 HBase 스토리지를 확인하고 타이탄 테이블의 내용이 제대로 들어있는지 확인해보자. 다음의 내용을 실행시켜보면 테이블이 존재하고 이 작은 그래프를 위해 72개의 행 데이터가 존재함을 알 수 있다.

```
[hadoop@hc2r1m2 ~]$ hbase shell
hbase(main):002:0> scan 'titan'
72 row(s) in 0.8310 seconds
```

지금까지 그래프를 생성하고 이 데이터가 HBase에 제대로 저장되었음을 확인하였다. 이제 이 데이터를 아파치 스파크를 이용하여 접근할 것이다. 이미 모든 노드에 아파치 스파크가 설치되었기 때문에 아파치 스파크 1.3으로부터 HBase 스토리지에 직접 접근해볼 것이다. 이때 타이탄을 사용하여 HBase에 저장된 그래프와 소통하는 등의 시도를 하지 않을 것이다.

6.4.3. Spark on HBase

스파크를 이용하여 HBase에 접근하기 위해 클라우데라의 SparkOnHBase 모듈을 사용할 것이다. 이 모듈은 https://github.com/cloudera-labs/SparkOnHBase에서 다운 받을 수 있다.

다운 받은 파일은 zip으로 압축되어 있으므로 압축을 풀어야 한다. 이를 위해 임시 디렉터리에서 unzip 명령을 이용하여 압축을 풀었다.

```
[hadoop@hc2r1m2 tmp]$ ls -l SparkOnHBase-cdh5-0.0.2.zip
-rw-r--r-- 1 hadoop hadoop 370439 Jul 27 13:39 SparkOnHBase-cdh5-
0.0.2.zip

[hadoop@hc2r1m2 tmp]$ unzip SparkOnHBase-cdh5-0.0.2.zip

[hadoop@hc2r1m2 tmp]$ ls
SparkOnHBase-cdh5-0.0.2  SparkOnHBase-cdh5-0.0.2.zip
```

그리고 압축을 해제한 모듈로 이동한 후, 메이븐 명령 mvn을 이용하여 JAR 파일로 빌드하였다.

```
[hadoop@hc2r1m2 tmp]$ cd SparkOnHBase-cdh5-0.0.2
[hadoop@hc2r1m2 SparkOnHBase-cdh5-0.0.2]$ mvn clean package

[INFO] ------------------------------------------------------------
[INFO] BUILD SUCCESS
[INFO] ------------------------------------------------------------
```

```
[INFO] Total time: 13:17 min
[INFO] Finished at: 2015-07-27T14:05:55+12:00
[INFO] Final Memory: 50M/191M
[INFO] ------------------------------------------------------------
```

마지막으로, 깔끔하게 정리하기 위해 빌드가 끝난 컴포넌트를 개발 영역으로 옮겨 이 모듈을 스파크 HBase 코드에서 사용할 수 있도록 하였다.

```
[hadoop@hc2r1m2 SparkOnHBase-cdh5-0.0.2]$ cd ..
[hadoop@hc2r1m2 tmp]$ mv SparkOnHBase-cdh5-0.0.2 /home/hadoop/spark
```

6.4.4. 스파크를 사용하여 HBase 접근하기

이전 장에서와 같이 SBT와 스칼라를 사용하여 스파크 기반의 스크립트를 애플리케이션으로 컴파일 할 것이다. 그리고 spark-submit을 사용하여 컴파일 한 애플리케이션을 스파크 클러스터에서 동작시킬 것이다. SBT 설정 파일의 내용은 다음과 같다. 이 안에는 하둡, 스파크, HBase 라이브러리가 들어있다.

```
[hadoop@hc2r1m2 titan_hbase]$ pwd
/home/hadoop/spark/titan_hbase

[hadoop@hc2r1m2 titan_hbase]$ more titan.sbt
name := "T i t a n"
version := "1.0"
scalaVersion := "2.10.4"

libraryDependencies += "org.apache.hadoop" % "hadoop-client" %
"2.3.0"
libraryDependencies += "org.apache.spark" %% "spark-core"  % "1.3.1"
libraryDependencies += "com.cloudera.spark" % "hbase"  % "5-0.0.2"
from "file:///home/hadoop/spark/SparkOnHBase-cdh5-0.0.2/target/
SparkHBase.jar"
```

```
libraryDependencies += "org.apache.hadoop.hbase" % "client"   % "5-
0.0.2" from "file:///home/hadoop/spark/SparkOnHBase-cdh5-0.0.2/
target/SparkHBase.jar"
resolvers += "Cloudera Repository" at "https://repository.cloudera.
com/artifactory/cloudera-repos/"
```

현재, 이 애플리케이션은 hc2r1m2 서버의 /home/hadoop/spark/titan_hbase 디렉터리에서 리눅스 hadoop 계정으로 실행시킬 것이다. 먼저 run_titan.bash.hbase 라는 이름의 Bash 셸 스크립트를 만들어 서브 디렉터리 src/main/scala에 생성되도록 한 다음 컴파일된 애플리케이션을 실행시킬 수 있도록 하였다.

```
[hadoop@hc2r1m2 titan_hbase]$ pwd ; more run_titan.bash.hbase
/home/hadoop/spark/titan_hbase

#!/bin/bash

SPARK_HOME=/usr/local/spark
SPARK_BIN=$SPARK_HOME/bin
SPARK_SBIN=$SPARK_HOME/sbin

JAR_PATH=/home/hadoop/spark/titan_hbase/target/scala-2.10/t-i-t-a-
n_2.10-1.0.jar
CLASS_VAL=$1

CDH_JAR_HOME=/opt/cloudera/parcels/CDH/lib/hbase/
CONN_HOME=/home/hadoop/spark/SparkOnHBase-cdh5-0.0.2/target/

HBASE_JAR1=$CDH_JAR_HOME/hbase-common-0.98.6-cdh5.3.3.jar
HBASE_JAR2=$CONN_HOME/SparkHBase.jar

cd $SPARK_BIN

./spark-submit \
  --jars $HBASE_JAR1 \
```

```
--jars $HBASE_JAR2 \
--class $CLASS_VAL \
--master spark://hc2nn.semtech-solutions.co.nz:7077  \
--executor-memory 100M \
--total-executor-cores 50 \
$JAR_PATH
```

Bash 스크립트는 같은 `titan_hbase` 디렉터리에서 생성되어 1개의 파라미터 애플리케이션 클래스 이름을 받는다. 이전 예제와 같이 이 파라미터는 `spark-submit` 호출에 사용되는 데, 이번 예제의 경우에는 `src/main/scala`에 `spark3_hbase2.scala` 스크립트는 하나만 있다.

```
[hadoop@hc2r1m2 scala]$ pwd
/home/hadoop/spark/titan_hbase/src/main/scala

[hadoop@hc2r1m2 scala]$ ls
spark3_hbase2.scala
```

그러면 스칼라 코드를 살펴보자. 코드는 어떤 애플리케이션 클래스에 속할 것인지를 지정하기 위해 패키지 이름을 정의하는 것으로 시작한다. 이어서 스파크, 하둡, HBase 클래스를 import 한다.

```
package nz.co.semtechsolutions

import org.apache.spark.SparkContext
import org.apache.spark.SparkContext._
import org.apache.spark.SparkConf

import org.apache.hadoop.hbase._
import org.apache.hadoop.fs.Path
import com.cloudera.spark.hbase.HBaseContext
import org.apache.hadoop.hbase.client.Scan
```

이어서 애플리케이션 객체 이름을 정의하고 main 메소드를 정의한다. 애플리케이션 이름과 스파크 URL으로 설정 객체를 생성한 후, 이를 이용하여 스파크 콘텍스트를 생성한다.

```
object spark3_hbase2
{

  def main(args: Array[String]) {

    val sparkMaster = "spark://hc2nn.semtech-solutions.co.nz:7077"
    val appName = "Spark HBase 2"

    val conf = new SparkConf()

    conf.setMaster(sparkMaster)
    conf.setAppName(appName)

    val sparkCxt = new SparkContext(conf)
```

다음으로, HBase 설정 객체를 생성하고 클라우데라 CDH hbase-site.xml 파일 기반의 자원을 추가한다.

```
    val jobConf = HBaseConfiguration.create()

    val hbasePath="/opt/cloudera/parcels/CDH/etc/hbase/conf.dist/"

    jobConf.addResource(new Path(hbasePath+"hbase-site.xml"))
```

HBase 콘텍스트 객체는 스파크 콘텍스트와 HBase 설정 객체를 사용하여 생성된다. 그리고 scan과 캐시 설정도 정의된다.

```
val hbaseContext = new HBaseContext(sparkCxt, jobConf)

var scan = new Scan()
scan.setCaching(100)
```

마지막으로 HBase 콘텍스트 메소드 hbaseRDD를 이용하여 HBase의 Titan 테이블에 있는 데이터를 조회하고 객체를 스캔한다. RDD 개수 출력을 끝으로 스크립트는 끝난다.

```
    var hbaseRdd = hbaseContext.hbaseRDD("titan", scan)

    println( "Rows in Titan hbase table : " + hbaseRdd.count() )

    println( " >>>>> Script Finished <<<<< " )

  } // end main

} // end spark3_hbase2
```

여기에서 조회된 데이터 수만 출력하였는 데 그 이유는 타이탄이 데이터를 GZ 형식으로 압축하기 때문이다. 그래서 직접 조회 수를 출력하는 것이 낫다고 생각하였다.

run_titan.bash.hbase 스크립트를 사용하여 스파크 애플리케이션 spark3_hbase2를 실행시키면 RDD 행 개수가 72개라고 출력하여 앞에서 구한 행 개수와 같다는 것을 확인할 수 있다. 이로써 아파치 스파크를 이용하여 타이탄 HBase에 저장된 그래프 raw 데이터에 직접 접근할 수 있다는 것을 확인하였다. 하지만 스파크는 아직 타이탄 데이터를 그래프로서 접근하기 위해 타이탄 라이브러리를 사용하지 않았다. 이 부분에 관해서는 나중에 다룰 것이다.

```
[hadoop@hc2r1m2 titan_hbase]$ ./run_titan.bash.hbase nz.co.
semtechsolutions.spark3_hbase2

Rows in Titan hbase table : 72
 >>>>> Script Finished <<<<<
```

6.5. 카산드라(Cassandra)와 함께 타이탄 사용하기

이번 섹션에서는 카산드라^{Cassandra}라는 NoSQL 데이터베이스를 타이탄의 스토리지 메커니즘으로 사용할 것이다. 카산드라는 하둡을 사용하지 않지만, 자체적으로 대규모 스케일의 클러스터 기반 데이터베이스를 보유하고 있으며 굉장히 커다란 클러스터 크기로 규모를 확장할 수 있다. 이번 섹션에서도 앞의 섹션과 같은 순서로 진행할 것이다. HBase에 그래프를 생성하고 타이탄 그렘린 셸을 이용하여 카산드라에 저장할 것이다. 그리고 그렘린을 이용하여 데이터베이스를 확인하고 카산드라에서도 저장된 데이터를 확인할 것이다. 그리고 스파크를 이용하여 타이탄 카산드라에 저장된 그래프 raw 데이터에 접근할 것이다. 가장 먼저 할 일은 카산드라를 클러스터의 모든 노드에 설치하는 것이다.

6.5.1. 카산드라 설치

리눅스 'yum' 명령을 사용하여 카산드라를 설치하기 위해 DataStax 카산드라의 커뮤니티 버전을 설치하도록 repo 파일을 작성한다. 이를 위해 'su' 명령을 이용하여 root 권한을 획득한다. 그리고 카산드라를 모든 노드에 설치한다.

```
[hadoop@hc2nn lib]$ su -
[root@hc2nn ~]# vi /etc/yum.repos.d/datastax.repo

[datastax]
name= DataStax Repo for Apache Cassandra
baseurl=http://rpm.datastax.com/community
enabled=1
gpgcheck=0
```

이제 'yum' 명령으로 클러스터의 각 노드에 카산드라를 설치한다.

```
[root@hc2nn ~]# yum -y install dsc20-2.0.13-1 cassandra20-2.0.13-1
```

카산드라 설정을 셋업하기 위해 /etc/cassandra/conf 디렉터리에 있는 'cassandra.yaml' 파일을 수정한다.

```
[root@hc2nn ~]# cd /etc/cassandra/conf   ; vi cassandra.yaml
```

수정한 내용은 클러스터 이름, 서버 seed IP 주소, RPC 주소, snitch 값이다. Seed 노드는 다른 노드들이 가장 먼저 접속하는 노드로, 여기에서는 NameNode(103)와 node2(108)에 seed를 부여하였다. Snitch 메소드는 네트워크 토폴로지와 경로를 관리한다.

```
cluster_name: 'Cluster1'
seeds: "192.168.1.103,192.168.1.108"
listen_address:
rpc_address: 0.0.0.0
endpoint_snitch: GossipingPropertyFileSnitch
```

이제 모든 노드에서 카산드라를 실행시키기 위해 다음과 같이 root 권한으로 서비스 명령을 실행한다.

```
[root@hc2nn ~]# service cassandra start
```

로그 파일은 /var/log/cassandra에, 데이터는 /var/lib/cassandra 디렉터리에 저장된다. nodetool을 카산드라 노드에서 사용하면 카산드라 클러스터의 상태를 확인할 수 있다.

```
[root@hc2nn cassandra]# nodetool status
Datacenter: DC1
===============
Status=Up/Down
|/ State=Normal/Leaving/Joining/Moving
--  Address         Load        Tokens  Owns (effective)  Host ID
                                        Rack
```

```
UN  192.168.1.105  63.96 KB   256      37.2%           f230c5d7-
ff6f-43e7-821d-c7ae2b5141d3  RAC1
UN  192.168.1.110  45.86 KB   256      39.9%           fc1d80fe-
6c2d-467d-9034-96a1f203c20d  RAC1
UN  192.168.1.109  45.9 KB    256      40.9%           daadf2ee-
f8c2-4177-ae72-683e39fd1ea0  RAC1
UN  192.168.1.108  50.44 KB   256      40.5%           b9d796c0-
5893-46bc-8e3c-187a524b1f5a  RAC1
UN  192.168.1.103  70.68 KB   256      41.5%           53c2eebda66c-
4a65-b026-96e232846243  RAC1
```

카산드라 CQL 셸 cqlsh은 클러스터에 접근하여 객체를 생성하는 데 사용될 수 있다. 아래는 cqlsh이 실행된 모습을 보여준다. 카산드라 버전이 2.0.13이라는 것도 알려주고 있다.

```
[hadoop@hc2nn ~]$ cqlsh
Connected to Cluster1 at localhost:9160.
[cqlsh 4.1.1 | Cassandra 2.0.13 | CQL spec 3.1.1 | Thrift protocol
19.39.0]
Use HELP for help.
cqlsh>
```

아래의 카산드라 쿼리 언어(CQL)는 키 스페이스^{key space}인 keyspace1이 CQL 셸을 통해 생성되고 사용되는 것을 보여준다.

```
cqlsh> CREATE KEYSPACE keyspace1 WITH REPLICATION = { 'class' :
'SimpleStrategy', 'replication_factor' : 1 };

cqlsh> USE keyspace1;

cqlsh:keyspace1> SELECT * FROM system.schema_keyspaces;

 keyspace_name | durable_writes | strategy_class | strategy_options
```

```
--------------+------+--------------------------------------------
+--------------------------
   keyspace1 | True | org.apache.cassandra.locator.SimpleStrategy |
{"replication_factor":"1"}
        system | True |  org.apache.cassandra.locator.LocalStrategy |
{}
system_traces | True | org.apache.cassandra.locator.SimpleStrategy |
{"replication_factor":"2"}
```

카산드라 설치가 제대로 된 것을 확인하였으니 카산드라를 스토리지로 사용하는 타이탄 그래프를 만들어보도록 하자. 이를 위해 다음 섹션에서 타이탄 그렘린 셸을 사용할 것이다. 진행 방식은 HBase와 같다.

6.5.2. 그렘린 카산드라 스크립트

앞에서 작성한 그렘린 스크립트와 같이 카산드라 버전도 같은 그래프를 생성한다. 다만 설정부분에 차이가 있다. 백엔드 스토리지 타입은 카산드라로 정의하고 호스트 이름도 카산드라 시드 노드로 한다. 키 스페이스와 포트 번호도 지정한 다음 그래프를 생성한다.

```
cassConf = new BaseConfiguration();
cassConf.setProperty("storage.backend","cassandra");
cassConf.setProperty("storage.hostname","hc2nn,hc2r1m2");
cassConf.setProperty("storage.port","9160")
cassConf.setProperty("storage.keyspace","titan")
titanGraph = TitanFactory.open(cassConf);
```

여기부터는 스크립트가 앞에서의 HBase 예제와 같기 때문에 다시 설명하지는 않겠다. 이 스크립트는 다운로드 패키지에 cassandra_create.bash라는 이름으로 들어있다. 위의 설정을 이용하여 그렘린 셸에서 같이 데이터를 검사할 수 있다. 다음의 내용을 보면 이전 예제의 결과와 같이 나옴으로써 그래프가 정상적으로 저장되었음을 알 수 있다.

```
gremlin> g = titanGraph.traversal()

gremlin> g.V().has('name','Mike').valueMap();
==>[name:[Mike], age:[48]]

gremlin> g.V().has('name','Flo').valueMap();
==>[name:[Flo], age:[52]]
```

카산드라 CQL 셸을 사용하여 타이탄 **키 스페이스**를 확인하면 카산드라에 여러 개의 타이탄 테이블이 생성된 것을 확인할 수 있다.

```
[hadoop@hc2nn ~]$ cqlsh
cqlsh> use titan;
cqlsh:titan> describe tables;
edgestore          graphindex          system_properties        systemlog
txlog
edgestore_lock_    graphindex_lock_    system_properties_lock_   titan_
ids
```

또한, edgestore 테이블을 조회하면 카산드라에 실제 데이터가 들어간 것도 확인할 수 있다.

```
cqlsh:titan> select * from edgestore;
 key                    | column1              | value
------------------------+----------------------+----------------------------
------------------------
 0x0000000000004815 |               0x02 | 0x00011ee0
 0x0000000000004815 |             0x10c0 | 0xa0727425536fee1ec0
.......
 0x0000000000001005 |             0x10c8 | 0x00800512644c1b149004a0
 0x0000000000001005 | 0x30c9801009800c20 | 0x000101143c01023b0101696
e6465782d706ff30200
```

지금까지 그렘린 셸을 통해 카산드라에 타이탄 그래프가 생성되고 데이터도 저장된 것을 확인하였다. 이제 이렇게 저장한 데이터를 스파크를 통해 접근해보도록 하자.

6.5.3. 스파크 카산드라 커넥터

스파크를 이용하여 카산드라에 접근하기 위해서는 DataStax의 스파크 카산드라 커넥터connector와 드라이버 라이브러리를 받아야 한다. 이에 대한 정보와 버전에 관해서는 http://mvnrepository.com/artifact/com/datastax.spark/에서 확인할 수 있다.

위의 사이트에 접속하면 버전 호환성Version Compatibility 섹션에서 각각의 카산드라 버전에 대한 알맞은 스파크 버전을 확인할 수 있다. 버전 호환성 표를 통해 카산드라와 스파크 버전에 해당하는 커넥터 버전도 확인할 수 있다. [9] 다음으로, 라이브러리를 구하기 위해 http://mvnrepository.com/artifact/com.datastax.spark/spark-cassandra-connector_2.10에 접속한다.

라이브러리 URL에 접속하고 라이브러리 버전을 선택하면 선택한 라이브러리에 해당하는 컴파일 의존성 표를 볼 수 있다. 컴파일 의존성 표를 통해 다른 라이브러리와의 의존성 및 알맞은 버전까지 확인할 수 있다. 다음의 라이브러리는 스파크 1.3.1을 사용하기 위한 라이브러리이다. 위에서 언급한 사이트를 통해 스파크 버전에 대응하는 카산드라 커넥터 라이브러리 버전을 확인할 수 있을 뿐만 아니라 카산드라 커넥터가 의존하는 다른 라이브러리 버전도 확인할 수 있을 것이다. 반드시 컴파일 의존성 표에 나타난 라이브러리 버전을 맞추어야 하니 주의하기 바란다.

```
[hadoop@hc2r1m2 titan_cass]$ pwd ; ls *.jar
/home/hadoop/spark/titan_cass

spark-cassandra-connector_2.10-1.3.0-M1.jar
cassandra-driver-core-2.1.5.jar
cassandra-thrift-2.1.3.jar
```

---

9) 역자 주 : 버전 호환성 표는 https://github.com/datastax/spark-cassandra-connector에서 확인할 수 있다.

```
libthrift-0.9.2.jar
cassandra-clientutil-2.1.3.jar
guava-14.0.1.jar
joda-time-2.3.jar
joda-convert-1.2.jar
```

6.5.4. 스파크를 사용하여 카산드라에 접근하기

카산드라 커넥터 라이브러리와 이에 필요한 라이브러리를 구했으니 카산드라에 연결하기 위한 스칼라 코드에 관해 생각해보자. 가장 먼저 해야 할 일은 sbt 틀을 사용하고 있으므로 sbt 빌드 설정 파일을 셋업해야 하는 것이다. 그 내용은 다음과 같다.

```
[hadoop@hc2r1m2 titan_cass]$ pwd ; more titan.sbt
/home/hadoop/spark/titan_cass

name := "Spark Cass"
version := "1.0"
scalaVersion :- "2.10.4"
libraryDependencies += "org.apache.hadoop" % "hadoop-client" %
"2.3.0"
libraryDependencies += "org.apache.spark" %% "spark-core" % "1.3.1"
libraryDependencies += "com.datastax.spark" % "spark-cassandra-
connector" % "1.3.0-M1" from "file:///home/hadoop/spark/titan_cass/
spark-cassandra-connector_2.10-1.3.0-M1.jar"
libraryDependencies += "com.datastax.cassandra" % "cassandra-driver-
core" % "2.1.5" from "file:///home/hadoop/spark/titan_cass/cassandra-
driver-core-2.1.5.jar"
libraryDependencies += "org.joda" % "time" % "2.3" from "file:///
home/hadoop/spark/titan_cass/joda-time-2.3.jar"
libraryDependencies += "org.apache.cassandra" % "thrift" % "2.1.3"
from "file:///home/hado
op/spark/titan_cass/cassandra-thrift-2.1.3.jar"
libraryDependencies += "com.google.common" % "collect" % "14.0.1"
from "file:///home/hadoop/spark/titan_cass/guava-14.0.1.jar
resolvers += "Cloudera Repository" at "https://repository.cloudera.
com/artifactory/cloudera-repos/"
```

카산드라 커넥터를 위한 스칼라 스크립트 예제 프로그램 이름은 spark3_cass.scala 이다. 그러면 코드를 살펴보자. 먼저 패키지 이름을 정의한 다음 스파크와 카산드라 커넥터를 위한 클래스를 import 한다. 그리고 spark3_cass라는 이름의 객체 애플리케이션 클래스를 정의한다. 이어서 main 메소드를 정의한다.

```
package nz.co.semtechsolutions

import org.apache.spark.SparkContext
import org.apache.spark.SparkContext._
import org.apache.spark.SparkConf

import com.datastax.spark.connector._

object spark3_cass
{

  def main(args: Array[String]) {
```

스파크 URL과 애플리케이션 이름을 사용하여 스파크 설정 객체를 생성한다. 스파크 설정 객체에 카산드라 커넥션 호스트를 추가한 다음, 설정 객체를 이용하여 스파크 콘텍스트를 생성한다.

```
    val sparkMaster = "spark://hc2nn.semtech-solutions.co.nz:7077"
    val appName = "Spark Cass 1"
    val conf = new SparkConf()

    conf.setMaster(sparkMaster)
    conf.setAppName(appName)

    conf.set("spark.cassandra.connection.host", "hc2r1m2")

    val sparkCxt = new SparkContext(conf)
```

이어서 카산드라 **키 스페이스**와 테이블 이름을 확인하고 정의한다. 다음으로, 스파크 콘텍스트 메소드 cassandraTable을 이용하여 카산드라에 접속하고 edgestore 테이블의 내용을 RDD 형태로 받는다. 그리고 RDD의 크기를 출력하면서 스크립트가 끝난다. 이번 예제에서는 데이터의 내용보다는 프로그램이 카산드라에 제대로 연결이 되는 것을 보여주는 것이 더 중요하기 때문에 데이터의 내용을 출력하지는 않았다.

```scala
    val keySpace  = "titan"
    val tableName = "edgestore"

    val cassRDD = sparkCxt.cassandraTable( keySpace, tableName )

    println( "Cassandra Table Rows : " + cassRDD.count )

    println( " >>>>> Script Finished <<<<< " )

  } // end main

} // end spark3_cass
```

지금까지의 예제들과 마찬가지로 스칼라 프로그램을 실행시키기 위해 스파크 submit 명령을 Bash 스크립트 run_titan.bash에 넣는다. 아래는 run_titan.bash 스크립트의 내용이며, 그동안의 Bash 스크립트와 거의 비슷하다. 여기에서 중요한 부분은 JAR 옵션으로, 런타임에 필요한 모든 JAR 파일이 사용되도록 해야 한다. 또한, JAR 파일의 순서에 따라 클래스 exception 오류가 일어날 수도 있으므로 주의해야 한다.

```bash
[hadoop@hc2r1m2 titan_cass]$ more run_titan.bash

#!/bin/bash

SPARK_HOME=/usr/local/spark
SPARK_BIN=$SPARK_HOME/bin
SPARK_SBIN=$SPARK_HOME/sbin
```

```
JAR_PATH=/home/hadoop/spark/titan_cass/target/scala-2.10/spark-
cass_2.10-1.0.jar
CLASS_VAL=$1


CASS_HOME=/home/hadoop/spark/titan_cass/


CASS_JAR1=$CASS_HOME/spark-cassandra-connector_2.10-1.3.0-M1.jar
CASS_JAR2=$CASS_HOME/cassandra-driver-core-2.1.5.jar
CASS_JAR3=$CASS_HOME/cassandra-thrift-2.1.3.jar
CASS_JAR4=$CASS_HOME/libthrift-0.9.2.jar
CASS_JAR5=$CASS_HOME/cassandra-clientutil-2.1.3.jar
CASS_JAR6=$CASS_HOME/guava-14.0.1.jar
CASS_JAR7=$CASS_HOME/joda-time-2.3.jar
CASS_JAR8=$CASS_HOME/joda-convert-1.2.jar


cd $SPARK_BIN


./spark-submit \
  --jars $CASS_JAR8,$CASS_JAR7,$CASS_JAR5,$CASS_JAR4,$CASS_
JAR3,$CASS_JAR6,$CASS_JAR2,$CASS_JAR1 \
  --class $CLASS_VAL \
  --master spark://hc2nn.semtech-solutions.co.nz:7077 \
  --executor-memory 100M \
  --total-executor-cores 50 \
  $JAR_PATH
```

Bash 스크립트를 통해 스칼라 애플리케이션이 실행되는 데, 스칼라 애플리케이션은 카산드라에 접속하고 데이터를 select 한 다음 카산드라 테이블이 218개의 행을 가져오는 것을 알려준다.

```
[hadoop@hc2r1m2 titan_cass]$ ./run_titan.bash.cass nz.co.
semtechsolutions.spark3_cass

Cassandra Table Rows : 218
 >>>>> Script Finished <<<<<
```

지금까지 아파치 스파크를 이용하여 카산드라 기반의 타이탄 테이블 데이터에 접근하는 예제를 살펴보았다. 그러나 HBase 예제와 마찬가지로 이번 예제 역시 테이블 기반의 타이탄 raw 데이터를 가져올 뿐 타이탄 그래프 형태로 가져오지 않았다. 따라서 다음 섹션에서는 아파치 스파크를 타이탄 데이터베이스를 위한 프로세싱 엔진으로 활용하는 방법에 관해 살펴볼 것이다.

6.6. 스파크를 사용하여 타이탄에 접근하기

이번 장에서는 지금까지 타이탄 0.9.0-M2 버전을 설치하고 HBase와 카산드라를 백엔드 스토리지로 활용하여 그래프를 생성하는 과정을 살펴보았다. 그래프는 그렘린 스크립트를 사용하여 생성하였는데, 이번 섹션에서는 그렘린 스크립트의 속성 파일을 이용하여 타이탄 기반의 그래프가 아파치 스파크를 통해 처리되도록 할 것이다. 2개의 백엔드 스토리지 HBase와 카산드라 모두 타이탄과 함께 사용될 것이다.

다음의 그림은 이번 장의 앞부분에서 보여준 팅커팝3 기반의 아키텍쳐로, 이번 섹션에서 사용되는 아키텍쳐를 나타낸다. 그림을 통해 단순화시켰지만 앞에서의 팅커팝 버전과 기본적으로 같다. 여기에 그래프 컴퓨터 API를 통해 아파치 스파크로 연결하는 링크를 하나 추가했으며, 타이탄 제조사 API를 통해 HBase와 카산드라 스토리지도 모두 연결하였다. 또한, HBase의 분산 설치를 위해 Zookeeper는 설정용으로, HDFS는 스토리지용으로 사용되었다.

타이탄은 그래프 처리용 OLAP 프로세스를 위해 팅커팝의 하둡-그렘린 패키지를 사용한다. 이와 관련된 문서는 `http://s3.thinkaurelius.com/docs/titan/0.9.0-M2/titan-hadoop-tp3.html`에서 확인할 수 있다.

이번 섹션은 Bash 셸, 그루비^{Groovy}, 속성 파일을 사용하여 타이탄 스파크 기반의 작업을 어떻게 설정하고 어떻게 실행시키는지를 설명할 것이다. 우선, 작업을 설정하는 다양한 메소드를 설명한 후, 오류 추적 활성화를 위해 로깅을 관리하는 메소드에 관해서도 설명할 것이다. 그리고, HBase, 카산드라, 리눅스 파일시스템에 접속하기 위해 속성 파일별 각기 다른 설정을 하는 내용에 관해서도 설명할 것이다.

다시 한 번, 이번 장에서 다루는 타이탄은 버전 0.9.0-M2로 개발 버전임을 기억하기 바란다.

이 버전은 프로토타입으로, 상용 버전이 아니다. 그러므로 여기에서는 타이탄이 정식으로 릴리즈 되고 타이탄과 스파크와의 연동 역시 더 안정적으로 될 것으로 가정하고 진행하였다. 현재 이 섹션은 타이탄에서 제공하는 기능의 제한으로 인해 데모 수준의 내용만을 제공할 것이다.[10]

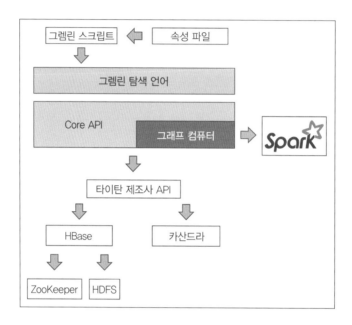

카산드라와 HBase를 스토리지로 하여 타이탄과 스파크를 연결하는 내용으로 바로 이동하기 전에 다음 섹션에서는 그렘린과 그루비 스크립트 사용법에 관해 설명한다.

6.6.1. 그렘린(Gremlin)과 그루비(Groovy)

타이탄에서 그루비[Groovy] 명령을 실행시키는 데 사용되는 그렘린[Gremlin] 셸은 다양한 방법으로 활용될 수 있다. 첫 번째 방법은 단순히 그렘린 셸을 실행시켜 대화형 세션을 통해 사용하는 것이다.

---

10) 역자 주 : 타이탄 1.0.0이 2015년 9월 24일에 릴리즈 되었다.

아래와 같이 실행시키면 된다.

```
cd $TITAN_HOME/bin ; ./ gremlin.sh
```

이처럼 실행시키면 대화형 세션이 시작되며 팅커팝, 타이탄과 같은 필수 플러그인이 자동으로 셋업된다. 위의 TITAN_HOME 변수는 bin 디렉터리를 지정하는 데 사용되었는데, 타이탄이 설치된 디렉터리가 들어있다.

```
plugin activated: tinkerpop.server
plugin activated: tinkerpop.utilities
plugin activated: tinkerpop.hadoop
plugin activated: tinkerpop.tinkergraph
plugin activated: aurelius.titan
```

그런 다음, 그렘린 셸은 아래와 같은 프롬프트를 띄워 타이탄 데이터베이스에 대한 대화형 셸 명령을 수행할 준비가 되었음을 알려준다. 이러한 그렘린 셸은 타이탄 데이터베이스에 대한 스크립트를 테스트하고 임시 명령을 실행시키기에 편리하다.

```
gremlin>
```

두 번째 방법은 'gremlin.sh' 명령을 호출할 때 그루비 명령을 인라인^{inline} 형태로 넣는 것이다. 다음의 Bash 스크립트를 보면 EOF 표시 사이에 있는 그루비 명령이 그렘린 셸에 들어가 실행되고 그루비 명령이 끝나면 그렘린 셸도 끝난다. 이러한 방식은 자동화된 환경으로 셋팅된 그렘린 셸을 사용하면서도 빠르게 스크립트를 재실행 하고자 할 때 유용하다. 아래의 코드는 Bash 셸 스크립트 내에서 동작하며, 다음번 예제에서도 같은 방식으로 동작할 것이다. 아울러, 그렘린 서버를 관리하는 titan.sh 스크립트도 사용한다.

```
#!/bin/bash

TITAN_HOME=/usr/local/titan/

cd $TITAN_HOME
```

```
bin/titan.sh start

bin/gremlin.sh << EOF

  t = TitanFactory.open('cassandra.properties')
  GraphOfTheGodsFactory.load(t)
  t.close()
EOF

bin/titan.sh stop
```

세 번째 방법은 그루비 명령을 별도의 그루비 파일에 저장한 다음 그렘린 셸을 실행시킬 때
-e 옵션을 사용하여 명령 파일을 추가하는 것이다. 이 방법을 사용하면 오류 추적을 위한 별
도의 로그 파일도 생성시킬 수 있다. 하지만 이를 위해서는 그루비 스크립트를 위해 추가적인
그렘린 환경 설정이 필요하다.

```
#!/bin/bash

TITAN_HOME=/usr/local/titan/
SCRIPTS_HOME=/home/hadoop/spark/gremlin
GREMLIN_LOG_FILE=$TITAN_HOME/log/gremlin_console.log

GROOVY_SCRIPT=$1

export GREMLIN_LOG_LEVEL="DEBUG"

cd $TITAN_HOME

bin/titan.sh start

bin/gremlin.sh -e  $SCRIPTS_HOME/$GROOVY_SCRIPT  > $GREMLIN_LOG_FILE
2>&1

bin/titan.sh stop
```

앞의 스크립트는 그렘린 로그 수준을 정의하는 데, 즉 INFO, WARN, DEBUG 등과 같이 서로 다른 로그 수준을 통해 문제에 대한 추가 정보를 얻을 수 있다. 그리고, 스크립트의 출력을 로그 파일(GREMLIN_LOG_FILE)에 보내는 동시에 오류도 같은 로그 파일에 보내도록 하였다(2>&1). 이러한 방식의 장점은 로그 파일을 통해 지속적으로 모니터링하여 세션에 대한 전체 기록을 제공할 수 있다는 것이다. 그루비 스크립트 이름은 Bash 셸의 파라미터($1)로 받아서 사용한다.

앞에서 언급한 바와 같이 그루비 스크립트가 이런 식으로 실행되기 위해서는 기존의 그렘린 세션 옵션과는 다른 별도의 그렘린 세션을 위한 환경 설정이 필요하다. 예를 들면, 나중에 사용될 팅커팝과 아우렐리우스 클래스를 import 해야 한다.

```
import com.thinkaurelius.titan.core.*
import com.thinkaurelius.titan.core.titan.*
import org.apache.tinkerpop.gremlin.*
```

지금까지 그렘린 셸 세션을 시작하고 그루비 스크립트를 실행시키는 데 필요한 스크립트와 설정 옵션에 관해 설명하였는데, 이제 이를 바탕으로 하여 그루비 스크립트와 그렘린 세션을 설정하는 데 필요한 속성 파일에 집중할 것이다.

6.6.2. 팅커팝의 하둡 그렘린

이번 섹션은 앞에서 언급하였듯이 타이탄에 있는 팅커팝 하둡 그렘린 패키지로 아파치 스파크에서 프로세싱 엔진으로 사용된다(하둡 Giraph도 마찬가지이다). 하둡 그렘린에 대한 문서는 다음의 사이트 http://s3.thinkaurelius.com/docs/titan/0.9.0-M2/titan-hadoop-tp3.html에서 확인할 수 있다. 팅커팝 패키지는 현재 개발 중이며 바뀔 가능성이 크니 이점을 기억하기 바란다.

이제 타이탄의 백엔드 스토리지인 카산드라와 연결하기 위해 사용되는 속성 파일을 살펴볼 것이다. 이 속성 파일에는 카산드라, 아파치 스파크, 하둡 그렘린 설정 부분이 들어있다. 여기에서 사용하는 카산드라 속성 파일은 cassandra.properties이며 그 내용은 다음과 같다(해시(#) 글자는 주석처리 된다).

```
#####################################
# Storage details
#####################################
storage.backend=cassandra
storage.hostname=hc2r1m2
storage.port=9160
storage.cassandra.keyspace=dead
cassandra.input.partitioner.class=org.apache.cassandra.dht.
Murmur3Partitioner
```

위의 속성은 카산드라 설정으로, 스토리지 백엔드 타입이 카산드라로 지정되었으며 카산드라 호스트와 포트 번호도 기술되었다. 카산드라 **키 스페이스**는 나중에 사용될 것을 뜻하는 dead로 지정되었다(grateful dead의 약자로 데이터가 나중에 사용될 것임을 알려줌). 카산드라 테이블은 키 스페이스로 그룹지어졌음을 기억하기 바란다. 그리고 partitioner 클래스는 카산드라 데이터를 파티션하는 데 사용되는 카산드라 클래스를 정의한다. 다음은 아파치 스파크 설정 부분으로 마스터 URL, 메모리, 데이터 **직렬화** 클래스를 설정한다.

```
#####################################
# Spark
#####################################
spark.master=spark://hc2nn.semtech-solutions.co.nz:6077
spark.executor.memory=400M
spark.serializer=org.apache.spark.serializer.KryoSerializer
```

마지막으로, 하둡 그렘린 부분에서는 그래프와 비(非) 그래프 입출력에 사용되는 클래스를 정의한다. 또한, 데이터 입출력 위치와 함께 JAR 파일 캐시[cache] 및 메모리 제공 여부도 설정한다.

```
#####################################
# Hadoop Gremlin
#####################################
gremlin.graph=org.apache.tinkerpop.gremlin.hadoop.structure.
HadoopGraph
gremlin.hadoop.graphInputFormat=com.thinkaurelius.titan.hadoop.
formats.cassandra.CassandraInputFormat
gremlin.hadoop.graphOutputFormat=org.apache.tinkerpop.gremlin.
hadoop.structure.io.gryo.GryoOutputFormat
gremlin.hadoop.memoryOutputFormat=org.apache.hadoop.mapreduce.lib.
output.SequenceFileOutputFormat

gremlin.hadoop.deriveMemory=false
gremlin.hadoop.jarsInDistributedCache=true
gremlin.hadoop.inputLocation=none
gremlin.hadoop.outputLocation=output
```

Blueprints는 팅커팝 속성 그래프 모델 인터페이스로, 타이탄은 자체적으로 blueprints를 구현하였다. 그래서 속성의 `blueprints.graph`를 사용하는 대신 `gremlin.qraph`를 사용하였다. gremlin.graph는 사용될 그래프를 정의하는 용도로 쓰일 클래스를 정의한다. 만일 이 옵션이 생략된다면 그래프는 아래의 기본값으로 설정된다.

```
com.thinkaurelius.titan.core.TitanFactory
```

`CassandraInpuFormat` 클래스는 카산드라 데이터베이스로부터 조회되는 데이터를 정의한다. 그래프 출력 직렬화 클래스는 `GryoOutputFormat`으로 정의되었으며, 메모리 출력 형태 클래스는 하둡 맵리듀스 클래스인 `SequenceFileOutputFormat`으로 정의되었다.

`jarsInDistributedCache` 값은 true로 정의되어 JAR 파일을 메모리에 복사하여 아파치 스파크가 사용할 수 있도록 하였다. 시간적인 여유가 있다면 타이탄 클래스의 경로만으로 스파크가 사용할 수 있도록 하여 추가적인 메모리 사용량을 발생시키지 않도록 하는 방법을 조사할 것이다.

팅커팝 하둡 그렘린 모듈은 개발을 위한 프로토타입 버전만 나와서 아직 문서도 최소한의 내용만 제공되고 있다. 예제 코드도 제한되어 있으며 앞에서 설명한 속성에 대한 문서도 아직 만들어지지 않은 것으로 보인다.

그러면 그루비 스크립트 예제를 설명하기 전에 먼저 설정 객체를 사용하여 그루비 작업을 설정하는 또 다른 방법을 살펴보자.

6.6.3. 다른 방법으로 그루비 설정하기

설정 객체는 BaseConfiguration 메소드를 사용하여 생성할 수 있다. 이번 예제에서는 cassConf라는 이름의 카산드라 설정 객체를 사용하였다.

```
cassConf = new BaseConfiguration();

cassConf.setProperty("storage.backend","cassandra");
cassConf.setProperty("storage.hostname","hc2r1m2");
cassConf.setProperty("storage.port","9160")
cassConf.setProperty("storage.cassandra.keyspace","titan")

titanGraph = TitanFactory.open(cassConf);
```

setProperty 메소드는 카산드라 커넥션 설정을 정의하는 데 사용된다. 위의 코드에서는 백엔드 타입, 호스트, 포트 번호, **키 스페이스**를 정의하였다. 그런 다음, open 메소드를 통해 titanGraph라는 이름으로 타이탄 그래프가 생성되었다. 나중에 보여주겠지만, 타이탄 그래프는 설정 객체 또는 설정 파일 경로를 이용하여 생성할 수 있다. 위의 코드에서 설정된 속성은 앞에서 설명한 카산드라 속성 정의를 위해 사용된 값과 같이 사용되었다.

이후의 몇몇 섹션에서는 그래프가 어떻게 생성되고 탐색 되는지를 보여줄 것이다. 즉, 각각의 섹션은 카산드라, HBase, 파일시스템을 스토리지로 사용할 때의 경우에 대한 설명이 이루어진다. 지금까지 Bash 스크립트와 속성 파일에 관해 많은 설명을 하였기 때문에 각각의 예제에 관해서는 변화된 부분만 설명할 것이다. 아울러, 각 예제별로 간단한 그루비 스크립트도 설명할 것이다.

6.6.4. 카산드라 사용하기

카산드라 기반의 속성파일인 cassandra.properties는 앞에서 설명하였기 때문에 여기에서는 생략하겠다. 이번 그루비 스크립트 예제에서는 샘플 그래프를 만들고 이것을 카산드라에 저장할 것이다. 다음의 코드는 EOF 표시를 사용하여 그렘린 셸에 넣는 방식으로 실행되었다.

```
t1 = TitanFactory.open('/home/hadoop/spark/gremlin/cassandra.
properties')
GraphOfTheGodsFactory.load(t1)

t1.traversal().V().count()

t1.traversal().V().valueMap()

t1.close()
```

디이탄 그래프는 TitanFactory.open 메소드에 카산드라 속성 파일을 파라미터로 제공함으로써 생성되었으며, t1에 저장되었다. 그리고 타이탄에서 제공하는 예제 그래프인 신들의 그래프를 GraphOfTheGodsFactory.load 메소드를 사용하여 그래프 t1에 로드하였다. 그리고 정점 V()의 개수를 생성한 다음 valueMap을 통해 그래프의 내용을 출력시켰다. 실행 결과는 다음과 같다.

```
==>12

==>[name:[jupiter], age:[5000]]
==>[name:[hydra]]
==>[name:[nemean]]
==>[name:[tartarus]]
==>[name:[saturn], age:[10000]]
==>[name:[sky]]
==>[name:[pluto], age:[4000]]
==>[name:[alcmene], age:[45]]
```

```
==>[name:[hercules], age:[30]]
==>[name:[sea]]
==>[name:[cerberus]]
==>[name:[neptune], age:[4500]]
```

실행 결과를 살펴보면, 그래프에는 12개의 정점이 있으며, 각 정점은 이름과 나이 요소를 가지고 있다. 성공적으로 그래프가 생성되었으므로, 그래프를 탐색하는 그렘린 명령을 설정하여 아파치 스파크를 프로세싱 역할로 사용할 수 있게 되었다. 그래프 탐색은 탐색 명령에 SparkGraphComputer를 지정하는 것으로 간단히 이루어지는 데, 세부적인 아키텍쳐는 이번 장의 시작 부분에서 설명한 팅커팝 그림을 참고하기 바란다. 아래의 명령이 실행되면 스파크 클러스터 사용자 인터페이스를 통해 이에 대한 작업을 확인할 수 있다.

```
t1.traversal(computer(SparkGraphComputer)).V().count()
```

6.6.5. HBase 사용하기

HBase를 사용하기 위해서는 속성 파일의 내용이 바뀌어야 한다. 아래의 내용은 hbase. properties 파일에서 발췌하였다.

```
gremlin.hadoop.graphInputFormat=com.thinkaurelius.titan.hadoop.
formats.hbase.HBaseInputFormat

input.conf.storage.backend=hbase
input.conf.storage.hostname=hc2r1m2
input.conf.storage.port=2181
input.conf.storage.hbase.table=titan
input.conf.storage.hbase.ext.zookeeper.znode.parent=/hbase
```

HBase가 설정을 위해 Zookeeper를 사용하고 있었음을 기억하기 바란다. 그래서 연결을 위한 포트 번호와 서버는 zookeeper 서버와 zookeeper 마스터 포트 2181로 바뀌었다. Zookeeper의 znode.parent 값 역시 최상위에 있는 노드인 /hbase로 설정하였다. 물론 백엔드 타입은 hbase로 지정하였다.

또한, `GraphInputFormat` 클래스도 Hbase를 입력 소스로 사용하도록 `HBase InputFormat`으로 바뀌었다. 이렇게 하여 타이탄 그래프를 앞의 속성 파일을 이용하여 생성할 수 있게 되었는데, 타이탄 그래프 생성 부분은 바로 앞의 섹션에서 설명한 내용과 같기 때문에 여기에서 생략하였다. 그러면 파일시스템 스토리지를 알아보도록 하자.

6.6.6. 파일 시스템 사용하기

이번 예제를 실행하기 위해 기본 그렘린 셸(bin/gremlin.sh)을 사용하였다. 타이탄의 데이터 디렉터리를 보면 그래프를 생성하는 데 사용될 수 있는 많은 예제 데이터 파일 형식이 있다. 이번 예제에서는 그중에서 grateful-dead.kryo를 사용할 것이다. 그래서 이번에는 그래프 데이터가 카산드라 같은 백엔드 스토리지를 거치지 않고 바로 파일에 저장될 것이다. 이번에 사용되는 속성 파일에는 오직 아래의 내용만 들어간다.

```
gremlin.graph=org.apache.tinkerpop.gremlin.hadoop.structure.
HadoopGraph
gremlin.hadoop.graphInputFormat=org.apache.tinkerpop.gremlin.hadoop.
structure.io.gryo.GryoInputFormat
gremlin.hadoop.graphOutputFormat=org.apache.tinkerpop.gremlin.
hadoop.structure.io.gryo.GryoOutputFormat
gremlin.hadoop.jarsInDistributedCache=true
gremlin.hadoop.deriveMemory=true

gremlin.hadoop.inputLocation=/usr/local/titan/data/grateful-dead.
kryo
gremlin.hadoop.outputLocation=output
```

다시 한 번, 이번 예제에서도 하둡 그렘린 패키지를 사용하지만 그래프 입출력 형식은 `GryoInputFormat`과 `GryoOutputFormat`으로 정의되었다. 입력 위치는 실제 kyro 파일로 지정되었다. 그래서 입력과 출력을 위한 소스는 파일이 된다. 이에 따라 그루비 스크립트는 아래와 같이 변경된다. 먼저, 그래프를 속성 파일을 이용하여 생성한 다음 그래프 탐색을 수행하여 정점의 개수를 세고 그래프 구조를 볼 수 있도록 하였다.

```
graph = GraphFactory.open('/home/hadoop/spark/gremlin/hadoop-gryo.
properties')
g1 = graph.traversal()
```

다음으로 정점에 대한 count를 실행하여 800개가 넘는 정점이 있음을 알게 된다. 이어서 valueMap을 통해 데이터 구조가 나타나는 데 지면 제약상 일부만 수록하였다. 하지만 노래 이름과 장르, 연주자에 대한 정보가 있다는 것을 확인할 수 있을 것이다.

```
g1.V().count()
==>808
g1.V().valueMap()
==>[name:[MIGHT AS WELL], songType:[original], performances:[111]]
==>[name:[BROWN EYED WOMEN], songType:[original], performances:[347]]
```

위의 예제를 통해 현재까지 사용이 가능한 기능에 관해 기본적인 아이디어를 얻을 수 있을 것이다. 아마도 웹 검색 등을 통해 타이탄과 함께 스파크를 사용하는 더 복잡한 방법도 찾을 수 있을 것이라 확신한다. 아래의 예를 살펴보자.

```
r = graph.compute(SparkGraphComputer.class).program
(PageRankVertexProgram.build().create()).submit().get()
```

위의 코드는 compute 메소드를 이용하여 SparkGraphComputer 클래스를 사용하는 예를 보여주고 있는데, program 메소드를 사용하여 타이탄에서 제공하는 PageRankVertex 프로그램을 어떻게 실행시키는지도 알려준다. 이 코드는 여러분의 그래프의 각 정점에 페이지 순위를 추가할 것이다. 참고로, 이 코드를 예로써 설명할 뿐 지금 시점에서 스파크와 함께 잘 동작하는지는 확인하지 못했다는 것을 강조한다.

6.7. 요약

이번 장에서는 아우렐리우스에서 개발한 타이탄 그래프 데이터베이스를 소개하였다. 먼저 타이탄을 리눅스 클러스터에 설치하고 설정하는 방법을 설명한 다음, 타이탄 그렘린 셸 예제를 통해 그래프가 HBase와 카산드라 NoSQL 데이터베이스에 생성되고 저장될 수 있다는 것도 확인하였다. 타이탄 스토리지는 여러분의 프로젝트 요구사항에 따라 HDFS 기반의 스토리지인 HBase 또는 비(非) HDFS 기반의 스토리지인 카산드라 중 하나를 선택하면 된다. 아울러, 그렘린 셸을 그래프 스크립트 개발을 위한 대화형 셸로 사용하거나 Bash 셸 스크립트와 연계하여 계획된 작업으로 동작시키며 로깅까지 하는 형태로도 사용할 수 있다는 것도 설명하였다.

이어서 간단한 스파크 스칼라 코드를 통해 아파치 스파크가 HBase 및 카산드라 기반으로 생성된 타이탄 테이블에 접근하는 방법을 설명하였다. 이를 위해서는 클라우데라(HBase용)나 DataStax(카산드라용)에서 제공하는 데이터베이스 커넥터 모듈을 사용해야 한다. 모든 예제 코드와 빌드 스크립트는 각각의 출력물과 함께 설명하였다. 이렇게 스칼라에 대한 설명을 포함함으로써 스칼라를 통해서도 그래프 기반의 데이터가 처리될 수 있음을 알려주고자 하였다. 그래서 스칼라 예제 코드 이전까지는 그렘린 셸을 통해 데이터를 처리하고 스파크를 프로세싱 백엔드로 사용하였는데, 스칼라 예제 코드에서는 스파크를 메인 프로세싱 엔진으로 사용하여 타이탄 데이터에 접근하였다. 만일 그렘린 셸이 여러분의 프로젝트 요구사항을 만족하게 하지 못한다면 스칼라 코드를 이용하는 방법을 고려해보는 것도 좋겠다. 아마도 타이탄이 발전할수록 스칼라를 통해 타이탄과 스파크의 통합도 점점 쉬워질 것이다.

마지막으로, 타이탄 기반의 그래프를 생성하고 접근하는 메소드를 시연하기 위해 그렘린 셸을 아파치 스파크와 함께 사용하였다. 데이터는 파일시스템, 카산드라, HBase 모두에 저장되었다.

아우렐리우스와 그렘린 사용자를 위한 구글 그룹은 다음의 URL을 통해 접근할 수 있다.
```
https://groups.google.com/forum/#!forum/aureliusgraphs
https://groups.google.com/forum/#!forum/gremlin-users
```

위의 커뮤니티가 다른 아파치 프로젝트보다 규모도 작고 올라오는 글도 많지 않아 등록한 문의사항에 대한 답을 받기가 쉽지 않을 것이다.

카산드라를 개발한 DataStax는 타이탄을 개발한 아우렐리우스를 2015년에 인수하였다. 그래서 타이탄 개발자들은 이제 DataStax의 DSE 그래프 데이터베이스 개발에 투입되었으며, 이로 인해 타이탄 개발에 영향을 미칠 수도 있을 것이다. 현재까지 타이탄 0.9.x 버전이 출시되었으며 곧 1.0이 출시될 것으로 기대한다.

그래서 타이탄 기능의 일부만 설명하는 스칼라와 그렘린 예제를 끝으로 이번 장을 마무리할 것이다. 조만간 스파크 기반의 그래프 프로세싱과 그래프 스토리지 시스템 간의 연동을 설명하는 날이 오기를 기대한다. 필자는 개발과 접근성에 있어 놀라울 정도로 빠른 속도를 보여주기 때문에 오픈소스 시스템을 선호한다. 그리고 타이탄을 여러분의 데이터베이스로 사용하라고 권장하는 것이 아니라 좋은 예제로서 소개하였다. 앞으로 타이탄이 더 발전하고 이와 관련된 커뮤니티가 성장하면서 성숙도가 향상된다면 타이탄을 하나의 가치 있는 자원으로 소개하는 날이 올 것이다.

이번 장에서 사용한 스파크 버전은 1.3과 1.2.1이다. 과거 버전이 필요했던 이유는 타이탄의 SparkGraphComputer와 같이 동작시킬 수 있는 유일한 버전이자 Kyro 직렬화 오류를 피할 수 있었기 때문이다.

다음 장에서는 아파치 스파크 MLlib 머신 러닝 라이브러리를 확장판 중에서 H2O(http://h2o.ai/)에 관해 살펴볼 것이다. 신경 기반의 딥 러닝 예제를 스칼라를 이용하여 개발하는 과정을 통해 H2O의 잠재적인 기능을 확인할 수 있을 것이다.

7장

H2O를 사용한 스파크 확장

H2O는 오픈소스 시스템으로 머신 러닝을 위해 http://h2o.ai/에서 자바로 개발하였다. H2O는 다양한 머신 러닝 알고리즘을 제공하며 웹 기반으로 데이터를 처리하는 사용자 인터페이스를 제공한다. 그리고 자바뿐만 아니라 스칼라, 파이썬, R 등의 다양한 프로그래밍 언어를 지원한다. 또한, H2O는 스파크를 비롯하여 HDFS, 아마존 S3, SQL, NoSQL 데이터베이스에 대한 인터페이스도 제공한다. 이번 장에서는 H2O의 Sparkling Water 컴포넌트를 사용하여 H2O와 아파치 스파크를 통합하는 것에 관해 다룬다. 그리고 스칼라로 작성한 간단한 예제를 통해 실제 데이터를 기반으로 하는 딥 러닝 모델을 만드는 방법에 관해서도 살펴볼 것이다. 이번 장에서 다루는 주요 내용은 다음과 같다.

- H2O 기능
- H2O 설치를 위한 스파크 환경
- Sparkling Water 아키텍쳐
- H2O Flow 인터페이스 소개 및 사용
- 딥 러닝 소개 및 예제
- 성능 튜닝
- 데이터 품질

그러면 이번 장에서 다룰 H2O 기능과 Sparkling Water 아키텍쳐에 관해 먼저 살펴보도록 하자.

7.1. 개요

여기에시는 H2O의 기능 중 아주 일부분에 관해서만 다루기 때문에 먼저 H2O 기능을 보완하는 전 영역을 간략히 소개하고자 한다. 아래의 내용은 `http://h2o.ai/product/algorithms/`의 내용을 바탕으로 정리하였으며 데이터 먼징data munging/데이터 랭글링data wrangling, 데이터 모델링, 모델링 결과 평가에 기반을 두어 작성하였다.

프로세스	모델	평가 도구
Data profiling	일반화선형모형GLM, Generalized Linear Models	예측Predict
Summary statistics	의사결정 트리Decision trees	혼동행렬Confusion Matrix
Aggregate, filter, bin, derive column	그래디언트 부스팅GBM, Gradient Boosting	AUCArea Under the ROC Curve
Slice, log transform, anonymize	K-평균	적중률Hit Ratio
Variable creation	이상 탐지Anomaly detection	PCA 점수
PCAPrincipal Component Analysis	딥 러닝Deep learning	다중 모델 평가Multi Model Scoring
Traning and validation sampling plan	나이브 베이즈	
	그리드 탐색Grid search	

이어지는 섹션에서는 이번 장에서 스파크와 H2O 예제를 만들기 위한 환경에 관해 설명하고 이때 직면했던 몇 가지 문제에 관해서도 설명할 것이다.

7.2. 프로세싱 환경

혹시라도 필자의 블로그에 방문하거나 첫 번째 저서 "Big Data Made Easy"를 읽었다면 필자가 빅데이터 통합과 빅데이터 툴을 연결하는 방법에 관심이 많다는 것을 알았을 것이다. 이러한 시스템이 분리해서 존재할 수가 없다. 즉, 데이터가 업로드 되면서 시작하여 스파크와 H2O가 더해진 환경에서 처리되고 난 후 결과가 저장되거나 ETL 과정의 다음 단계로 넘어가는 것이다. 이러한 아이디어를 이번 예제에 적용하여, 클라우데라 CDH HDFS를 저장소로 사용하고 이곳으로부터 데이터를 얻을 것이다. 이를 통해 S3, SQL, NoSQL 데이터베이스를 쉽게 사용할 수 있었다.

이번 장의 예제를 작성하기 위해 클라우데라 CDH 4.1.3 클러스터를 설치하였다. 그리고 몇 가지 스파크 버전을 설치하였는데, 그 내용은 다음과 같다.

- 스파크 1.0 : CentOS 서비스로 설치
- 스파크 1.2 : 바이너리를 다운로드한 후 설치
- 스파크 1.3 : 개발 소스를 다운로드한 후 설치

스파크와 하둡 간의 조합 중 잘 동작하는 것을 찾아야 한다고 생각했기 때문에, Sparkling Water를 `http://h2o-release.s3.amazonaws.com/sparkling-water/master/98/index.html`에서 다운로드 받았는데, 이때 다운로드 버전은 0.2.12-95였다. 우선 스파크 1.0 버전은 H2O와 동작하기는 하였으나 스파크 라이브러리가 없었다. 그래도 Sparkling Water 기반의 많은 예제가 사용하는 몇몇 기능은 사용할 수 있었다. 스파크 1.2와 1.3은 다음과 같은 오류를 일으켰다.

```
15/04/25 17:43:06 ERROR netty.NettyTransport: failed to bind to
/192.168.1.103:0, shutting down Netty transport
15/04/25 17:43:06 WARN util.Utils: Service 'sparkDriver' could not
bind on port 0. Attempting port 1.
```

스파크 마스터 포트 번호를 제대로 스파크에서 설정하였지만 잡히지 않아 H2O 애플리케이션이 스파크에 접속하지 못하였다. 이 부분에 관해 H2O 측과 논의한 후 하둡과 스파크 버전을 모두 H2O에서 권장하는 버전으로 업그레이드하기로 결정하였다. H2O에서 권고하는 버전은 `http://h2o.ai/product/recommended-systems-for-h2o/`에서 확인할 수 있다.

그래서 결국 클라우데라 매니저를 통해 CDH 클러스터 버전을 5.1.3에서 5.3으로 업그레이드 하였다. CDH 5.3은 자동으로 스파크 1.2를 제공하여 스파크 1.2가 CDH 클러스터에 통합되었다. 이렇게 하여 H2O와 관련된 모든 이슈를 해결하고 H2O에서 권고하는 하둡과 스파크 환경을 구성할 수 있었다.

7.3. H2O 설치

완벽하게 실명하기 위해 H2O를 나운로느하고, 설치하고, 사용하는 모는 과성을 보여줄 것
이다. 비록 최종적으로 설치한 버전은 0.2.12-95이지만 맨 처음 다운로드한 사용 버전은
0.2.12-92이다. 그래서 이번 섹션에서 보여주는 H2O 설치 버전은 0.2.12-92 버전이지만
0.2.12-95 버전도 설치 과정이 똑같으므로 같이 진행하면 된다. 다운로드 링크는 자주 바뀌
기 때문에 `http://h2o.ai/download/` 사이트에 접속한 다음 Sparkling Water를 다운
로드하기 바란다.

Sparkling Water는 zip 확장자로 압축한 형태로 배포된다. 다운받은 파일의 위치는 다음과
같다.

```
[hadoop@hc2r1m2 h2o]$ pwd ; ls -l
/home/hadoop/h2o
total 15892
-rw-r--r-- 1 hadoop hadoop 16272364 Apr 11 12:37
sparklingwater-0.2.12-92.zip
```

리눅스 'unzip' 명령으로 압축을 풀면 아래와 같이 디렉터리를 생성하면서 압축이 풀린다.

```
[hadoop@hc2r1m2 h2o]$ unzip sparkling-water-0.2.12-92.zip

[hadoop@hc2r1m2 h2o]$ ls -d sparkling-water*
sparkling-water-0.2.12-92  sparkling-water-0.2.12-92.zip
```

이제 새로 생성된 디렉터리를 `/usr/local/` 디렉터리로 옮기기 위해 root 계정을 사용하
였다. 그리고 이동시킨 디렉터리를 h2o라는 이름으로 심볼릭 링크를 만들었다. 이렇게 함으
로써 다운 받은 sparkling water의 버전에 상관없이 같은 이름을 이용하여 접근할 수 있으므
로, 항상 새로운 버전으로 접근하게도 만들 수 있다. 또한, 'chmod' 명령을 이용하여 hadoop
계정에 방금 옮겨 놓은 sparkling water 디렉터리에 접근할 수 있도록 하였다.

```
[hadoop@hc2r1m2 h2o]$ su -
[root@hc2r1m2 ~]# cd /home/hadoop/h2o
[root@hc2r1m2 h2o]# mv sparkling-water-0.2.12-92 /usr/local
[root@hc2r1m2 h2o]# cd /usr/local

[root@hc2r1m2 local]# chown -R hadoop:hadoop sparkling-
water-0.2.12-92
[root@hc2r1m2 local]#  ln -s sparkling-water-0.2.12-92 h2o

[root@hc2r1m2 local]# ls -lrt  | grep sparkling
total 52
drwxr-xr-x   6 hadoop hadoop 4096 Mar 28 02:27 sparkling-
water-0.2.12-92
lrwxrwxrwx   1 root   root     25 Apr 11 12:43 h2o ->
sparklingwater-0.2.12-92
```

이러한 방법으로 모든 하둡 CDH 클러스터 노드에 Sparkling Water를 설치하였다.

7.4. 빌드 환경

이전의 예제들을 통해 스칼라 소스 코드를 빌드하는 용도로 SBT를 선호하는 것을 알고 있을 것이다. 그래서 리눅스 CentOS 6.5 서버 hc2r1m2에 개발용 계정인 hadoop을 이용하는 개발 환경을 구축하였다. 개발 디렉터리 이름은 h2o_spark_1_2이다.

```
[hadoop@hc2r1m2 h2o_spark_1_2]$ pwd
/home/hadoop/spark/h2o_spark_1_2
```

이 디렉터리에 SBT 설정 파일인 h2o.sbt가 들어있는데, 그 내용은 다음과 같다.

```
[hadoop@hc2r1m2 h2o_spark_1_2]$ more h2o.sbt

name := "H 2 O"
```

```
version := "1.0"

scalaVersion := "2.10.4"

libraryDependencies += "org.apache.hadoop" % "hadoop-client" %
"2.3.0"

libraryDependencies += "org.apache.spark" % "spark-core"  % "1.2.0"
from "file:///opt/cloudera/parcels/CDH-5.3.3-1.cdh5.3.3.p0.5/jars/
sparkassembly-1.2.0-cdh5.3.3-hadoop2.5.0-cdh5.3.3.jar"

libraryDependencies += "org.apache.spark" % "mllib"  % "1.2.0"
from "file:///opt/cloudera/parcels/CDH-5.3-1.cdh5.3.3.p0.5/jars/
sparkassembly-1.2.0-cdh5.3.3-hadoop2.5.0-cdh5.3.3.jar"

libraryDependencies += "org.apache.spark" % "sql"  % "1.2.0" from
"file:///opt/cloudera/parcels/CDH-5.3.3-1.cdh5.3.3.p0.5/jars/
sparkassembly-1.2.0-cdh5.3.3-hadoop2.5.0-cdh5.3.3.jar"
libraryDependencies += "org.apache.spark" % "h2o"  % "0.2.12-95"
from "file:///usr/local/h2o/assembly/build/libs/sparkling-water-
assembly-0.2.12-95-all.jar"

libraryDependencies += "hex.deeplearning" % "DeepLearningModel"
% "0.2.12-95" from "file:///usr/local/h2o/assembly/build/libs/
sparklingwater-assembly-0.2.12-95-all.jar"

libraryDependencies += "hex" % "ModelMetricsBinomial"  % "0.2.12-
95" from "file:///usr/local/h2o/assembly/build/libs/sparkling-water-
assembly-0.2.12-95-all.jar"

libraryDependencies += "water" % "Key"  % "0.2.12-95" from "file:///
usr/local/h2o/assembly/build/libs/sparkling-water-assembly-0.2.12-
95-all.jar"

libraryDependencies += "water" % "fvec"  % "0.2.12-95" from "file:///
usr/local/h2o/assembly/build/libs/sparkling-water-assembly-0.2.12-
95-all.jar"
```

이미 이전 장들을 통해 SBT 설정에 관해 충분히 설명하였기 때문에 여기에서는 SBT 설명을 생략하겠다. 다만, 라이브러리 종속을 정의하기 위해 파일 기반의 URL을 사용하였으며, 하둡 JAR 파일은 CDH가 설치된 클라우데라 parcel 디렉터리에서 가져왔다. Sparkling Water JAR 경로는 방금 생성한 /usr/local/h2o/ 디렉터리로 지정하였다.

이제 현재의 개발 디렉터리에 있는 H2O 예제 코드를 실행시키기 위해 Bash 스크립트 run_h2o.bash를 사용할 것이다. 이 스크립트는 애플리케이션 클래스 이름을 파라미터로 받는다. 스크립트 코드는 다음과 같다.

```
[hadoop@hc2r1m2 h2o_spark_1_2]$ more run_h2o.bash

#!/bin/bash

SPARK_HOME=/opt/cloudera/parcels/CDH
SPARK_LIB=$SPARK_HOME/lib
SPARK_BIN=$SPARK_HOME/bin
SPARK_SBIN=$SPARK_HOME/sbin
SPARK_JAR=$SPARK_LIB/spark-assembly-1.2.0-cdh5.3.3-hadoop2.5.0-
cdh5.3.3.jar

H2O_PATH=/usr/local/h2o/assembly/build/libs
H2O_JAR=$H2O_PATH/sparkling-water-assembly-0.2.12-95-all.jar

PATH=$SPARK_BIN:$PATH
PATH=$SPARK_SBIN:$PATH
export PATH

cd $SPARK_BIN

./spark-submit \
  --class $1 \
  --master spark://hc2nn.semtech-solutions.co.nz:7077  \
  --executor-memory 85m \
  --total-executor-cores 50 \
  --jars $H2O_JAR \
```

```
/home/hadoop/spark/h2o_spark_1_2/target/scala-2.10/h-2-o_2.10-
1.0.jar
```

앞의 스파크 애플리케이션 실행 스크립트는 충분히 다루었기 때문에 자세한 설명은 생략한다. executor-memory 옵션의 경우 정확한 값을 입력해야 메모리 부족 이슈와 성능문제를 피할 수 있었다. 이 부분에 관해서는 *성능 튜닝* 섹션에서 설명할 것이다.

이전 예제들과 마찬가지로 스칼라 코드는 `src/main/scala` 서브 디렉터리의 `development` 디렉터리 아래에 있다. 다음 섹션에서는 아파치 스파크와 H2O 아키텍처에 관해 설명한다.

7.5. 아키텍처

이번 섹션에서 설명하는 그림은 `http://h2o.ai/blog/2014/09/how-sparkling-water-brings-h2o-to-spark/`에서 가져왔는데, 이를 통해 H2O Sparkling Water가 아파치 스파크의 기능을 확장하는 용도로 사용하는 방법을 명확하게 설명할 수 있을 것이다. H2O와 스파크 모두 오픈소스 시스템으로, 스파크 MLlib에는 많은 기능이 있으며 H2O는 딥러닝을 포함한 추가 기능을 통해 스파크의 기능을 확장한다. H2O는 데이터를 munge(변환), 모델, 평가하는 툴을 제공할 뿐만 아니라 웹 기반의 사용자 인터페이스를 제공하여 대화형으로 동작할 수도 있다.

다음의 그림은 `http://h2o.ai/`에서 구하였는데, H2O가 스파크와 통합하는 방법을 나타낸다. 이미 알고 있듯이, 스파크는 마스터와 worker 서버를 갖고 있는데 worker는 실제 작업을 수행하는 실행자를 생성한다. 다음의 과정은 Sparkling Water 기반의 애플리케이션을 실행시킨다.

1. 스파크 'submit' 명령을 통해 sparkling water JAR을 스파크 마스터로 보낸다.
2. 스파크 마스터는 worker를 실행시키고 JAR 파일을 배포한다.
3. 스파크 worker는 작업을 수행하기 위해 executor JVM을 실행시킨다.
4. 스파크 executor는 H2O 인스턴스가 시작하도록 한다.

H2O 인스턴스는 Executor JVM안에 포함되어 있으므로 스파크와 함께 JVM 힙^{heap} 공간을 공유한다. 모든 H2O 인스턴스가 시작되면 H2O는 클러스터 형태를 띠게 되고, 그렇게 됨으로써 H2O 웹 인터페이스가 만들어진다.

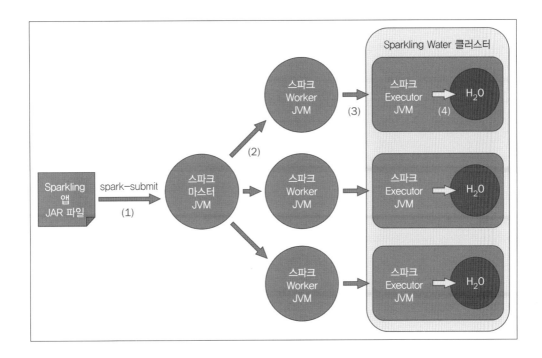

위의 그림은 H2O가 어떻게 아파치 스파크 아키텍쳐에 맞추는지 그리고 어떻게 시작하는지를 보여준다. 그러나 데이터 공유부분에 있어 스파크에서 H2O로 데이터가 전달되는지에 대한 설명은 없다. 이에 관해서는 다음의 그림이 설명한다.

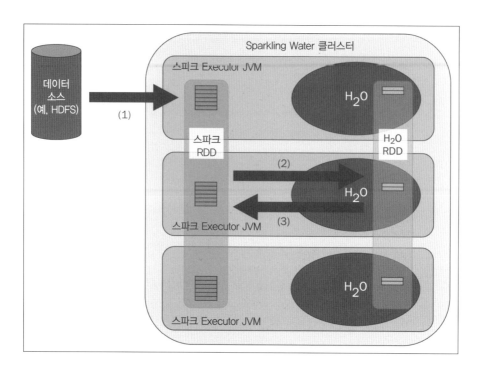

H2O와 Sparkling Water를 위해 새로운 H2O RDD 데이터 구조를 만들었는데, H2O RDD 는 H2O 프레임을 기반으로 하는 레이어로, 각각의 열은 데이터 아이템을 나타내며 압축 효율 을 최고로 하기 위하여 독립적으로 압축된다.

아래는 이번 장의 후반에서 다룰 딥 러닝 예제의 스칼라 코드 중 일부이다. 코드를 보면 스 파크 스키마 RDD와 컬럼 데이터 아이템을 통해 데이터 프레임이 생성되고 income 값에 대한 번호로 대체된다. 물론, 나중에 전체 코드를 설명하겠지만, 여기에서는 위의 아키텍쳐를 이해 하는 데 도움을 주고자 일부만 인용하였다.

```
val testFrame:DataFrame = schemaRddTest
testFrame.replace( testFrame.find("income"), testFrame.
vec("income").toEnum)
```

다음에 스칼라 예제를 살펴볼 것인데, 다음과 같은 일이 일어날 것이다.

1. HDFS에서 데이터를 가져와 스파크 RDD에 저장한다.
2. 스파크 SQL을 사용하여 데이터를 필터링한다.
3. 스파크 스키마 RDD를 H2O RDD로 변환시킨다.
4. H2O 프로세싱과 모델링이 실행된다.
5. 정확도 확인을 위해 결과가 다시 스파크로 넘어온다.

지금까지 H2O의 일반적인 아키텍쳐를 살펴보고 잠시 후 예제를 통해 사용하게 될 H2O도 준비하였다. 개발 환경을 설명하면서 H2O와 스파크의 프로세스 통합에 관해서도 고려하였다. 이제, H2O를 사용하는 실제 예제를 살펴보도록 하자. 우선, 모델링에 필요한 실제 데이터를 구해야 한다.

7.6. 데이터 소싱

2장에서 인공 신경망(ANN, Artificial Neural Net)을 사용하여 이미지를 분류하였는데, 이 예제가 H2O의 딥 러닝을 통한 분류에 적합할 것 같아 이번 장의 예제로 사용하기로 하였다. 이를 위해 분류하기에 적합한 데이터 집합을 구해야 한다. 즉, 이미지 라벨이 붙어있는 이미지 데이터나 번호를 붙일 수 있는 벡터와 라벨을 포함하는 데이터가 필요하다. 그래야 H2O를 이용하여 분류 알고리즘을 적용할 수 있다.

MNIST 시험과 훈련 이미지 데이터는 ann.lecun.com/exdb/mnist/에서 구했다. 이 안에는 50,000개의 훈련 데이터와 10,000개의 시험 데이터가 들어있다. 이미지는 0~9에 해당하는 숫자 이미지로, 각각의 이미지에는 관련된 라벨이 붙어있다.

하지만 이 책을 집필하는 시점에는 이 데이터를 사용할 수 없었다. 왜냐하면 H2O Sparkling Water에 버그가 있어서 레코드 크기를 128개 요소까지로만 제한하였기 때문이다. MNIST 데이터는 이미지와 라벨이 합쳐져 28×28+1개의 요소에 해당하는 레코드를 갖고 있다.

```
15/05/14 14:05:27 WARN TaskSetManager: Lost task 0.0 in stage
9.0 (TID 256, hc2r1m4.semtech-solutions.co.nz): java.lang.
ArrayIndexOutOfBoundsException: -128
```

아마 여러분이 이 책을 읽는 시점에는 이 문제가 해결되었을 것이다. 하지만, 여기에서는 집필을 위해 다른 예제 데이터인 income을 http://www.cs.toronto.edu/~delve/data/datasets.html에서 구했다. 이 안에는 캐나다 종업원의 수입 데이터가 들어있다. 다음의 정보는 속성과 데이터 규모를 나타낸다. 또한, 데이터의 컬럼에 해당하는 리스트와 샘플 행을 보여준다.

```
Number of attributes: 16
Number of cases: 45,225

age workclass fnlwgt education educational-num marital-status
occupation relationship race gender capital-gain capital-loss hours-
per-week native-country income

39, State-gov, 77516, Bachelors, 13, Never-married, Adm-clerical,
Not-in-family, White, Male, 2174, 0, 40, United-States, <=50K
```

데이터의 마지막 열에 관해서는 숫자를 매길 것이다. 예를 들어, 수입이 50k **이하**이면 0을 부여한다. 이렇게 함으로써 H2O 딥 러닝 알고리즘으로 하여금 회귀 대신 분류를 수행토록 만든다. 아울러, 스파크 SQL을 사용하여 데이터 컬럼을 제한하고 데이터를 필터링 할 것이다.

이번 장에서 설명한 H2O 기반 예제를 만들 때 데이터 품질은 결정적으로 중요한 역할을 한다. 그래서 다음 섹션에서는 데이터 품질을 향상시켜 시간을 절약할 방법에 관해 설명할 것이다.

7.7. 데이터 품질

HDFS로부터 CSV 데이터를 스파크에서 동작하는 스칼라 H2O 예제 코드로 import 할 때 들어오는 데이터를 필터링 할 수 있다. 다음의 예제 코드는 2줄의 필터링 코드가 있다. 첫 번째는 데이터가 비었는지를 확인하고, 두 번째는 데이터 행의 마지막 컬럼이 비었는지를 확인한다.

```
val testRDD  = rawTestData
  .filter(!_.isEmpty)
  .map(_.split(","))
  .filter( rawRow => ! rawRow(14).trim.isEmpty )
```

다음으로, Clean raw 데이터도 필요했다. 이는 2개의 데이터 집합으로, 하나는 훈련용이며 다른 하나는 시험용이다. 훈련용, 시험용 데이터는 반드시 다음의 조건을 만족해야 한다.

- 컬럼 수가 같아야 한다.
- 데이터 타입이 동일해야 한다.
- 코드에서 null 값이 반드시 허용되어야 한다.
- 특히 라벨의 경우 enum 타입 값은 반드시 같아야 한다.

수입 컬럼 중 숫자로 변환된 라벨 컬럼과 그 값과 관련된 오류가 발생한 적이 있는데, 그 원인을 조사한 결과 시험용 데이터의 모든 줄이 "."으로 끝났던 것이 원인이었다. 그래서 훈련용 데이터와 시험용 데이터가 숫자로 변환된 값이 서로 맞지 않게 돼버려 오류가 발생하였다.

그래서 자라리 머신 러닝 기능에 대한 사전 훈련 및 시험을 통해 데이터 품질을 끌어올리는 데 시간과 노력을 기울이는 것이 추가 비용이 수반되는 사후 노력을 줄일 수 있다.

7.8. 성능 튜닝

아래와 같이 스파크 웹 사용자 인터페이스에 있는 스파크 애플리케이션 표준 출력과 표준 오류 로그를 모니터 하는 것은 중요하다.

```
05-15 13:55:38.176 192.168.1.105:54321    6375    Thread-10 ERRR: Out
of Memory and no swap space left from hc2r1m1.semtech-solutions.
co.nz/192.168.1.105:54321
```

만일 애플리케이션 executor에 있는 인스턴스가 응답 없이 먹통이 돼버린다면 아마도 executor 메모리를 조절할 것이다. 예를 들어, 다음의 executor 로그에 나타난 오류 메시지를 보면 메모리 조절을 해야 한다.

```
05-19 13:46:57.300 192.168.1.105:54321   10044   Thread-11 WARN:
Unblock allocations; cache emptied but memory is low:  OOM but cache
is emptied: MEM_MAX = 89.5 MB, DESIRED_CACHE = 96.4 MB, CACHE = N/A,
POJO = N/A, this request bytes = 36.4 MB
```

위와 같은 오류는 루프 상황에서 발생할 수 있는데, 애플리케이션이 가용한 메모리 이상을 요구하는 경우 다음번 반복에서 재시도하기 위해 기다리게 된다. 그러면 애플리케이션은 먹통이 된 것처럼 나타나기 때문에 executor를 죽이게 되고, 작업은 다른 노드에서 재실행된다. 결국, 이러한 문제로 인하여 짧은 작업의 실행시간이 심각하게 길어질 수도 있게 되는 것이다.

스파크 로그를 모니터링함으로써 이와 같은 유형의 오류를 집어낼 수 있다. 위의 경우 spark-submit에서 executor 메모리 크기만 조절해주는 것만으로도 오류를 제거하여 실행시간을 크게 줄일 수 있다. 위의 오류 로그를 해결하기 위해 조절한 메모리 값은 다음과 같다.

```
--executor-memory 85m
```

7.9. 딥 러닝(Deep Learning)

2장에서 신경망을 소개하였는데, 이에 대한 이해를 바탕으로 이번 장에서는 깊은 신경망에서 사용하는 딥 러닝을 소개한다. 이러한 신경망은 다양한 특징을 지니고 있을 뿐만 아니라 별도의 은닉 계층도 있으므로 데이터 특징을 추출해내는 능력이 향상된다. 이러한 망은 일반적으로 피드 포워드^{feed-forward} 망 형태를 띠어, 특징들이 입력 값이 되어 입력 레이어 뉴런으로 들어간다. 그러면 뉴런이 실행되어 활성화된 내용을 은닉 레이어 뉴런을 거쳐 출력 레이어로 보낸다. 이렇게 해서 나타나는 출력이 특징 라벨값을 나타낸다. 출력 지점에서 나타난 오류는 다시 네트워크를 통해 반대로 전해지는 데, 이를 통해 뉴런의 연결 가중치 행렬을 바로잡는다. 이러한 과정으로 인해 훈련이 진행되는 동안 분류 오류가 감소하게 된다.

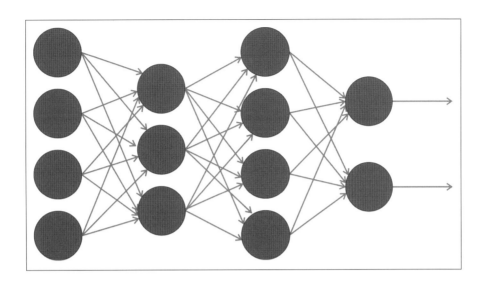

위의 그림은 https://leanpub.com/deeplearning/read에 있는 H2O 소책자에 기술된 것으로, 4개의 입력 뉴런과 2개의 은닉 레이어, 2개의 출력 뉴런으로 구성된 딥 러닝 네트워크를 나타낸다. 화살표는 뉴런 간 연결을 나타내며, 화살표 방향이 신경망에서의 활성화 방향을 나타낸다.

이러한 신경망은 풍부한 특징을 지니게 되는데, 그 이유는 다음과 같다.

- 다중 훈련 알고리즘
- 자동화된 망 설정
- 많은 옵션 설정이 가능
  - 구조

    은닉 레이어 구조
  - 훈련

    학습 비율, 강화(annealing), 모멘텀

지금까지 딥 러닝에 관해 간단한 소개를 하였다. 이제 스칼라 예제 코드를 살펴볼 차례이다. H2O는 많은 기능을 제공하는 데, 클래스를 제공하여 망 개발을 위한 빌드 및 실행을 할 수 있도록 한다. 단지 여러분에게 필요한 것은 다음과 같다.

- 데이터와 파라미터 준비
- 모델 생성 및 훈련
- 다른 데이터 집합으로 모델 검증
- 데이터 집합 처리 결과에 대해 유효치 평가

여러분의 모델을 평가할 때는 높은 퍼센트 값이 나오도록 해야 한다. 즉, 여러분의 모델이 여러분의 데이터를 정확하게 예측하고 분류할 수 있어야만 한다.

7.9.1. 예제 코드 - income

이번 섹션에서는 앞에서 보여준 캐나다 사람들의 수입 데이터를 이용하는 스칼라 기반의 H2O Sparkling Water 딥 러닝 예제를 살펴볼 것이다. 먼저, 스파크(Context, Conf, mllib, RDD)와 H2O(h2o, deeplearning, water) 클래스를 import 시킨다.

```
import org.apache.spark.SparkContext
import org.apache.spark.SparkContext._
import org.apache.spark.SparkConf

import hex.deeplearning.{DeepLearningModel, DeepLearning}
import hex.deeplearning.DeepLearningModel.DeepLearningParameters
import org.apache.spark.h2o._
import org.apache.spark.mllib
import org.apache.spark.mllib.feature.{IDFModel, IDF, HashingTF}
import org.apache.spark.rdd.RDD
import water.Key
```

다음으로, 애플리케이션 클래스 h2o_spark_dl2를 정의한다. 마스터 URL을 생성한 다음, 이 URL과 애플리케이션 이름을 이용하여 설정 객체를 생성한다.

```
object h2o_spark_dl2   extends App
{
  val sparkMaster = "spark://hc2nn.semtech-solutions.co.nz:7077"
  val appName = "Spark h2o ex1"
```

```
val conf = new SparkConf()

conf.setMaster(sparkMaster)
conf.setAppName(appName)

val sparkCxt = new SparkContext(conf)
```

스파크 컨텍스트를 이용하여 H2O 컨텍스트와 SQL 컨텍스트를 생성한다.

```
import org.apache.spark.h2o._
implicit val h2oContext = new org.apache.spark.h2o.
H2OContext(sparkCxt).start()

import h2oContext._
import org.apache.spark.sql._

implicit val sqlContext = new SQLContext(sparkCxt)
```

openFlow 명령을 통해 H2O Flow 사용자 인터페이스가 시작된다.

```
import sqlContext._
openFlow
```

HDFS에 있는 훈련 및 시험 데이터 파일을 서버 URL, 경로, 파일 이름을 이용하여 정의한다.

```
val server    = "hdfs://hc2nn.semtech-solutions.co.nz:8020"
val path      = "/data/spark/h2o/"

val train_csv = server + path + "adult.train.data" // 32,562개 행
val test_csv  = server + path + "adult.test.data"  // 16,283개 행
```

스파크 컨텍스트의 textFile 메소드를 통해 CSV 기반의 훈련 및 시험 데이터 파일을 로
드한다.

```
val rawTrainData = sparkCxt.textFile(train_csv)
val rawTestData  = sparkCxt.textFile(test_csv)
```

이제, 속성 문자열을 가지고 스키마를 정의한다. 그리고 스키마 컬럼을 기반으로 문자열을 StructField를 사용하여 분리하는 방식으로 schema 변수를 생성한다. 데이터 타입은 String으로 하고, 데이터에서 Null 값을 허용하기 위하여 true 값을 파라미터로 전달하였다.

```
val schemaString = "age workclass fnlwgt education " +
"educationalnum maritalstatus " + "occupation relationship race
gender " + "capitalgain capitalloss " + hoursperweek nativecountry
income"

val schema = StructType( schemaString.split(" ")
    .map(fieldName => StructField(fieldName, StringType, true)))
```

훈련 및 시험 데이터는 이제 콤마로 구분된 데이터를 각각의 컬럼 데이터로 분리된다. 이때, 빈 줄인 경우와 마지막 컬럼(income) 부분이 빈 경우를 제외하고 데이터를 추출한다. 그래서 실제 데이터는 각 줄마다 15개(0~14)의 요소로 만들어진다. 훈련 데이터 및 시험 데이터는 모두 같은 방식으로 처리된다.

```
val trainRDD  = rawTrainData
    .filter(!_.isEmpty)
    .map(_.split(","))
    .filter( rawRow => ! rawRow(14).trim.isEmpty )
    .map(rawRow => Row(
            rawRow(0).toString.trim,   rawRow(1).toString.trim,
            rawRow(2).toString.trim,   rawRow(3).toString.trim,
            rawRow(4).toString.trim,   rawRow(5).toString.trim,
            rawRow(6).toString.trim,   rawRow(7).toString.trim,
            rawRow(8).toString.trim,   rawRow(9).toString.trim,
            rawRow(10).toString.trim,  rawRow(11).toString.trim,
            rawRow(12).toString.trim,  rawRow(13).toString.trim,
            rawRow(14).toString.trim
```

```
                    )
              )

val testRDD  = rawTestData
        .filter(!_.isEmpty)
        .map(_.split(","))
        .filter( rawRow => ! rawRow(14).trim.isEmpty )
        .map(rawRow => Row(
              rawRow(0).toString.trim,   rawRow(1).toString.trim,
              rawRow(2).toString.trim,   rawRow(3).toString.trim,
              rawRow(4).toString.trim,   rawRow(5).toString.trim,
              rawRow(6).toString.trim,   rawRow(7).toString.trim,
              rawRow(8).toString.trim,   rawRow(9).toString.trim,
              rawRow(10).toString.trim, rawRow(11).toString.trim,
              rawRow(12).toString.trim, rawRow(13).toString.trim,
              rawRow(14).toString.trim
                    )
              )
```

이제, 스파크 스키마 RDD 변수를 생성하고 여기에 스파크 컨텍스트의 applySchema 메소드를 이용하여 앞에서 생성한 훈련 데이터와 시험 데이터에 스키마를 적용한 결과를 넣는다.

```
val trainSchemaRDD = sqlContext.applySchema(trainRDD, schema)
val testSchemaRDD  = sqlContext.applySchema(testRDD,  schema)
```

훈련 데이터와 시험 데이터에 대한 임시 테이블을 생성한다.

```
trainSchemaRDD.registerTempTable("trainingTable")
testSchemaRDD.registerTempTable("testingTable")
```

이제, 임시 테이블에 관해 SQL을 실행시킬 수 있게 되었다. 즉, WHERE나 LIMIT 등을 사용하여 컬럼을 지정하거나 데이터를 제한하는 등의 조건을 적용할 수 있다. 이러한 방식은 컬럼과 줄 기반의 데이터를 다룰 수 있으므로 매우 편리하다.

```
val schemaRddTrain = sqlContext.sql(
  """SELECT
        |age,workclass,education,maritalstatus,
        |occupation,relationship,race,
        |gender,hoursperweek,nativecountry,income
        |FROM trainingTable """.stripMargin)

val schemaRddTest = sqlContext.sql(
  """SELECT
        |age,workclass,education,maritalstatus,
        |occupation,relationship,race,
        |gender,hoursperweek,nativecountry,income
        |FROM testingTable """.stripMargin)
```

다음으로, 방금 생성한 데이터를 이용하여 H2O 데이터 프레임을 생성한다. 각각의 데이터 집합의 마지막 컬럼인 income은 숫자 값으로 지정하였는데, 그 이유는 이 컬럼이 딥 러닝에 사용되기 때문이다. 또한, 이 컬럼에 번호를 매김으로써 딥 러닝이 회귀 모델이 아닌 분류 모델로서 동작하도록 한다.

```
val trainFrame:DataFrame = schemaRddTrain
trainFrame.replace( trainFrame.find("income"), trainFrame.
vec("income").toEnum)
trainFrame.update(null)

val testFrame:DataFrame = schemaRddTest
testFrame.replace( testFrame.find("income"), testFrame.
vec("income").toEnum)
testFrame.update(null)
```

번호가 매겨진 income 컬럼은 별도로 저장되어 이 값이 시험 된 모델 예측값을 평가하는 데 사용된다.

```
val testResArray = schemaRddTest.collect()
val sizeResults  = testResArray.length
var resArray     = new Array[Double](sizeResults)

for ( i <- 0 to ( resArray.length - 1)) {
   resArray(i) = testFrame.vec("income").at(i)
}
```

이제 딥 러닝 파라미터를 셋업한다. epochs는 세대 수, 즉 반복하는 횟수를 의미한다. 그리고 훈련, 측정(시험) 및 데이터를 분류하는 데 사용되는 라벨 컬럼을 지정한다. 또한, variable importance를 사용하는 것으로 지정하였는데, 이 값을 사용하게 되면 어떤 데이터 컬럼들이 가장 중요한지를 구분하게 된다. 이렇게 파라미터를 지정하고 난 후 딥 러닝 모델을 생성한다.

```
val dlParams = new DeepLearningParameters()

dlParams._epochs               = 100
dlParams._train                = trainFrame
dlParams._valid                = testFrame
dlParams._response_column      = 'income
dlParams._variable_importances = true
val dl = new DeepLearning(dlParams)
val dlModel = dl.trainModel.get
```

그런 다음, 딥 러닝 모델은 시험 데이터에 관해 예측치를 평가한다. 그리고 실제 income 값과 비교하여 그 정확도를 출력한다.

```
val testH2oPredict  = dlModel.score(schemaRddTest )('predict)
val testPredictions = toRDD[DoubleHolder](testH2oPredict)
        .collect.map(_.result.getOrElse(Double.NaN))
var resAccuracy = 0
for ( i <- 0 to ( resArray.length - 1)) {
  if ( resArray(i) == testPredictions(i) )
```

```
        resAccuracy = resAccuracy + 1
    }

    println()
    println( ">>>>>>>>>>>>>>>>>>>>>>>>>>>>>>>>>>>>>>>" )
    println( ">>>>>> Model Test Accuracy = "
        + 100*resAccuracy / resArray.length  + " % " )
    println( ">>>>>>>>>>>>>>>>>>>>>>>>>>>>>>>>>>>>>>>" )
    println()
```

이제 마지막으로 shutdown을 호출하여 H2O 기능을 끝내고 스파크 컨텍스트를 stop 시키면서 애플리케이션을 종료시킨다.

```
    water.H2O.shutdown()
    sparkCxt.stop()

    println( " >>>>> Script Finished <<<<< " )

} // end application
```

훈련 데이터가 32,000개이고 시험 데이터가 16,000개의 income 레코드를 갖는데, 딥 러닝 모델의 결과를 보면 꽤 정확도가 높은 것을 알 수 있다. 정확도 수준은 83%를 나타내는 데, 몇 줄 안 되는 코드로 작성한 애플리케이션으로 소규모의 데이터 집합을 그것도 100세대만 돌린 것치고는 아주 고무적인 결과라고 할 수 있다. 실제 출력 결과는 아래와 같다.

```
>>>>>>>>>>>>>>>>>>>>>>>>>>>>>>>>>>>>>>>
>>>>>> Model Test Accuracy = 83 %
>>>>>>>>>>>>>>>>>>>>>>>>>>>>>>>>>>>>>>>
```

다음 섹션에서는 MNIST 데이터를 처리하는 코드를 선보일 것이다. 물론 아직 H2O의 제한으로 인해 완전한 코드를 보여주지는 못한다.

7.9.2. 예제 코드 - MNIST

MNIST[11] 이미지 데이터 레코드가 워낙 크기 때문에 스파크 SQL 스키마를 만들고 데이터 레코드를 처리하는 동안 문제가 발생한다. MNIST의 레코드는 모두 CSV 형태로 되어 있으며 각각 28×28 크기의 숫자 이미지를 나타낸다. 그리고 매 줄 끝에는 이미지에 대한 라벨값이 있다. 이 책에서는 MNIST 레코드를 나타내기 위한 스키마 문자열을 생성시키는 함수를 정의한 후, 함수를 호출하는 것으로 스키마를 생성시켰다.

```
def getSchema(): String = {

  var schema = ""
  val limit = 28*28

  for (i <- 1 to limit){
    schema += "P" + i.toString + " "
  }
  schema += "Label"

  schema // return value
}

val schemaString = getSchema()
val schema = StructType( schemaString.split(" ")
    .map(fieldName => StructField(fieldName, IntegerType, false)))
```

실제 raw CSV의 데이터 처리를 분리했던 앞의 예제와 같이 데이터 처리를 위해 같은 방법의 일반적인 딥 러닝을 적용할 수 있다. 하지만 개별로 처리하기에는 컬럼 수가 너무 많은 데다 데이터 타입을 표시하기 위하여 모두 숫자로 변환되어야 한다. 이를 처리하려는 방법은 두 가지가 있는데, 첫 번째는 1줄에 있는 모든 요소를 처리하기 위해 var args를 사용하는 것이다.

---

11) 역자 주 : MNIST(Mixed National Institute of Standards and Technology)는 미국표준기술연구소(NIST)에서 이미지 프로세싱 시험을 위해 제공하는 손글씨 이미지 데이터베이스를 일컫는다. 손글씨 이미지는 손으로 쓴 한 자리 숫자로 미국의 고등학생과 미국표준기술연구소 연구원이 쓴 것을 수집하였다. 훈련 이미지 데이터로 6만 개, 시험 이미지 데이터는 1만 개를 제공한다.

```
val trainRDD = rawTrainData.map( rawRow => Row( rawRow.split(",").
map(_.toInt): _* ))
```

두 번째 방법은 모든 요소를 처리하기 위해 fromSeq 메소드를 사용하는 것이다.

```
val trainRDD = rawTrainData.map(rawRow => Row.fromSeq(rawRow.
split(",") .map(_.toInt)))
```

다음 섹션에서는 H2O Flow 사용자 인터페이스를 소개하고 이 인터페이스가 H2O를 모니터링하고 데이터를 처리하는 용도로 사용되는 것을 보여줄 것이다.

7.10. H2O FLOW

H2O Flow는 H2O를 위한 웹 기반 오픈소스 사용자 인터페이스이지만 스파크와 Sparkling Water와 함께 사용되고 있다. H2O Flow는 H2O Sparkling Water 클러스터 및 클러스터에서 동작하는 작업을 모니터링 하기 위한 H2O 웹 인터페이스 기능을 충분히 제공하고 있다. H2O 인터페이스를 시작하기 위한 예제 코드를 만들었는데, 그동안 만들었던 스칼라 예제 코드와 마찬가지로, 스파크 컨텍스트를 만들고 이를 이용하여 H2O 컨텍스트를 만든 다음 openFlow 명령을 이용하여 Flow 인터페이스를 시작하도록 한다.

그러면 스칼라 예제 코드를 살펴보자. 먼저 스파크 컨텍스트, 설정, H2O를 위한 클래스를 import 한다. 그리고 애플리케이션 이름과 스파크 클러스터 URL을 이용하여 설정 객체를 정의한다. 이어서 설정 객체를 이용하여 스파크 컨텍스트를 생성한다.

```
import org.apache.spark.SparkContext
import org.apache.spark.SparkContext._
import org.apache.spark.SparkConf
import org.apache.spark.h2o._

object h2o_spark_ex2  extends App
{
```

```
val sparkMaster = "spark://hc2nn.semtech-solutions.co.nz:7077"
val appName = "Spark h2o ex2"
val conf = new SparkConf()

conf.setMaster(sparkMaster)
conf.setAppName(appName)

val sparkCxt = new SparkContext(conf)
```

다음으로, 스파크 컨텍스트를 이용하여 H2O 컨텍스트를 생성하고 실행시킨다. 그리고 H2O 컨텍스트 클래스를 import 하고 'openFlow' 명령을 통해 Flow 사용자 인터페이스를 구동시킨다.

```
implicit val h2oContext = new org.apache.spark.h2o.
H2OContext(sparkCxt).start()

import h2oContext._

// Open H2O UI

openFlow
```

이번 예제의 목적은 Flow 애플리케이션을 사용하는 것이기 때문에 H2O를 종료시키고 스파크 컨텍스트를 멈추는 코드는 모두 주석처리 하였다. 일반적으로는 주석처리 하지 않지만, 이번 예제에서는 특별히 Flow 인터페이스를 장시간 사용해야 하는 관계로 이 애플리케이션이 오랫동안 실행되도록 놔두기 위해 주석처리 하였다.

```
// shutdown h20

//  water.H2O.shutdown()
//  sparkCxt.stop()

println( " >>>>> Script Finished <<<<< " )

} // end application
```

지금까지 작성한 프로그램을 실행시키기 위해 Bash 스크립트 run_h2o.bash를 사용하면서 파라미터로 애플리케이션 클래스 이름인 h2o_spark_ex2를 사용하였다. run_h2o.bash 스크립트에는 컴파일된 애플리케이션을 실행시키는 spark-submit이 들어있다.

```
[hadoop@hc2r1m2 h2o_spark_1_2]$ ./run_h2o.bash h2o_spark_ex2
```

애플리케이션이 실행되면 H2O 클러스터의 상태를 목록형태로 보여주고 브라우저로 접속할 수 있는 H2O Flow URL도 같이 알려준다.

```
15/05/20 13:00:21 INFO H2OContext: Sparkling Water started, status
of context:
Sparkling Water Context:
 * number of executors: 4
 * list of used executors:
  (executorId, host, port)
  ------------------------
  (1,hc2r1m4.semtech-solutions.co.nz,54321)
  (3,hc2r1m2.semtech-solutions.co.nz,54321)
  (0,hc2r1m3.semtech-solutions.co.nz,54321)
  (2,hc2r1m1.semtech-solutions.co.nz,54321)

  ------------------------

  Open H2O Flow in browser: http://192.168.1.108:54323 (CMD + click
in Mac OSX)
```

출력 결과를 통해서도 알 수 있듯이 IP 주소를 192.168.1.108로 하고 포트 번호를 54323으로 하여 H2O 인터페이스에 접근할 수 있다. hosts 파일 조회를 통해 이 IP 주소에 해당하는 서버 이름이 hc2r1m2라는 것을 확인하였다.

```
[hadoop@hc2nn ~]$ cat /etc/hosts | grep hc2
192.168.1.103 hc2nn.semtech-solutions.co.nz    hc2nn
192.168.1.105 hc2r1m1.semtech-solutions.co.nz    hc2r1m1
```

```
192.168.1.108 hc2r1m2.semtech-solutions.co.nz    hc2r1m2
192.168.1.109 hc2r1m3.semtech-solutions.co.nz    hc2r1m3
192.168.1.110 hc2r1m4.semtech-solutions.co.nz    hc2r1m4
```

그래서 URL은 hc2r1m2:54323을 통해 인터페이스에 접근할 수 있게 되었다. 아래의 그림은 Flow 인터페이스로, 아무런 데이터가 로드되지 않은 상태를 보여준다. 페이지 상단에는 데이터 처리 및 관리자 메뉴와 버튼이 있고 오른쪽에는 도움말 메뉴가 있어 H2O에 관해 더 잘 알 수 있게 하였다.

위의 그림에서 메뉴에 해당하는 부분을 더 크게 확대하여 아래에 나타냈다. 이번 섹션에서 메뉴의 몇몇 기능을 사용하겠지만 모든 메뉴에 관해서는 지면 관계상 싣지 못했다. Flow 애플리케이션에 관해 더 자세한 내용을 확인하고 싶다면 `http://h2o.ai/` 또는 `http://h2o.ai/product/flow/`에 접속하기 바란다.

위의 그림의 메뉴와 버튼을 보면 알 수 있듯이, 이들 메뉴 및 버튼을 이용하여 H2O 스파크 클러스터를 관리하고 처리하고자 하는 데이터를 다룰 수 있다. 아래의 그림은 도움말 화면을 재구성한 것을 보여준다. 그래서 만일 문제가 발생한 경우 이와 같은 인터페이스를 이용하여 문제 해결에 집중할 수 있다.

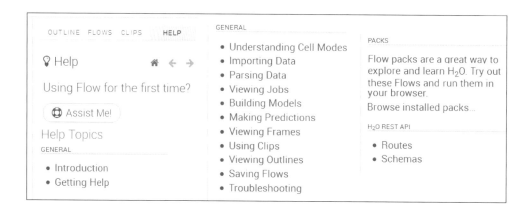

메뉴에서 Admin | Cluster Status를 선택하면 다음의 그림과 같이 각 클러스터 서버의 상태를 메모리, 디스크, 부하량, 코어 등으로 나타낸다. 이것은 매우 유용한 화면으로 각 클러스터 서버의 상태를 명확하게 알려준다.

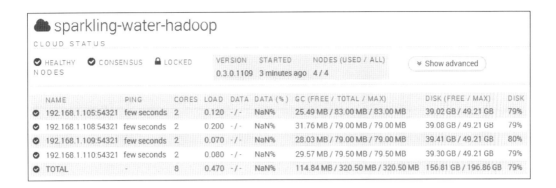

메뉴에서 Admin | Jobs를 선택하면 현재의 클러스터 작업을 세부사항을 알 수 있는데 시작, 종료, 수행시간 및 작업 상태를 알려준다. 작업 이름을 클릭하면 아래의 그림과 같이 작업에 대한 더 자세한 내용이 나온다. 우선, 자세한 데이터 처리 내용과 작업 종료까지 남은 시간(아주 유용하다)이 나타난다. 또한, [Refresh] 버튼을 선택하면 [Refresh] 버튼이 선택 해제 될 때까지 계속해서 화면이 업데이트된다.

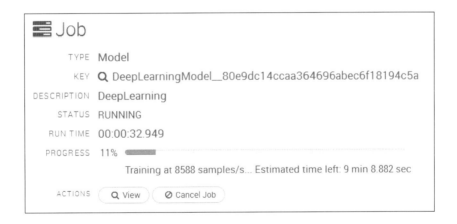

메뉴에서 Admin | Water Meter를 선택하면 클러스터의 각 노드별 CPU 사용량을 시각적으로 나타낸다. 아래의 그림을 통해 109번(Blue) 클러스터가 현재 idle 상태임을 알 수 있다.

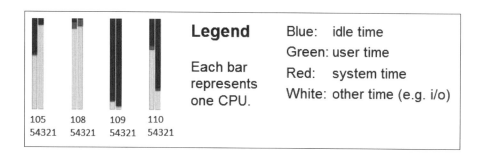

Flow | Upload File 메뉴를 통해 앞에서 보여준 딥 러닝 스칼라 예제 코드에서 사용되는 훈련 데이터의 일부를 업로드 하였다. 그러면 데이터 미리보기^{data preview} 화면을 통해 데이터가 업로드되는 데, 이를 통해 데이터 샘플이 각 항목별로 정리된 것을 확인할 수 있다. 또한, 이를 통해 데이터 타입을 정확하게 분류할 수 있도록 도와준다. 결론적으로, 이 메뉴는 데이터 분류가 필요할 때 유용하다.

DATA PREVIEW

Numeric ▾	Enum ▾	Numeric ▾	Enum ▾	Numeric ▾	Enum ▾	Enum ▾
39	State-gov	77516	Bachelors	13	Never-married	Adm-clerical
50	Self-emp-not-inc	83311	Bachelors	13	Married-civ-spouse	Exec-managerial
38	Private	215646	HS-grad	9	Divorced	Handlers-cleaners
53	Private	234721	11th	7	Married-civ-spouse	Handlers-cleaners

데이터를 로드하고 나면 다음 그림과 같은 Frame 디스플레이 화면이 나타나는 데, 여기에서 제공되는 기능으로는 View Data(데이터 보기), Inspect(조사), Build Model(모델 생성), Predict(예측치 생성), Download(데이터 다운로드)로, 버튼 형태로 제공되고 있다. 데이터 표시 영역에는 최소값, 최대값, 평균값 등의 정보와 데이터 타입, 라벨, 0값 개수 등이 제공된다.

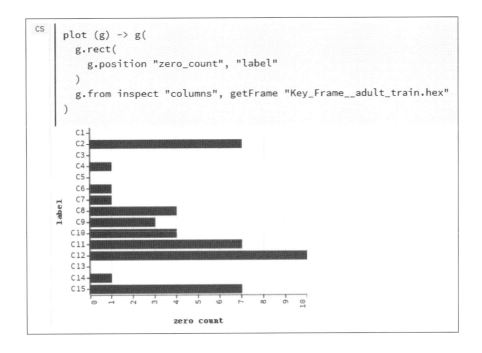

이 데이터를 가지고 딥 러닝 분류 모델을 만들면 스칼라 기반의 접근 방식과 H2O 사용자 인터페이스 방식을 비교하는 데 좋을 것이라는 생각이 들었다. 그래서 view와 inspect 옵션을 이용하여 시각적으로 나타낼 수도 있으며 데이터를 쉽게 확인할 수 있도록 간단한 그래프를 만들었다. 예를 들어, 앞의 화면에서 [inspect] 버튼을 누르고 plot columns를 선택하는 방식으로 데이터 라벨별 0값의 개수를 나타내는 그래프를 생성할 수 있었다. 아래 그림에 그 결과가 나타나 있다.

```
plot (g) -> g(
  g.rect(
    g.position "zero_count", "label"
  )
  g.from inspect "columns", getFrame "Key_Frame__adult_train.hex"
)
```

Build Model을 누르면 모델 타입을 선택하는 화면이 나타나는 데, 이미 데이터가 분류 방식에 적합하다는 것을 알고 있으므로 모델 타입으로 딥 러닝을 선택하였다. 스칼라 기반의 모델을 사용한 이전 예제에서는 83%의 정확도가 나왔다.

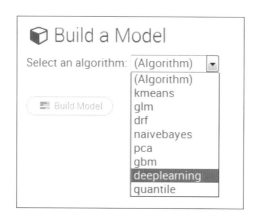

딥 러닝 옵션을 선택한 다음, 모델에 대한 파라미터를 선택하는 데 이때 훈련 및 시험 데이터를 지정하고 모델이 사용할 컬럼을 지정한다(이때, 두 데이터는 같은 컬럼을 각각 보유하고 있어야 한다). 다음의 그림은 2개의 데이터 세트와 모델이 사용할 컬럼이 지정된 것을 보여준다.

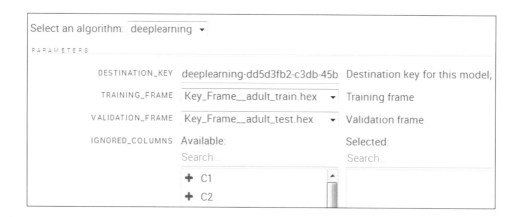

그 아래에는 기본부터 고급까지 다양한 모델 옵션이 제공되는 데, 이 부분은 아래의 그림에서 보여주고 있다. 이번 예제에서는 RESPONSE_COLUMN에 income 컬럼인 15번 컬럼을 지정하였다. 또한, VARIABLE_IMPORTANCES 옵션도 체크하였다. 참고로, response column에 관해 자동으로 숫자가 매겨지기 때문에 수동으로 숫자를 지정할 필요가 없다.

DROPNA20COLS	☐	CHECKPOINT	
RESPONSE_COLUMN	C15 ▼	USE_ALL_FACTOR_LEVELS	☑
N_FOLDS	0	TRAIN_SAMPLES_PER_ITERATION	-2
ACTIVATION	Rectifier ▼		
HIDDEN	200, 200	ADAPTIVE_RATE	☑
EPOCHS	100	RHO	0.99
VARIABLE_IMPORTANCES	☑	EPSILON	1e-8
REPLICATE_TRAINING_DATA	☑	INPUT_DROPOUT_RATIO	0
		L1	0
		L2	0

앞의 예제와 같은 조건에서 동작하게 하려고 반복 옵션인 EPOCHS를 100으로 지정하였다. 그리고 HIDDEN 항목의 200, 200은 은닉 레이어를 나타내는 데, 2개의 은닉 레이어가 있으며, 각각 200개의 뉴런이 있음을 의미한다. 이렇게 모델에 대한 파라미터 지정이 모두 끝나면, [Build Model] 버튼을 클릭하여 지금까지 지정한 파라미터가 적용된 모델을 생성시킨다. 다음의 그림은 훈련 중인 모델을 보여준다. 그림을 보면 아직 처리해야 할 데이터가 많이 남아 있음을 알 수 있다.

```
buildModel 'deeplearning', {"destination_key":"deeplearning-ded1(
b99d257a3056","training_frame":"Key_Frame__adult_train2.hex","va
":0,"activation":"Rectifier","hidden":
[200,200],"epochs":"100","variable_importances":true,"replicate_
```

☰ Job

TYPE   Model

KEY   deeplearning-ded16717-75cb-4014-a1fb-b99d257a3056

DESCRIPTION   DeepLearning

STATUS   RUNNING

RUN TIME   00:00:57.911

PROGRESS   13%

Scoring on 10018 training samples, 16281 validation samples)

ACTIONS   Q View   ⊘ Cancel Job

훈련이 끝난 모델을 보면 훈련과 검증 지표와 함께 중요한 훈련 파라미터 리스트가 나타나는 것을 알 수 있다.

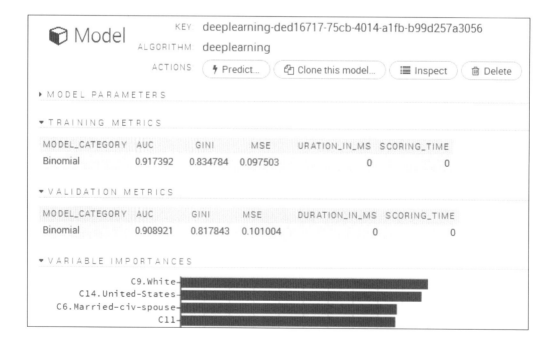

🐢 Model

KEY: deeplearning-ded16717-75cb-4014-a1fb-b99d257a3056

ALGORITHM: deeplearning

ACTIONS   ⚡ Predict...   🗐 Clone this model...   ☰ Inspect   🗑 Delete

▸ MODEL PARAMETERS

▾ TRAINING METRICS

MODEL_CATEGORY	AUC	GINI	MSE	URATION_IN_MS	SCORING_TIME
Binomial	0.917392	0.834784	0.097503	0	0

▾ VALIDATION METRICS

MODEL_CATEGORY	AUC	GINI	MSE	DURATION_IN_MS	SCORING_TIME
Binomial	0.908921	0.817843	0.101004	0	0

▾ VARIABLE IMPORTANCES

C9.White

C14.United-States

C6.Married-civ-spouse

C11

이제 [Predict] 버튼을 클릭하면 검증을 수행할 별도의 데이터를 지정할 수 있다. 이때 별도의 데이터 세트를 지정하지 않고 new data set을 지정하면 훈련에 사용된 모델이 새로운 시험 데이터 세트로 사용된다.

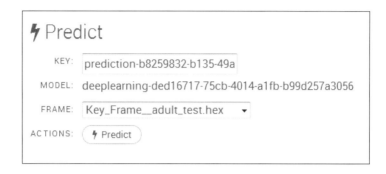

[Predict] 버튼을 클릭하면 딥 러닝 모델에 대한 예측 상세 내용과 데이터 세트가 아래의 그림과 같이 나타난다.

앞의 그림을 보면 시험 데이터 프레임, 모델 카테고리를 비롯하여 AUC, GINI, MSE 등과 같은 검증 통계도 있는 것을 알 수 있다.

AUC$^{\text{Area Under the Curve}}$는 ROC$^{\text{Receiver Operator Characteristic}}$와 연관이 있는데, 이 관계에 관해서는 다음 그림에 나타나 있다. TPR$^{\text{True Positive Rate}}$를, FPR$^{\text{False Positive Rate}}$를 나타낸다. AUC는 각각의 제대로

된 값의 정확도를 측정한 값이다. 그래서 곡선이 직선이 나타내는 정확도보다 더 높은 정확도를 보여주고 있다는 것을 알 수 있다.

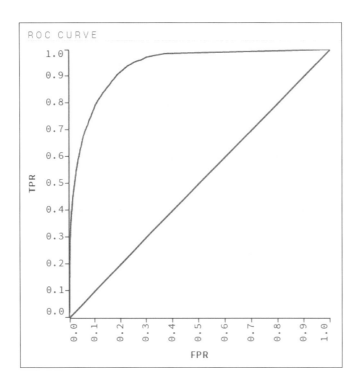

H2O 인터페이스 안에는 지금까지 설명한 것 외에도 많은 기능이 있으니 직접 사용하면서 H2O의 강력함과 잠재력을 느끼기를 바란다. 여러분은 데이터를 분석하거나, 코드를 작성하기 전에 보고서를 만든다든지, 혹은 데이터를 다룰 수 있는 별도의 권한을 애플리케이션에 부여하기 위해 이 H2O 인터페이스를 사용할 수 있을 것이다.

7.11. 요약

지금까지 계속해서 강조한 것은 아파치 하둡과 스파크 모두 독립적으로는 사용할 수 없다는 것이다. 이 두 시스템은 ETL 기반의 프로세싱 시스템의 형태로 통합되어야 한다. 즉, 스파크에서 데이터가 소싱 및 처리된 후 ETL 사슬의 다음 단계로 넘어가거나 저장되는 것이다. 그래서 이번 장을 통해 스파크의 기능이 H2O 같은 외부 라이브러리를 통해 확장될 수 있음을 보여주고 싶었다.

물론 아파치 스파크 MLlib^{machine learning library}에도 많은 기능이 있지만, H2O Sparkling Water 와 Flow 웹 인터페이스의 조합은 데이터 분석 모델에 있어 추가적인 옵션과 가치를 제공한다. Flow를 사용하면 여러분의 데이터를 시각적이고 상호작용하는 방식으로 처리할 수도 있다. 이번 장에서 H2O가 제공하는 모든 기능을 설명하지는 못했지만 이번 장을 통해 스파크와 H2O를 조합할 수 있으며 이를 통해 여러분의 데이터를 처리하는 방법을 확장할 수 있다는 사실을 인지했으면 좋겠다.

이번 장이 많은 도움이 되기를 바라며, 더 자세한 내용을 알고 싶다면 `http://h2o.ai/` 웹 사이트를 방문하거나 H2O Google 그룹 `https://groups.google.com/forum/#!forum/h2ostram`을 참조하기 바란다.

다음 장에서는 스파크 기반의 서비스인 데이터브릭스(`https://databricks.com/`)에 관해 다룬다. 데이터브릭스는 클라우드 상에서 스파크 클러스터를 생성하기 위해 아마존 AWS 스토리지를 사용할 것이다.

8장

스파크 데이터브릭스(Databricks)

데이터를 정제하고 처리하기 위하여 빅데이터 분석 클러스터를 생성하고, 데이터를 가져와서, ETL 스트림을 생성하는 것은 힘들면서도 비싼 작업이다. 데이터브릭스^{Databricks}의 목표는 복잡도를 낮추고 클러스터를 생성하는 프로세스를 만들어 데이터 프로세싱을 쉽게 하는 것이다. 데이터브릭스는 클라우드 기반의 플랫폼을 가지고 있으며, 아파치 스파크를 기반으로 하여 클러스터 생성을 자동화하고 데이터 수집, 처리, 시각화하는 과정을 단순화시킨다. 현재, 데이터브릭스는 AWS 기반의 스토리지만을 지원하고 있지만 조만간 스토리지 지원 영역을 다른 클라우드 업체로 확장할 계획이다.

아파치 스파크를 디자인한 인력들이 데이터브릭스 시스템 개발에도 참여하고 있다. 이 책을 쓰는 시점 현재, 데이터브릭스 서비스는 등록한 사용자에 한하여 제공하고 있다. 필자의 경우에는 30일 무료 시험판을 사용하였다.[12] 이번 장과 다음 장을 통해 데이터브릭스 서비스와 구성품에 관해 다룰 것이다. 그리고 예제 코드를 통해 데이터브릭스를 동작시키는 방법에 관해서도 설명할 것이다. 이번 장에서 다루는 주요 내용은 다음과 같다.

- 데이터브릭스 설치
- AWS 설정
- Account 관리
- 메뉴 시스템

---

12) 역자 주 : 2016년 5월에는 무료 시험판 기간이 15일로 변경되었다.

- 노트북과 폴더
- 라이브러리를 이용하여 작업 가져오기
- 환경 개발
- 데이터브릭스 테이블
- 데이터브릭스 DbUtils 패키지

이 책에서는 정적인 양식만을 사용하여 스트리밍 등의 기능을 모두 설명하기는 어렵다.

8.1. 개요

데이터브릭스 서비스는 클러스터 개념을 기반으로 하고 있으며, `https://databricks.com/`에서 제공되고 있다. 데이터브릭스는 지금까지 여러 장을 통해 다루었던 스파크 클러스터와 비슷하다. 그래서 마스터, worker, 실행자도 데이터브릭스에 포함되어 있다. 그러나 스파크와는 달리 데이터브릭스는 관리자가 지정한 메모리 크기에 맞추어 설정 및 클러스터의 크기가 자동으로 조정된다. 그뿐만 아니라 보안, 분할, 프로세스 모니터링, 리소스 관리와 같은 기능들이 모두 자동으로 관리된다. 만일 200GB 메모리를 사용하는 스파크 기반의 클러스터를 지금 당장 짧은 시간 안에 구축해야 한다고 할 때, 데이터브릭스 서비스가 원하는 사양의 클러스터를 신속하게 생성하여 바로 데이터를 처리할 수 있도록 해줄 것이다. 또한, 데이터 처리가 끝나면 바로 클러스터를 반납하여 프로세싱 비용도 줄일 수 있다.

클러스터 내에는 노트북^{Notebook} 개념을 도입하여 스크립트를 작성하고 프로그램을 실행시킬 수 있는 공간을 제공한다. 그리고 노트북 내에는 스칼라, 파이썬, SQL 등을 기반으로 하는 폴더^{Folder}를 생성할 수 있다. 함수들을 실행시키기 위해 작업^{Job}을 생성해 놓으면 노트북 코드나 import한 라이브러리가 작업을 호출할 수도 있다. 노트북 역시 노트북 함수를 호출할 수 있다. 아울러 시간 또는 이벤트 기준에 따라 작업을 스케줄 할 수도 있다.

지금까지 데이터브릭스 서비스가 제공하는 것을 간단히 설명하였는데, 각각에 대한 자세한 설명은 나머지 섹션에서 이루어질 것이다. 지금 설명하는 것들은 모두 새로운 개념인 동시에 계속 진화하고 있다는 것을 기억하기 바란다. 참고로, 이 책에서 다루는 예제는 US East(North Virginia) 지역의 AWS를 사용하였으며, 아시아 시드니 지역은 현재 제한이 걸려 있어 데이터브릭스를 설치할 수 없었다.

8.2. 데이터브릭스 설치

데모를 생성하기 위해 아마존 AWS에서 제공하는 1년짜리 무료 계정을 발급받았다 (http://aws.amazon.com/free/). 이 계정은 S3 스토리지를 5GB밖에 사용하지 못할 뿐만 아니라 아마존 EC2^{Elastic Compute Cloud}도 750시간밖에 사용하지 못하지만, 적은 비용으로도 접속할 수 있었을 뿐만 아니라 전체적인 EC2 비용을 줄일 수 있었다. AWS 계정은 다음을 제 공한다.

- 계정 ID
- Access Key ID
- Secret Access Key

데이터브릭스를 설치할 때 데이터브릭스가 AWS 스토리지에 접근할 수 있도록 위의 정보를 제공한다. 그런 다음, 여러분이 지정한 클러스터 컴포넌트를 생성하면 된다. 데이터브릭스를 설치하는 시점부터 데이터브릭스 시스템이 클러스터 밖에서 동작하는 인스턴스를 최소 2개 이상을 실행시키기 때문에 이에 따라 AWS EC2 비용이 들어가기 시작한다. 여러분의 AWS와 과금 정보를 제대로 넣었다면 이제 데이터브릭스 클라우드를 실행할 것인지를 물어볼 것이다.

Launch Databricks Cloud

Start your Databricks Cloud with one click. This will create two AWS instances within your AWS account that run 24x7. These instances will be managed by Databricks and should not be modified.

> Deploy

[Deploy] 버튼을 클릭하면 클라우드에 접속할 수 있는 URL 주소와 어드민 계정 및 패스워드를 제공받게 될 것이다. 이를 이용하면 다음 그림과 같이 데이터브릭스의 웹 기반 사용자 인터페이스에 접속할 수 있다.

Databricks Cloud Overview   Creating and Using Notebooks   Getting Started With Jobs

위의 그림은 환영^{Welcome} 메인 화면으로, 상단에는 메뉴 바가 메뉴, 검색, 도움말, 계정 아이콘의 순서대로 있다. 시스템을 사용하다 보면 시계 모양의 아이콘이 나타나기도 하는데, 이 아이콘은 최근에 수행된 활동을 보여준다. 이러한 단일 인터페이스를 이용하여 도움말 화면을 검색하거나 자신의 클러스터와 코드를 생성하기 전에 활용 예제를 미리 살펴볼 수도 있다.

8.3. AWS 과금

반드시 명심해야 하는 점이 바로 데이터브릭스 시스템을 설치한 순간부터 AWS EC2 스토리지 과금이 시작된다는 것이다. 데이터브릭스는 EC2 자원을 과금 단위시간 동안 충분히 사용함으로써 AWS 비용을 최소화시킨다. 즉, 데이터브릭스 클러스터를 종료시켜도 클러스터 기반의 EC2 인스턴스는 현재의 과금단위 시간까지는 사라지지 않는다. 그래서 다음 과금시간으로 넘어가기 전에 새로운 클러스터를 생성하려고 한다면 데이터브릭스는 남겨놓은 인스턴스를 재사용한다. 다음의 그림을 보면 무료 AWS 계정을 사용했지만 자원 사용량을 줄이기 위해 주의했지만, 결국 짧은 기간의 AWS EC2 비용을 소요했음을 알 수 있다.

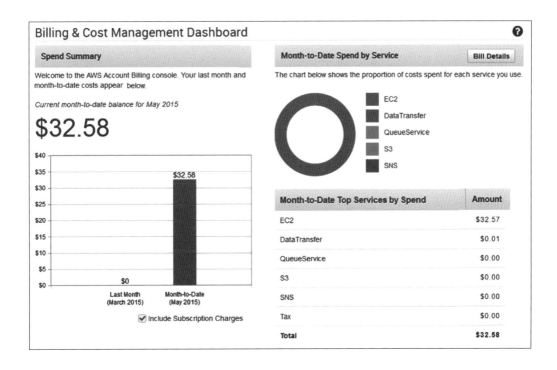

데이터브릭스 클러스터를 한번 생성하면 이 클러스터가 사용되고 존재하는 동안 *AWS 비용이 계속 들어갈 것이라는 사실을 반드시 기억해야 한다.* 현재 꼭 필요한 클러스터를 제외한 나머지는 반드시 종료시키기 바란다.

데이터브릭스 데이터 import 기능을 시험하기 위해 AWS S3 bucket을 생성하고 데이터 파일을 업로드 하였다. 이에 대한 내용은 이번 장 후반에서 설명할 것이다.

8.4. 데이터브릭스 메뉴

데이터브릭스 웹 인터페이스의 왼쪽 상단에 있는 메뉴 아이콘을 클릭하면 메뉴가 나타날 것이다. 다음 그림은 최상위 메뉴를 나타내고 있는데, Workspace를 선택하여 폴더 /folder1/folder2/의 구조가 펼쳐지고 folder2에서 수행할 활동(노트북 생성, 대시보드 생성 등)이 팝업 메뉴 형태로 나타나 있는 것을 볼 수 있다.

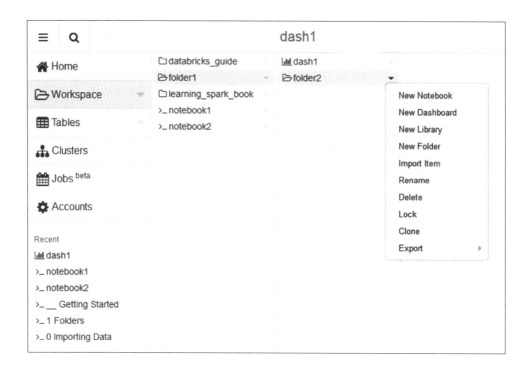

팝업 메뉴에 나타난 모든 활동은 나머지 섹션에서 다룰 것이다. 다음 섹션에서는 클러스터에 대해 설명을 하기 전에 먼저 계정 관리에 관해 설명할 것이다.

8.5. 계정 관리

데이터브릭스의 계정 관리^{Account Management}는 아주 간단하다. 기본적으로 Administrator 계정이 있으며, 하위 계정을 만들 수 있다. 하지만 이를 위해서는 Administrator 계정의 암호를 알고 있어야 한다. 암호는 8글자 이상으로 1개 이상의 숫자, 1개 이상의 대문자, 1개 이상의 특수문자를 포함해야 한다. 계정 메뉴는 화면의 오른쪽 상단에 있다(아래의 그림).

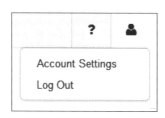

계정 아이콘을 클릭하면 로그아웃 메뉴도 같이 볼 수 있다. Account Settings를 선택하여 암호를 변경할 수 있다. 왼쪽 상단의 메뉴 버튼을 누른 후 Accounts를 선택하면 아래 그림과 같은 계정 목록이 나타난다. 계정 목록 바로 위는 Add Account 옵션이 있으며, 계정 목록에 있는 계정의 맨 오른쪽에 있는 ⊠를 클릭하여 계정을 제거할 수도 있다.

계정 목록에 있는 Reset password를 이용하여 계정 암호를 초기화시킬 수도 있다. Add Account를 선택하면 새로운 계정을 생성하는 창이 나타난다. 계정을 만들기 위해서는 이메일 주소, 이름, 암호, Administrator 암호를 입력해야 하는데, 그래서 계정을 생성하기 위해서는 Administrator 암호가 필요하다. 계정 암호를 만들 때는 다음의 규칙을 준수해야 한다.

• 최소한 8글자 이상이어야 한다.
• 최소한 1글자 이상의 숫자가 들어가야 한다 : 0-9
• 최소한 1글자 이상의 알파벳 대문자가 들어가야 한다 : A-Z
• 최소한 1글자 이상의 특수문자가 들어가야 한다 : !@#$%

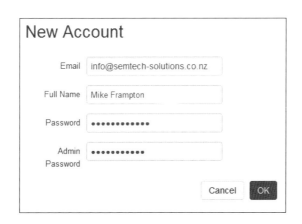

다음 섹션에서는 [Clusters] 메뉴에 대한 설명과 함께 자신만의 데이터브릭스 스파크 클러스터를 관리하는 방법에 관해서도 설명할 것이다.

8.6. 클러스터 관리

메뉴에서 Clusters를 선택하면 현재의 데이터브릭스 클러스터 목록이 클러스터 상태와 함께 나타난다. 물론, 지금은 아무런 클러스터도 없을 것이다. 그러므로 Add Cluster 옵션을 선택하여 새로운 클러스터를 생성하도록 하자. 이때, 클러스터에서 사용할 메모리 크기를 지정해주어야 한다. 참고로 1개의 마스터와 worker를 가지고 있는 클러스터를 생성하기 위해서는 최소 54GB가 필요하며, 54GB를 추가할 때마다 worker가 추가된다.

다음의 그림은 이미지 2개를 붙인 것으로, 새로운 클러스터 semclust1이 막 생성되어 Pending 상태에 있는 것을 보여준다. Pending 상태일 때는 클러스터를 대시보드에서 확인할 수 없으며 클러스터 노드에도 접근할 수 없다.

Name	Memory	Type	State	Nodes	Libraries	Notebooks	Dashboards
semclust1		On-demand	Pending ❶	View Spark UI ▸ 1 Nodes	--	▸ 0 Notebooks	Make Dashboard Cluster

Name	Memory	Type	State	Nodes	Libraries	Notebooks	Dashboards
semclust1	54 GB	On-demand	Running	View Spark UI ▾ 2 Nodes Master Worker 0	--	▸ 0 Notebooks	Attached

클러스터 메모리가 생성되면 클러스터의 상태는 Pending에서 Running으로 바뀌고, 기본 대시보드가 자동으로 붙어서 스파크 마스터와 worker에 대한 사용자 인터페이스 접근이 가능해진다. 이때, 데이터브릭스가 클러스터 프로세스를 자동으로 시작하고 관리한다는 사실이 매우 중요하다. 그리고 화면 오른쪽에는 Options 컬럼을 통해 클러스터를 설정, 재시작, 종료시키는 기능을 제공한다(아래의 그림).

클러스터 재설정을 통해 클러스터의 크기를 변경할 수 있다. 앞에서 설명한 것처럼 메모리를 늘림으로써 worker 개수를 늘릴 수 있다. 아래의 그림은 54GB의 기본 메모리를 사용하던 클러스터의 메모리 크기를 108GB로 변경시키는 모습을 나타내고 있다.

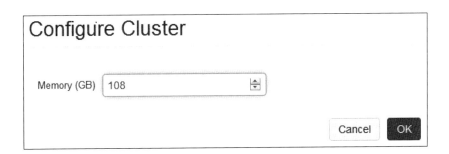

클러스터를 종료시키면(Terminate) 클러스터가 제거되며 더는 복구할 수 없게 된다. 그래서 클러스터를 제거하는 경우 신중히 고민하고 진행해야 한다. 데이터브릭스는 클러스터를 종료 시킬 때 팝업창을 띄워 한 번 더 확인하도록 한다.

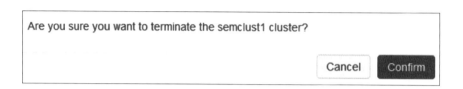

클러스터를 생성하거나 제거하는 데는 약간의 시간이 필요하다. 클러스터가 제거되는 동안 에는 아래의 그림과 같이 색상이 나타나면서 클러스터의 상태는 Terminating으로 바뀐다.

+ Add Cluster

Name	Memory	Type	State	Nodes	Libraries	Notebooks	Dashboards	Options
semclust1	109 GB	On-demand	Terminating	View Spark UI 4 Nodes Master Worker 0 Worker 1 Worker 2	--	0 Notebooks	Make Dashboard Cluster	

앞의 그림에 나타난 클러스터의 타입은 On-demand이다. 클러스터를 생성할 때 "Use spot instances to create a spot cluster." 체크박스에 체크할 수 있는데, 이렇게 생성한 클러스터는 on-demand 클러스터보다 더 저렴한 AWS 가격을 사용하여 더 싸게 사용할 수 있지만 on-demand 클러스터보다 시작하는 속도가 느리다.

아마도 예상했겠지만 스파크 사용자 인터페이스는 비(非) 데이터브릭스 스파크 클러스터와 같다. 그래서 worker, 실행자, 설정 및 로그 파일도 다룰 수 있다. 클러스터를 생성하면 클러 스터 목록에 추가되어, 클러스터 중 하나가 대시보드가 동작하는 용도로 사용될 수도 있는데, Make Dashboard Cluster 옵션을 사용하여 대시보드가 동작하는 클러스터를 변경할 수도 있 다. 또한, 클러스터에 라이브러리와 노트북을 추가하면 추가한 만큼 클러스터의 세부 사항이 업데이트된다.

여기에서 강조하고 싶은 것은 데이터브릭스 스파크 사용자 인터페이스 옵션인데, 이 인터페이스는 사용하는 스파크 버전을 보여준다. 아래의 그림은 마스터 사용자 인터페이스를 보여주는 데 사용 중인 스파크 버전이 최신인 1.3.0이라는 것을 확인할 수 있다. 글을 쓰는 현재 아파치 스파크의 가장 최신 버전은 1.3.1이다.

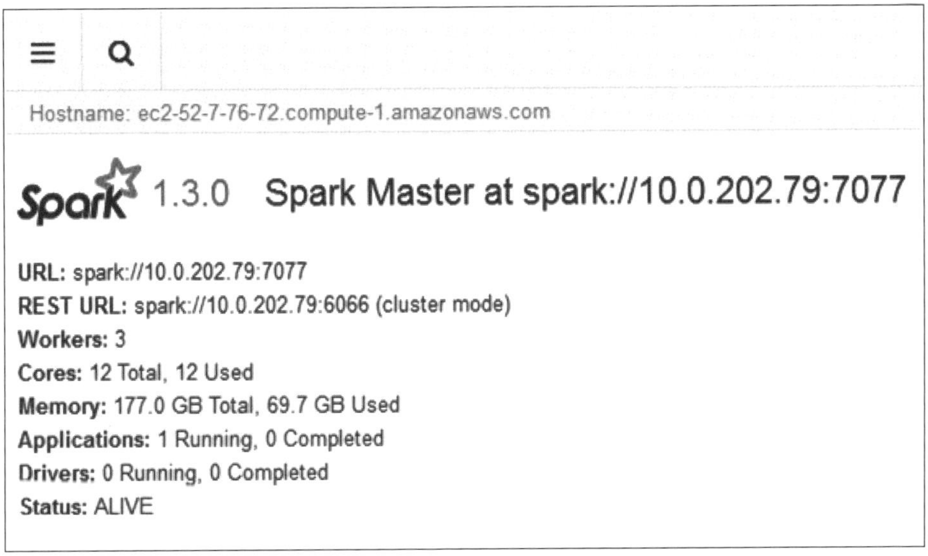

다음 섹션에서는 데이터브릭스의 노트북과 폴더에 관해 어떻게 생성하고 사용하는지를 설명할 것이다.

8.7. 노트북과 폴더(Notebooks and folders)

노트북은 데이터브릭스 폴더의 특별한 타입으로, 스파크 스크립트를 만드는 데 사용된다. 노트북은 노트북 스크립트를 호출할 수 있는데, 이를 통해 기능에 대한 계층구조를 만들 수 있다. 노트북을 생성할 때는 반드시 노트북의 타입을 지정해야 하는데, 노트북 타입에는 파이썬, 스칼라, SQL 등이 있다. 노트북 타입을 지정하면 클러스터는 노트북 기능을 실행할 수 있도록 지정한다. 다음은 노트북을 생성하는 그림이다.

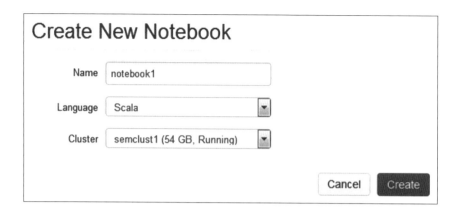

메뉴에서 Notebook을 선택한 다음 오른쪽 메뉴를 통해 노트북의 타입을 바꿀 수 있다. 아래의 그림은 파이썬 타입의 노트북을 스칼라나 SQL 혹은 Markdown으로 바꿀 수 있음을 보여준다.

참고로, 스칼라 타입의 노트북은 파이썬으로, 파이썬 타입의 노트북은 스칼라 타입으로 바꿀 수 없다. 일반적으로 파이썬, 스칼라, SQL은 개발 언어로서 널리 알려졌지만 Markdown은 생소할 것이다. Markdown은 텍스트 형태의 서식을 갖춘 명령을 통해 서식이 있는 문서를 만들어낸다. `https://forums.databricks.com/static/markdown/help.html` 을 통해 간단한 내용을 참조할 수 있을 것이다.

이 말은 즉, 서식이 있는 주석들이 스크립트 형태로 노트북 세션에 추가될 수 있다는 것이다. 노트북은 분할하다 보면 셀 단위까지로 분할되는 데, 이 셀에는 실행될 명령이 들어있다. 셀은 노트북 내에서 돌아다닐 수 있는데, 맨 왼쪽 상단에 떠서 해당 위치로 드래그 된다. 새로운 셀 역시 노트북 내의 셀 목록에 추가될 수 있다.

또한, '%sql' 명령을 사용하면 스칼라나 파이썬 노트북에서 SQL 문법을 사용할 수 있다. 전형적으로 Shift + Enter 를 조합하면 노트북이나 폴더 내에 실행될 텍스트 블록이 생긴다.

'%md' 명령은 셀 안에 Markdown 주석이 추가되도록 한다. 물론 주석은 노트북 셀에 바로 추가될 수 있다. 아래의 그림에서와 같이 노트북 셀의 오른쪽 위에 있는 메뉴에는 주석을 확인할 수 있는 아이콘이 있다.

여러 개의 웹 세션은 하나의 노트북을 공유할 수도 있다. 그래서 노트북에서 일어나는 행동이 노트북을 참조하는 웹 인터페이스에 나타날 수도 있다. 또한, Markdown 및 주석 옵션 또한, 사용자 간 커뮤니케이션을 가능케 하는데 사용될 수 있다. 이를 통해 분산된 그룹 내에서 상호작용을 통한 데이터 분석을 가능케 할 수 있다.

위의 그림은 notebook1 이라는 이름의 노트북 세션의 헤더를 보여준다. 내용을 보면 먼저 노트북의 이름과 타입(스칼라)이 나타나고, 그 아래로 노트북을 잠그고[Lock] 읽기 전용으로 만드는 옵션과 클러스터에서 떨어져 나가도록 하는[detach] 옵션이 있다. 아래의 그림은 노트북 작업공간에 폴더를 생성하는 장면을 보여준다.

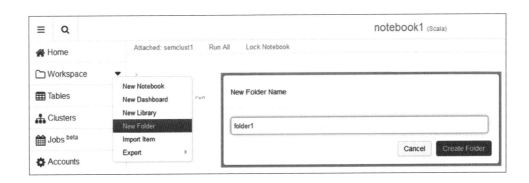

다시, 메인 메뉴를 선택한 후 드롭다운 메뉴에서 Workspace를 선택하면 폴더를 생성할 수 있는데, 여기에서는 folder1이라는 이름의 폴더를 생성한다. 이 메뉴의 나머지 기능에 관해서는 이후의 섹션에서 설명할 것이다. 폴더를 생성하고 선택하면 folder1과 관련된 메뉴가 아래의 그림과 같이 나타난다.

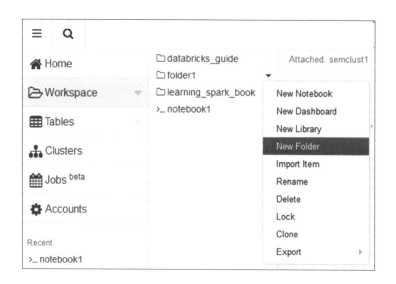

그래서 관련 메뉴를 이용하여 폴더를 DBC 아카이브로 보내거나, 잠그거나, 복사본을 생성할 수 있으며, 이름을 바꾸거나 삭제할 수도 있다. 파일 등의 아이템을 폴더로 불러올 수도 있는데, 이에 관해서는 나중에 예로 설명할 것이다. 또한, 새로운 노트북, 대시보드, 라이브러리, 폴더도 폴더 안에서 생성할 수 있다.

폴더와 마찬가지로 노트북도 노트북만의 기능을 사용할 수 있다. 다음의 그림은 이름이 notebook1인 노트북에서 사용할 수 있는 기능을 드롭다운 메뉴로 나타난 모습을 보여준다. notebook1은 semclust1이라는 이름의 클러스터에 붙어있다. 드롭다운 메뉴를 통해 알 수 있듯이 노트북 기능에는 이름 변경, 삭제, 잠금, 복제가 있다. 그리고 현재의 클러스터에서 분리하거나 분리되어 있으면 원하는 클러스터에 붙일 수 있다. 또한, 노트북 역시 파일 또는 DBC 아카이브로 보낼 수도 있다.

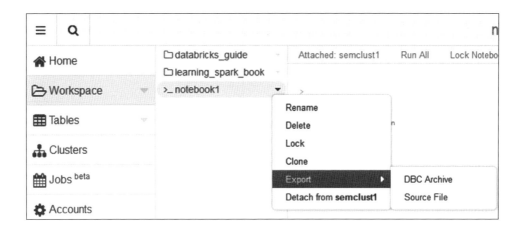

폴더의 Import 옵션을 이용하여 파일을 폴더로 가져올 수 있다. 아래의 그림은 Import 옵션을 선택했을 때 나타나는 파일 드롭 창을 보여준다. 파일 드롭 창에서는 로컬 서버에 있는 파일을 [Drop file here to upload] 박스로 드래그를 하거나 박스를 클릭하면 나타나는 파일 탐색 창에서 업로드하고자 하는 파일을 선택하면 해당 파일을 업로드 할 수 있다.

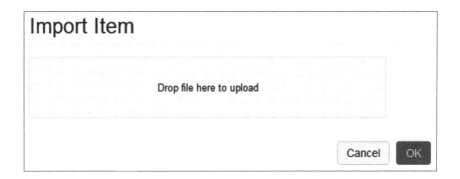

이때, 업로드 할 파일에 관해 파일 타입을 지정해야 한다. 다음의 그림은 지원하는 파일 타입을 보여준다. 다음의 그림은 이미지 파일을 업로드 시킬 때 나타나는 파일 탐색창에서 캡처하였다. 지원하는 파일 타입은 스칼라, SQL, 파이썬, DBC 아카이브, JAR 파일 라이브러리이다.

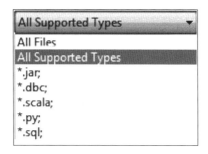

마지막으로, 노트북과 폴더는 드래그 하여 서로 간의 위치를 바꿀 수 있다. 다음 섹션에서는 데이터브릭스의 작업과 라이브러리를 간단한 예제를 통해 설명할 것이다.

8.8. 작업과 라이브러리(Jobs and libraries)

데이터브릭스 내로 JAR 라이브러리를 import 하여 클러스터에서 원하는 클래스를 실행시킬 수 있다. 이번 섹션에서는 아주 간단한 스칼라 코드를 선보일 예정인데, 이 코드는 피보나치 수열을 처음 100개만 BigInt 값으로 출력한다. 이 프로그램을 로컬 서버인 CentOS 리눅스 서버에서 작성한 다음, SBT를 이용하여 JAR 파일로 컴파일 하고, 로컬에서 실행시켜 정상적인 동작을 확인한 후, 이 프로그램을 데이터브릭스 클러스터에서 실행시켜 로컬에서 실행시킬 때와 비교를 할 것이다. 프로그램 코드는 아래와 같다.

```
import org.apache.spark.SparkContext
import org.apache.spark.SparkContext._
import org.apache.spark.SparkConf

object db_ex1 extends App
{
  val appName = "Databricks example 1"
  val conf = new SparkConf()

  conf.setAppName(appName)

  val sparkCxt = new SparkContext(conf)
```

```
var seed1:BigInt = 1
var seed2:BigInt = 1
val limit = 100
var resultStr = seed1 + " " + seed2 + " "

for( i <- 1 to limit ){

  val fib:BigInt = seed1 + seed2
  resultStr += fib.toString + " "

  seed1 = seed2
  seed2 = fib
}

println()
println( "Result : " + resultStr )
println()

sparkCxt.stop()

} // end application
```

코드의 목적은 사실 피보나치 수열을 만드는 가장 좋은 방법을 설명하려는 것이 아니라 단순히 데이터브릭스에서 사용할 수 있는 JAR 샘플 프로그램을 얻는 것이다. 이 프로그램을 로컬 서버에서 동작시키면 처음 100개의 숫자가 다음과 같이 나타난다(지면 제약상 앞부분과 끝부분만을 실었다).

```
Result : 1 1 2 3 5 8 13 21 34 55 89 144 233 377 610 987 1597 2584
4181 6765 10946 17711 28657 46368 75025 121393 196418 317811 514229
832040 1346269 2178309 3524578 5702887 9227465 14930352 24157817
39088169 63245986 102334155 165580141 267914296 433494437 701408733
1134903170 1836311903 2971215073 4807526976 7778742049 12586269025
20365011074 32951280099 53316291173
```

466004661037553O309 7540113804746346429 12200160415121876738
19740274219868223167 3194043463499OO9905 5168070885485832307ž
83631113489040422977 13530185234470b746049 218922995834555169026
354224848179261915075 5731478440138170841O1 9273726921930789991/6

앞의 프로그램을 컴파일한 결과 생성된 라이브러리 이름은 `data-bricks_2.10-1.0.jar`이다. 이제 폴더 메뉴에서 드롭다운 메뉴를 통해 새로운 라이브러리를 생성할 수 있다. 이 메뉴에서 라이브러리 소스로 JAR 파일을 지정하고, 이름을 지정한 다음, 로컬 서버에서 방금 만든 라이브러리 JAR 파일을 선택하여 업로드한다. 아래의 그림은 지금까지의 과정을 보여준다.

라이브러리가 생성되면 Attach 옵션을 이용하여 데이터브릭스 클러스터 `semclust1`에 붙일 수 있다. 다음의 그림은 새로운 라이브러리를 클러스터에 붙이는 과정을 보여준다.

다음으로, Task 메뉴에서 jar 옵션을 선택하여 job2라는 이름의 작업을 생성하였다. 그리고 작업에 관해서는 같은 JAR 파일을 업로드 하고 라이브러리에 db_ex1 클래스를 실행하도록 지정하였다. 클러스터는 on-demand로 지정하여 작업을 실행시킬 때 자동으로 생성되도록 하였다. 아래의 그림은 Active runs 섹션에 작업이 실행 중임을 보여주고 있다.

실행이 끝나면 작업은 Completed runs 섹션으로 이동된다. 아래의 그림을 보면 같은 작업이 47초간 실행되었고 수동으로 실행되었으며 성공적으로 종료되었음을 알 수 있다.

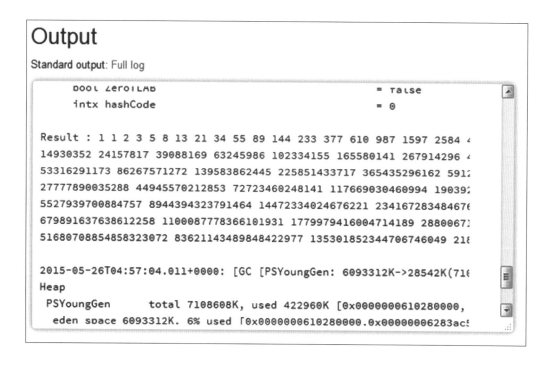

위의 그림에서 Run 1을 클릭하면 실행 결과를 볼 수 있다. 아래의 그림을 보면 알 수 있듯이 로컬 서버에서 실행시킨 것과 같은 결과가 나타난 것을 확인할 수 있다. 책에는 전체 결과 중 일부만을 표시하였지만, 앞의 결과가 같음을 확인하는 것은 어렵지 않을 것이다.

지금까지 간단한 예를 살펴본 바와 같이, 데이터브릭스를 사용하면 원격으로 애플리케이션을 개발할 수 있을 뿐만 아니라 데이터브릭스 클러스터에 JAR 파일로 업로드 시켜 실행시킬 수도 있다. 그러나 매번 데이터브릭스 클러스터가 AWS EC2 스토리지에 생성되어 스파크의 URL이 변경되기 때문에 애플리케이션에는 스파크 마스터 URL을 하드코딩으로 넣어서는 절대로 안 된다. 대신, 데이터브릭스가 자동으로 스파크 URL을 설정해 줄 것이다.

이러한 방식으로 JAR 파일 클래스를 실행시킬 때는 클래스 파라미터를 정의하는 것도 가능하다. 작업을 예약된 시간에 실행시키거나 정기적으로 실행시킬 수도 있으며, 작업의 실행시간이 일정 시간을 넘으면 경고 이메일을 보내도록 지정할 수도 있다.

8.9. 개발 환경

앞에서 데이터브릭스의 노트북에 스크립트를 생성하는 것이 가능하며, 사용 가능한 프로그래밍 언어로는 스칼라, 파이썬, SQL 등이 있다고 하였다. 여기에 코드 개발을 위해 IntelliJ나 Eclipse와 같은 통합개발도구[IDE]도 사용하는 것이 가능하다. SBT 플러그인을 이러한 개발 환경에 넣으면 데이터브릭스 환경에서 코드를 개발하는 것이 가능해진다. 현재 집필 시점의 데이터브릭스 버전은 1.3.2d이며, 데이터브릭스 홈페이지의 New Features 아래에 있는 Release Notes 링크를 따라가 보면 IDE 통합을 위한 링크(`https://dbc-xxxxxxx-xxxx.cloud.databricks.com/#shell/1547`)가 있는 것을 볼 수 있다.

여러분이 생성하는 데이터브릭스 클라우드에 고유번호가 매겨져 전체 URL이 이와 같은 형태로 생성될 것이다. 이 책에서는 데이터브릭스의 개발 환경에 대한 추가적인 내용은 여러분이 직접 조사할 수 있도록 남겨놓겠다. 다음 섹션에서는 데이터브릭스 테이블 데이터 처리 기능에 관해 살펴볼 것이다.

8.10. 데이터브릭스 테이블

데이터브릭스 메뉴에서 Tables를 선택하면 여러분의 데이터를 스키마에 따라 테이블형태로 저장할 수 있다. 테이블 메뉴에서는 신규 테이블을 생성하거나 기존 테이블의 내용을 업데이트 할 수 있다. 다음의 그림은 메뉴에서 Tables를 선택한 화면이다.

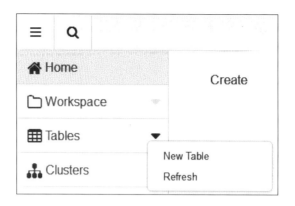

8.10.1. 데이터 가져오기(Import)

테이블을 생성할 때 데이터 가져오기[data import]를 할 수 있으며, 데이터를 가져올 때 컬럼 이름과 타입을 지정할 수 있다. 만일 가져오는 데이터에 헤더가 있다면 헤더의 내용을 모두 문자열로 가져와 컬럼 이름으로 사용한다. 아래의 그림은 테이블을 생성할 때 데이터 가져오기 옵션과 양식을 선택하는 화면으로, 가져오려는 파일의 소스는 S3, DBFS, JDBC, File 중에서 하나를 선택할 수 있다.

위의 그림에서는 S3를 선택하였다. 테이블로 가져올 파일을 찾기 위해 S3 저장소를 조회하려면 AWS Key ID, Secret Access Key, AWS S3 Bucket Name이 필요하다. 그러면 파일 탐색 창이 나타나는 데 여기에서 가져오고자 하는 파일을 선택하면 미리 보기를 통해 테이블을 생성할 수 있다. 다음의 그림은 File을 선택했을 때 나타나는 화면이다.

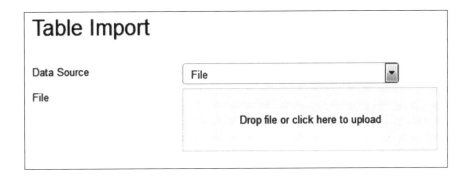

위의 그림에서 가져올 파일을 직접 드래그하거나 [Drop file or click here to upload] 박스를 클릭하여 나타나는 파일 탐색 창에서 가져올 파일을 로컬 서버에서 선택하면 된다. 파일을 선택하면 컬럼을 구분하는 구분자를 지정하고 헤더 행이 있는지를 선택한다. 그리고 미리보기를 통해 컬럼 이름과 데이터 타입을 변경할 수 있다. 아울러, 테이블 이름과 파일 타입도 지정할 수 있다. 아래의 그림은 샘플 파일을 로드하여 shuttle이라는 테이블을 생성한 화면이다.

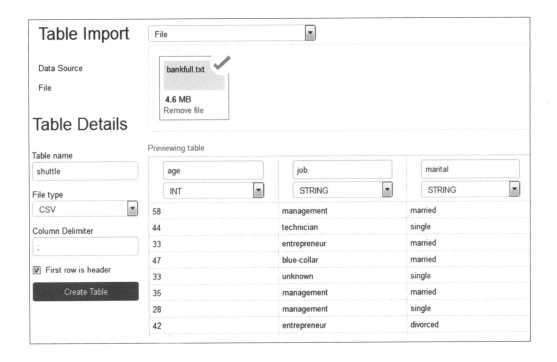

테이블을 생성하면 테이블 리스트가 업데이트되어 테이블 스키마가 나타나 컬럼 이름과 타입을 확정 받게 된다. 이런 식으로 테이블 데이터 샘플을 미리 보기 할 수 있다. 이렇게 테이블을 생성하고 나면 SQL 세션을 통해 테이블을 조회할 뿐만 아니라 접근할 수도 있게 된다. 아래의 그림은 'show tables SQL' 명령을 이용하여 `shuttle` 테이블을 조회하는 모습을 보여준다.

```
> %sql show tables
```

tableName	isTemporary
shuttle	false

```
Command took 0.04s
```

이렇게 데이터를 가져오고 나면 SQL 세션을 통해 테이블 내에 있는 데이터에 접근할 수 있게 된다. 아래의 그림은 SQL 세션에서 간단한 SQL 명령으로 방금 생성한 shuttle 테이블의 데이터를 추출하는 모습을 보여준다.

```
> %sql select job,marital,education,balance,housing,loan,day,duration
      from shuttle where age between 30 and 40 order by job, education, marital
      limit 500
```

job	marital	education	balance	housing	loan	day	duration
admin.	divorced	primary	227	no	no	9	185
admin.	divorced	primary	1127	yes	no	17	625
admin.	divorced	primary	9569	yes	no	9	43
admin.	divorced	primary	1032	yes	no	29	52
admin.	divorced	primary	1416	yes	no	2	239
admin.	married	primary	189	yes	no	27	160
admin.	married	primary	3913	yes	no	9	76
admin.	married	primary	1487	no	no	9	332
admin.	married	primary	1251		no	29	225

```
Command took 0.86s
```

이런 식으로 다양한 데이터 소스를 통해 다수의 테이블을 가져올 수 있으며, 일반적인 관계 데이터베이스에서 하는 것과 같이 데이터를 행과 열 단위로 필터링하거나 조인하기 위해 복잡한 스키마를 생성할 수 있다. 그뿐만 아니라, 데이터브릭스에서 생성한 테이블은 빅데이터 처리와 유사한 접근 방식도 제공한다.

이번 섹션에서는 데이터를 가져오는 방식으로 테이블을 생성하는 방법에 관해 설명하였다. 다음 섹션에서는 프로그램 방식으로 테이블을 생성하거나 외부 객체로부터 테이블을 가져오는 방법을 설명하고 예제를 통해 이러한 방법으로 테이블을 관리하는 방법을 알아볼 것이다.

8.10.2. 외부(External) 테이블

데이터브릭스는 AWS S3 파일이나 로컬 파일시스템의 파일 등과 같은 외부 자원으로부터 테이블을 생성하는 것도 지원한다. 이번 섹션에서는 S3 bucket, 디렉터리 경로, 파일 세트를 이용하여 외부 테이블을 생성할 것이다. 이를 통해 AWS에서 요구하는 퍼미션과 접근 정책에 관해서도 자연스럽게 설명할 것이다. 아래의 그림은 dbawss3test2라는 이름의 AWS S3 bucket을 생성하는 모습을 보여주고 있다. 퍼미션은 모두가 리스트에 접근할 수 있도록 지정하였다. 물론, 이렇게 퍼미션을 지정하도록 권장하는 것은 아니지만 여러분의 그룹은 여러분의 bucket에 접근하는 것 정도는 가능하게 해야 한다.

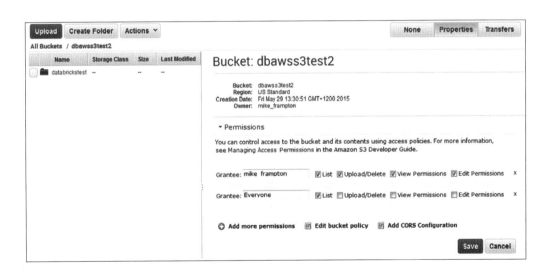

또한, 접근이 가능하도록 정책도 추가하였는데, 이 경우에는 불특정 사용자들이 bucket과 하위 콘텐츠에 관해 읽기전용 권한을 가지도록 하였다. 물론, 복잡한 정책을 사용하여 그룹과 관련 파일 접근을 제한할 수도 있다. 아래의 그림은 새로운 정책을 적용하는 것을 보여준다.

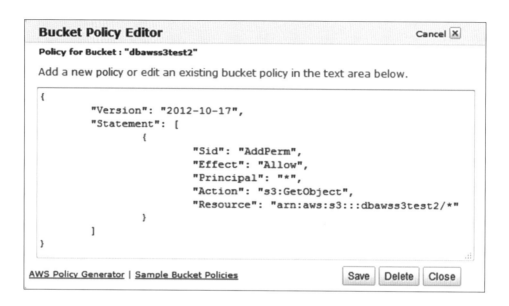

이러한 접근 정책을 이용하여 접근 정책을 제대로 적용한 bucket을 생성하고 나면, 폴더를 생성하여 데이터브릭스 외부 테이블로 사용할 파일을 업로드 할 수 있게 된다. 아래의 그림을 보면 이미 이 작업을 마친 것을 확인할 수 있다. 업로드 파일은 10개의 컬럼을 CSV 파일 형식으로 가지고 있다.

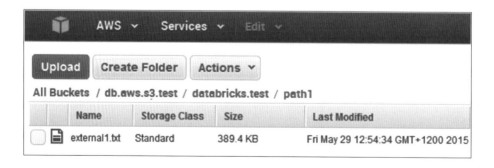

이렇게 AWS S3 자원 셋업을 하고나면 데이터브릭스에 마운트시켜야 하는데, 이에 관해서는 계속해서 스칼라 예제로 설명할 것이다. 예제 코드 내 AWS와 secret key는 보안상의 이유로 제거하였다. 마운트 디렉터리는 /mnt로 시작해야 하는데, secret key 값의 / 글자는 %2F로 바꾸어야 한다. 마운트를 생성하기 위해 dbutils.fs 클래스가 사용되었다. 아래의 그림을 보면 코드가 1초도 안 되어 실행되어 그 결과를 나타낸 것을 알 수 있다.

```
> import dbutils.fs

val mountDir = "/mnt/s3data1"

// If you have '/' characters in your secret key they must be escaped with '%2F'

val awsKey       = "▓▓▓▓▓▓▓▓▓▓▓▓▓▓"
val awsSecretKey = "▓▓▓▓▓▓▓▓▓▓▓▓▓▓▓▓▓▓▓"
val bucketName   = "dbawss3test2"
val awsPath      = "/databrickstest/path1/"

val s3Path       = "s3n://" + awsKey + ":" + awsSecretKey + "@" + bucketName + awsPath

fs.mount( s3Path, mountDir )
Successfully mounted to /mnt/s3data1!
import dbutils.fs
mountDir: String = /mnt/s3data1
awsKey: String =
awsSecretKey: String =
bucketName: String = dbawss3test2
awsPath: String = /databrickstest/path1/
s3Path: String = s3n://
res7: Boolean = true
Command took 0.93s
```

이제 다음의 그림에서와같이 SQL 기반의 노트북 세션을 이용하여 이렇게 마운트 된 경로와 파일을 가지고 외부 테이블을 생성할 수 있다. 화면을 보면 지정된 디렉터리에 마운트 된 파일을 가지고 콤마 구분자로 CSV 콘텐츠를 파싱하여 이름이 s3test1인 테이블을 만드는 것을 알 수 있다.

```
>  CREATE TABLE s3test1
   (
   col0 String, col1 String, col2 String,
   col3 String, col4 String, col5 String,
   col6 String, col7 String, col8 String,
   col9 String
   )
   ROW FORMAT DELIMITED
   FIELDS TERMINATED BY ','
   LOCATION "/mnt/s3data1/*";
   OK

   Command took 0.61s
```

그러면 아래의 그림과 같이 Tables 메뉴에 s3test1 테이블이 새로 생긴 것을 확인할 수 있다. 결국, 이 테이블에 SQL 구문을 실행시킬 수 있게 된 것이다.

이렇게 생성한 외부 테이블의 행 개수를 세기 위하여 SQL 기반의 노트북 세션에서 SELECT 구문을 사용하였다. 이때, 아래의 그림과 같이 COUNT(*) 함수를 사용하였다. SELECT 실행 결과로 테이블에 14,500개의 행이 있음을 확인할 수 있다.

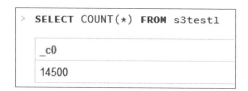

계속해서 S3 폴더에 파일 하나를 더 추가하는 데, 단순히 첫 번째 파일을 같은 CSV 형식으

로 복사하여 만들었다. 그래서 외부 테이블의 전체 행 개수는 두 배로 되었다. 아래의 그림은 방금 추가한 파일을 보여주고 있다.

그래서 같은 SELECT를 같은 외부 테이블에 적용하면 그 결과로 행의 개수가 두 배가 된 29,000을 나타낸다. 아래의 그림은 SQL 구문을 실행한 결과를 보여준다.

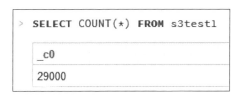

정리하자면, 데이터브릭스를 사용하면 외부 테이블을 쉽게 생성할 수 있으며, 동적으로 변하는 콘텐츠에 SQL을 실행시킬 수도 있다. 파일 구조는 같아야 하며 AWS를 사용하는 경우에는 S3 bucket 접근도 정의해야 한다. 다음 섹션에서는 데이터브릭스에서 제공하는 DbUtils 패키지에 관해 설명할 것이다.

8.11. DbUtils 패키지

앞의 스칼라 스크립트는 DbUtils 패키지를 이용하여 마운트를 생성하였는데, 사실 이것은 DbUtils 패키지가 제공하는 기능의 아주 일부분에 불과하다. 이번 섹션에서는 DbUtils 패키지에서 제공하는 추가 기능과 함께 데이터브릭스 파일 시스템(DBFS)도 소개할 것이다. DbUtils 패키지에 있는 도움말 옵션은 데이터브릭스 클러스터에 연결된 노트북을 통해 호출될 수 있으며, 이를 통해 DbUtils 패키지의 구조와 기능에 관해 더 많은 내용을 얻을 수 있을 것이다. 아래의 그림은 스칼라 기반의 노트북 세션에서 dbutils.fs.help( )를 실행시킨 결과를 나타내는데, dbutils.fs.help()를 통해 fsutils, 캐시, 마운트 기능 등에 대한 도움말을 제공받을 수 있다.

```
> dbutils.fs.help()

  dbutils.fs provides utilities for working with FileSystems. Most methods in
  this package can take either a DBFS path (e.g., "/foo"), an S3 URI ("s3n://bucket/"), or
  another Hadoop FileSystem URI.

  For more info about a method, use dbutils.fs.help("methodName").

  If you find yourself using these functions a lot, consider doing an "import dbutils.fs",
  allowing you to access them via "fs.ls()", etc.
```

물론, 각각의 함수에 대한 도움말도 얻을 수 있다. 아래의 그림에서는 cacheTable 함수의 도움말을 보여주는 데, 함수 설명과 함께 샘플 예제를 통해 파라미터와 리턴 타입도 알려준다.

```
> dbutils.fs.help("cacheTable")
/**
 * Caches the contents of the given table on the local SSDs of this cluster. The provided
 * table must be backed by files stored in DBFS or S3; this cannot cache arbitrary tables
 * constructed via transformations.
 *
 * Note that this simply calls cacheFiles() after looking up the location of the source data
 * for this table, so the cache is actually based on the files, not the metadata of the table.
 * For instance, if another table uses the same underlying data as this one, it will also
 * start using the cache.
 *
 * See the documentation for cacheFiles() for the semantics of this cache, and how it differs
 * from normal sqlContext.cacheTable().
 *
 * Example: cacheTable("sales")
 *
 * @param tableName name of the Hive or registered temp table.
 * @return True if the table was successfully cached or re-cached.
 */
cacheTable(tableName: java.lang.String): boolean
```

그러면 dbutils 기능을 다루기 전에 먼저 DBFS에 관해 간단히 알아보도록 하자.

8.11.1. 데이터브릭스 파일 시스템(DBFS)

DBFS는 dbfs:/* 형식의 URL을 사용하여 접근할 수 있으며, dbutils.fs 함수를 이용하는 것도 가능하다.

```
> dbutils.fs.ls("dbfs:/mnt/")

res6: com.databricks.SchemaSeq[com.databricks.backend.daemon.dbutils.FileInfo] =
SchemaSeq(FileInfo(dbfs:/mnt/s3data/, s3data/, 0),
FileInfo(dbfs:/mnt/s3data1/, s3data1/, 0))
```

위의 그림을 보면, ls 함수를 이용하여 파일 시스템 내 /mnt를 조회하고, 그 결과 /mnt 디렉터리에 s3data와 s3data1이 마운트 되었음을 보여준다. 이 디렉터리들은 모두 앞의 스칼라 S3 마운트 예제를 통해 생성되었다.

8.11.2. Dbutils fsutils

fsutils는 dbutils 패키지 안에 있는 함수 그룹을 의미하며, cp, head, mkdirs, mv, put, rm 함수 등을 포함한다. 앞에서 설명한 도움말을 통해 fsuilts를 조회하면 fsutils에 대한 더 많은 정보를 얻을 수 있을 것이다. 아래의 그림에서와같이 mkdirs 호출을 통해 DBFS에 새로운 디렉터리를 생성할 수 있다. 참고로, dbfs:/ 아래에 data* 디렉터리 여러 개를 만들어놓았다. 아래 그림은 data2라는 이름의 디렉터리를 생성하는 모습을 보여준다.

```
> dbutils.fs.mkdirs("dbfs:/data2/")
  dbutils.fs.ls("dbfs:/")
  res10: com.databricks.SchemaSeq[com.databricks.backend.daemon.dbutils.FileInfo] = SchemaSeq(
  FileInfo(dbfs:/FileStore/, FileStore/, 0), FileInfo(dbfs:/data/, data/, 0), FileInfo(dbfs:/data1/, data1/, 0),
  FileInfo(dbfs:/data2/, data2/, 0),          FileInfo(dbfs:/databricks-datasets/, databricks-datasets/, 0),
  FileInfo(dbfs:/mnt/, mnt/, 0),              FileInfo(dbfs:/mount/, mount/, 0),
  FileInfo(dbfs:/tmp/, tmp/, 0),              FileInfo(dbfs:/user/, user/, 0))
```

위의 그림은 ls를 실행하여 DBFS에 다양한 기본 디렉터리가 있다는 것도 보여주고 있다. DBFS에 있는 기본 디렉터리는 다음과 같다.

- /tmp는 임시 영역이다.
- /mnt는 S3와 같은 원격 디렉터리의 마운트 지점으로 사용된다.
- /use는 사용자의 저장 공간으로, 현재 하이브를 포함하고 있다.
- /mount는 빈 디렉터리다.
- /FileStore는 테이블, JAR, JAR 작업을 위한 저장 공간이다.
- /databricks-datasets는 데이터브릭스에서 제공하는 데이터 세트가 들어있다.

아래 그림에서는 dbutils의 복사 명령을 보여주는 데, DBFS의 파일을 복사할 수 있음을 보여준다. 아래의 예에서는 external1.txt 파일을 /data2 디렉터리에 복사하는 것을 보여준다.

```
> dbutils.fs.cp("dbfs:/mnt/s3data1/external1.txt","dbfs:/data2/")
  dbutils.fs.ls("dbfs:/data2/")
  res21: com.databricks.SchemaSeq[com.databricks.backend.daemon.dbutils.FileInfo] =
  SchemaSeq(FileInfo(dbfs:/data2/external1.txt, external1.txt, 398755))
```

head 함수는 DBFS 파일의 최초 maxBytes 글자만큼을 확인하는 데 사용된다. 아래의 그림은 'external1.txt' 파일의 내용을 보여주는 데, 이 파일이 CSV 파일인 것을 알려주어 어떻게 처리해야 하는지를 알 수 있어 유용하게 사용된다.

```
> dbutils.fs.head("dbfs:/data2/external1.txt")

[Truncated to first 65536 bytes]
res24: String =
"55,0,81,0,-6,11,25,88,64,4
56,0,96,0,52,-4,40,44,4,4
50,-1,89,-7,50,0,39,40,2,1
53,9,79,0,42,-2,25,37,12,4
55,2,82,0,54,-6,26,28,2,1
```

DBFS 내에서 파일을 이동시키는 것도 가능하다. 다음의 그림은 'mv' 명령을 통해 'external1.txt' 파일을 data2 디렉터리에서 data1 디렉터리로 이동시키는 것을 보여준다. 아울러, ls 명령으로 파일이 이동한 것을 확인하였다.

```
> dbutils.fs.mv("dbfs:/data2/external1.txt","dbfs:/data1/")
  dbutils.fs.ls("dbfs:/data1/")

  res26: com.databricks.SchemaSeq[com.databricks.backend.daemon.dbutils.FileInfo] =
  SchemaSeq(FileInfo(dbfs:/data1/external1.txt, external1.txt, 398755))
```

마지막으로 파일을 제거하는 데 사용되는 'rm' 명령이다. 아래의 그림은 rm을 이용하여 'external1.txt' 파일을 제거하고, 'ls' 명령으로 FileInfo에 레코드가 없는 것을 통해 data1 디렉터리에 더는 external1.txt 파일이 없음을 확인하는 것을 보여준다.

```
> dbutils.fs.rm("dbfs:/data1/external1.txt")
  dbutils.fs.ls("dbfs:/data1/")

  res27: com.databricks.SchemaSeq[com.databricks.backend.daemon.dbutils.FileInfo]
  = SchemaSeq()
```

8.11.3. DbUtils 캐시

DbUtils의 캐시 기능은 캐시 된(그리고 캐시 되지 않은) DBFS의 테이블과 파일을 제공한다. 실제로, 테이블은 DBFS의 /FileStore 디렉터리에 파일 형태로 저장되어 있다. 아래의 그림은 사용 가능한 캐시 함수들을 보여주고 있다.

```
cache
cacheFiles(files: Seq): boolean -> Caches a set of files on the local SSDs of this cluster
cacheTable(tableName: String): boolean -> Caches the contents of the given table on the local SSDs of this cluster
uncacheFiles(files: Seq): boolean -> Removes the cached version of the files
uncacheTable(tableName: String): boolean -> Removes the cached version of the given table from SSDs
```

8.11.4. DbUtils 마운트

마운트 기능은 원격 파일 시스템을 마운트 시키고, 마운트 상황을 업데이트하고, 마운트 세부 내용을 보여주고, 마운트 된 특정 디렉터리에 관해 마운트 해제를 시킨다. 이미 앞의 섹션에서 S3 마운트 예제를 보여주었기 때문에 더는 반복하지는 않겠다. 아래의 그림은 `mounts` 함수 실행 결과를 보여준다. 앞에서 생성한 `s3data`와 `s3data1` 마운트가 있는 것이 보이며, 별도로 root와 datasets가 이미 마운트된 것도 알 수 있다. 마운트 내용은 `MountInfo` 객체에 순서대로 들어 있는데, 여기에서는 설명을 위해 의미 있는 순서로 재배열하였다.

```
> dbutils.fs.mounts()
res23: com.databricks.SchemaSeq[com.databricks.backend.daemon.dbutils.MountInfo] =
SchemaSeq(MountInfo(/mnt/s3data1, s3n://dbawss3test2/databrickstest/path1/),
        MountInfo(/mnt/s3data, s3n:// db.aws.s3.test/databricks.test/path1/),
        MountInfo(/, DatabricksRoot),
        MountInfo(/databricks-datasets, databricks-datasets))
```

8.12. 요약

이번 장에서는 데이터브릭스를 소개하였다. 이를 통해 데이터브릭스 서비스를 접속하는 방법과 데이터브릭스가 어떻게 AWS 자원을 사용하는지도 설명하였다. 다음에는 데이터브릭스 개발자들이 마이크로소프트의 Azure 같은 다른 클라우드 기반 플랫폼도 지원할 계획을 갖고 있다는 것도 기억하기 바란다. 이 책에서 데이터브릭스를 소개하는 것이 아주 중요하다고 생각하였는 데 그 이유는 아파치 스파크를 개발한 개발진이 데이터브릭스를 개발에 참여하였기 때문이다. 결국 하둡, 스파크를 지나 데이터브릭스로 가는 것이 자연스러운 진화인 것 같다.

다음 장에서도 데이터브릭스에 대한 내용을 다루는 데, 시각화와 같은 중요한 기능을 설명하기 위해서이다. 또한, 아직 스파크의 주요 모듈인 GraphX, 스트리밍, MLlib, SQL 등이 데이터브릭스에는 소개되지 않았다. 실제 데이터를 처리하기 위해 데이터브릭스에서 이러한 모듈을 사용하기가 얼마나 쉬울지는 다음 장을 읽어보고 확인하기 바란다.

9장

데이터브릭스 시각화(Visualization)

이번 장에서는 8장에서 작업한 것을 빌드하고, 데이터브릭스(https://databricks. com/)에서 제공하는 아파치 스파크 기반의 서비스에 관해 더 알아볼 것이다. 이번 장에서는 스칼라 코드를 예제로 사용하였지만, 전통적인 스파크 프로세싱 모듈인 MLlib, GraphX, 스트리밍, SQL 대신에 데이터브릭스의 기능에 집중하고자 한다. 이번 장에서는 다음의 데이터브릭스 영역에 관해 다룬다.

- 대시보드를 이용한 데이터 시각화
- RDD 기반의 보고서
- 데이터 스트림 기반의 보고서
- 데이터브릭스 REST 인터페이스
- 데이터브릭스를 통한 데이터 이동

그래서, 이번 장에서는 데이터브릭스의 기능을 이용하여 보고서와 대시보드를 통해 데이터를 분석적으로 시각화하는 것을 설명할 것이다. 아울러 원격 접근과 통합을 하는데 유용한 REST 인터페이스에 관해 설명하고, 데이터와 라이브러리를 데이터브릭스 클라우드 인스턴스로 옮기는 방법에 관해 설명할 것이다.

9.1. 데이터 시각화

데이터브릭스는 S3와 로컬 파일 시스템에 접근하는 툴을 제공한다. 그리고 앞에서 선보인 것처럼 데이터를 가져와 테이블로 만드는 기능도 제공하고 있다. 9장에서는 raw 데이터를

shuttle 테이블에 가져와 테이블 기반 데이터를 제공하여 SQL을 실행시킬 수 있도록 한다. 이를 통해 행과 열에 대해 필터링을 하고 데이터를 정렬할 수 있으며 이렇게 가공된 데이터를 통합까지 할 수 있게 된다. 분명히 이러한 기능들이 유용한 것은 사실이지만 실무에서는 이러한 raw 데이터를 가공하여 이미지나 보고서 및 프리젠테이션 자료로 생산할 때 좀 더 읽기 쉽고 시각적이며 소통하기가 훨씬 수월하다고 인식할 것이다.

데이터브릭스는 SQL 세션을 통해 생성된 테이블 결과 데이터를 바탕으로 이를 시각화할 수 있는 인터페이스를 제공한다. 아래의 그림은 SQL이 실행된 결과로 테이블이 나타난 상태를 보여주고 있다. 테이블 아래에는 시각화 메뉴가 있어, 이를 클릭하면 시각화를 위한 드롭다운 메뉴가 나타난다.

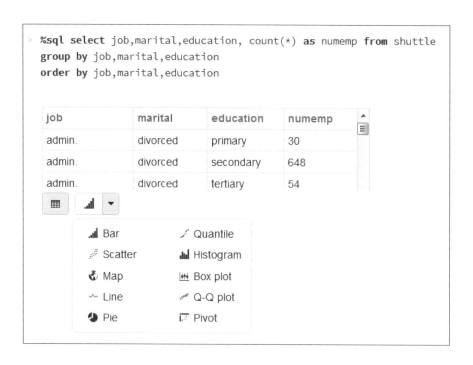

시각화를 위한 옵션으로는 일반적으로 널리 익숙한 막대 그래프부터 파이 차트, 분위 그래프, 오차 막대 그래프Box plot 등이 있다. 이제 다음 그림과 같이 SQL문을 수정하여 그래프를 위한 정보를 추출할 것이다.

```
%sql select job,marital,education,sum(balance)/1000 as totbal_k, count(*) as numemp from shuttle
group by job,marital,education
order by job,marital,education
```

그런 다음, 시각화 옵션으로 막대 그래프를 선택한다. 그리고 Plot 옵션을 선택하여 그래프를 그리는 데 필요한 데이터를 선택한다. Plot 옵션에서는 범례에 사용할 데이터 컬럼도 선택할 수 있다. 아래의 그림은 이번 예제를 위해 선택한 Plot 옵션을 보여준다.

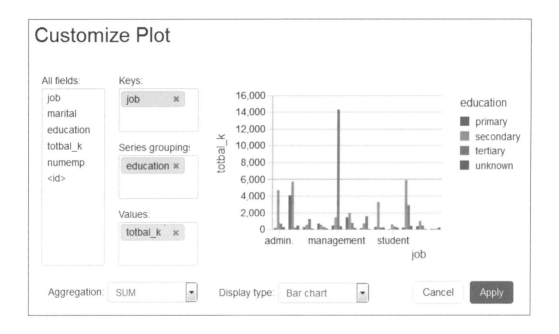

Plot 옵션 화면 왼쪽의 All fields 섹션은 SQL 결과 데이터로부터 그래프를 그리는 데 사용할 수 있는 모든 필드를 나타낸다. Keys와 Values는 각각 그래프의 x, y축을 담당할 데이터를 정한다. Series grouping 필드는 범례 혹은 피벗pivot에 사용될 값(여기에서는 education)을 정의한다. 이제, [Apply] 버튼을 클릭하면 다음의 그림과 같이 직업별 잔고에 대한 막대 그래프를 학력수준으로 그룹지어 나타낸다.

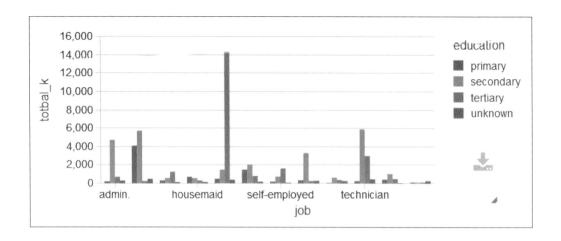

필자가 만약 회계사였다면 급여 비용에 영향을 미치는 요소를 찾아내고 어떤 근로자 그룹이 가장 큰 영향을 미치는지를 파악하려고 노력했을 것이다. 그 결과 앞의 그래프에서 tertiary이 가장 높이 올라가는 것을 확인했을 것이다. tertiary의 막대들을 살펴보면 management에 속하며 고등교육을 받은 근로자 그룹이 가장 비용이 많이 드는 그룹으로 보인다. 이를 정확히 확인하기 위해서는 SQL문을 수정하여 tertiary education에 필터를 걸고 잔고를 기준으로 내림차순으로 정렬된 막대 그래프를 그렸다.

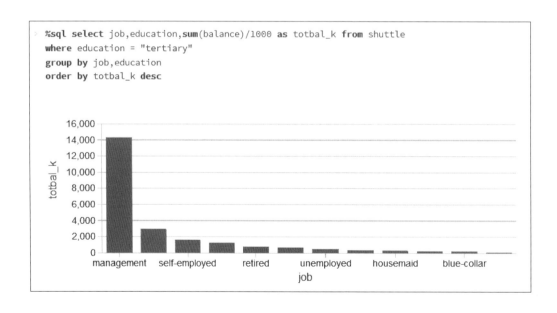

확실히 management 그룹이 약 1,400만 달러를 버는 것을 알 수 있다. 그러면 이번에는 디스플레이 옵션을 Pie로 바꾸어 파이 그래프를 그리도록 한다. 항목별 크기에 따라 파이의 크기가 달라지도록 하고 시각적으로 깨끗하게 데이터를 표현하게 하여 가장 중요한 아이템을 확인할 수 있다.

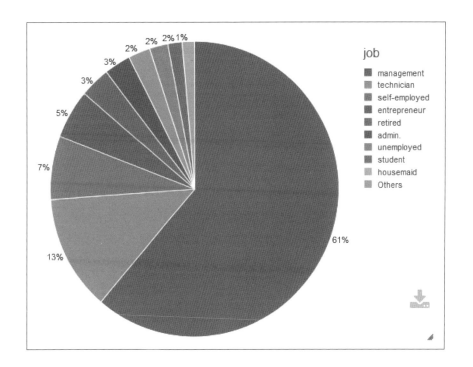

시각화 옵션을 모두 설명하기에는 9장으로는 부족하지만, 그래도 반드시 설명하고 싶은 그래프가 있는데, 그것은 바로 world map 그래프로 지리정보를 이용해 만들 수 있다. 이를 위해 미리 `http://download.geonames.org/export/dump/`에서 'Countries.zip' 파일을 다운 받았다.

이 파일은 크기가 꽤 커서 압축파일이지만 281MB 정도 한다. 이 파일은 새로운 테이블을 생성시 쓰이는 데, world map 그래프 형태로 표시된다. 또한, ISO2에서 ISO3로 변환시킬 수 있는 매핑 데이터를 구해 데이터브릭스에 cmap라는 이름의 테이블로 저장해두었다. 이 테이블을 통해 ISO2 국가코드로 구성된 데이터(예 "AU")를 ISO3 국가코드(예 "AUC")로 변환시킬 수 있다(곧 사용할 map 그래프가 ISO3 국가코드를 지원한다). Map 그래프를 위해 사용할 데이터의 첫 번째 컬럼에는 반드시 지리 정보 데이터(ISO3 양식의 국가코드)가 들어가야 한다. 그래서 국가 데이터로부터 국가별 레코드 수를 생성할 것이다. 또한, plot 옵션 중 keys와 values 부분이 정확히 설정되도록 보장하는 것 역시 중요하다. 다운 받은 국가 데이터는 geo1이라는 이름의 테이블에 저장하였다. 이번에 사용한 SQL 구문은 아래의 그림과 같다.

```
%sql select iso3 as country, 1 as value from
geo1 left outer join cmap
on countrycode = iso2
```

앞에서 보여준 것과 같이, 이렇게 하면 데이터의 두 컬럼을 제공하는 데, 하나는 ISO3 기반의 country이며, 다른 하나는 개수가 숫자 값으로 저장된 value이다. 이제, 디스플레이 옵션인 Map creates a color-coded world map을 설정하면 아래의 그림과 같이 그래프가 나타난다.

이러한 그래프들은 데이터를 다양한 형태의 시각적으로 표시될 수 있다. 그러나 외부 고객을 위한 보고서나 대시보드가 필요하면 어떻게 해야 하는가? 이에 관해서는 다음 섹션에서 설명할 것이다.

9.1.1. 대시보드

이번 섹션에서는 바로 전 섹션에서 map 디스플레이를 위해 만들었던 geo1 테이블에 있는 데이터를 사용할 것이다. 이를 이용하여 간단한 대시보드^{dashboard}를 만들어 외부 고객에게 대시보드를 제공할 것이다. 먼저 Workspace 메뉴에서 dash1이라는 이름의 대시보드를 생성하였다. 방금 생성한 Controls 탭을 편집하면 SQL에 들어갈 수도 있고 아래의 그림과 같이 그래프를 생성할 수도 있다. 각각의 그래프는 뷰^{view} 형태로 나타나며 SQL을 통해 정의할 수 있다. 또한, 크기 조절 및 개개의 그래프별로 제공되는 plot 옵션을 사용한 설정도 가능하다. [Add] 버튼을 누르면 드롭다운 메뉴가 나타나는 데 여기에서 뷰를 추가할 수 있다. 아래의 그림은 view1이 이미 생성되고 dash1에 추가된 상태에서 view2를 만들기 위해 설정하는 모습을 보여주고 있다.

모든 뷰를 추가하고 각각 크기와 위치 지정이 끝나면 [Edit] 탭을 선택하여 마무리가 끝난 대시보드를 제공할 수 있다. 아래의 그림은 각기 다른 데이터를 가지고 다양한 형태의 3개의 그래프로 구성한 대시보드 dash1을 보여준다.

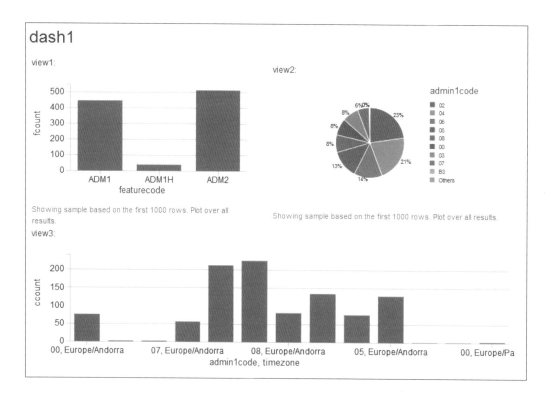

대시보드는 데이터를 일목요연하게 볼 수 있다는 점에서 굉장히 유용하다. 하지만 이 대시보드는 데이터브릭스 클라우드 환경 내에 있으므로 고객이 쉽게 보기 어렵다는 문제가 있다. 이를 해결하기 위해 데이터브릭스에서는 [publish] 메뉴를 대시보드 화면 오른쪽 위에 제공하여 대시보드를 내보낼 수 있도록 하고 있다. 이렇게 publish 한 대시보드는 다음의 그림과 같이 별도의 공개 URL을 통해 확인할 수 있다. 다음의 그림의 상단을 보면 주소창에 publish 된 URL을 확인할 수 있다. 이제 이 URL을 고객에게 알려주면 고객은 손쉽게 데이터를 확인할 수 있게 된다. 또한, 옵션을 통해 데이터의 변화에 맞추어 주기적으로 화면을 업데이트 시키는 것도 가능하다.

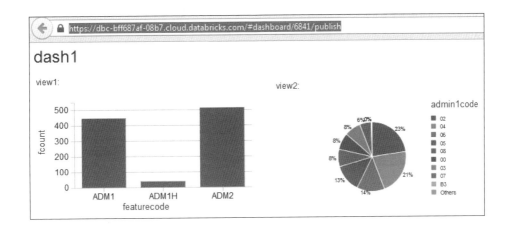

지금까지 내용을 통해 데이터를 표현하는 다양한 방법에 대한 아이디어를 얻었으리라 확신한다. 모든 보고서와 대시보드는 결국 SQL을 이용하여 데이터를 가공한 결과로 얻어낸 것이다. 다음 섹션에서는 스칼라 기반의 스파크 RDD와 스트림 데이터를 이용하여 프로그램방식으로 보고서를 만드는 방법에 관해 설명할 것이다.

9.1.2. RDD 기반 보고서

다음의 스칼라 예제 코드는 사용자 정의 클래스 타입인 birdType을 사용한다. 클래스 타입 birdType은 새 이름과 개체 수를 담는다. 그리고 birdType RDD를 생성한 다음 이것을 데이터 프레임으로 변환시킨다. 그리고 데이터 프레임을 출력시킨다. 데이터브릭스는 출력 데이터를 테이블이나 그래프로 표현할 수 있도록 한다. 아래 그림은 스칼라 예제 코드이다.

```scala
case class birdType( name:String, volume: Int)

val birdRDD = sc.parallelize(

  birdType("Vulture",2000) ::
  birdType("Eagle"  ,300) ::
  birdType("Swan"   ,5000) ::
  birdType("Seagull",4500) ::
  birdType("Sparrow",8700) ::
  Nil).toDF()

display(birdRDD)
```

아래의 그림은 앞의 스칼라 예제 코드의 결과를 막대그래프로 나타낸 것이다. 사실 앞의 프로그램과 아래의 그래프 내용은 중요하지 않다. 정말 중요한 점은 이 그래프기 데이더 프레임을 이용하여 프로그램 방식으로 생성되었다는 것이다.

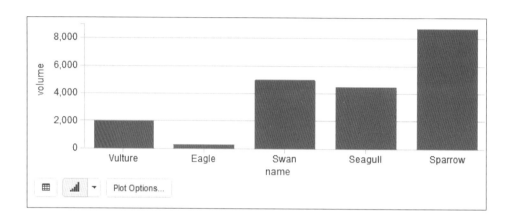

즉, 프로그램을 사용하여 소스 데이터를 계산하여 데이터 프레임을 생성하고 임시 테이블을 생성하는 것이 가능하다는 것을 보여주고 있다. 또한, 스트림 데이터도 처리할 수 있을 뿐만 아니라 대시보드 새로 고침 기능도 있어 스트림 데이터에 맞추어 지속적으로 대시보드를 제공할 수도 있다. 그러면 다음 섹션에서 스트림 데이터로 보고서를 만드는 예를 살펴보도록 하자.

9.1.3. 스트림 기반 보고서

이번 섹션에서는 데이터브릭스의 JAR 라이브러리 업로드 기능을 이용하여 트위터 기반의 스트리밍 아파치 스파크 예제를 실행해 볼 것이다. 이를 위해 먼저 트위터 계정을 만들고 샘플 애플리케이션을 https://apps.twitter.com/에서 생성해야 했다.

다음의 그림은 필자가 제작한 애플리케이션 My example app이다. 트위터 계정을 생성하고 앱을 만들어야 하는 이유는 스칼라에 제공할 접근 키와 토큰이 필요하기 때문이다.

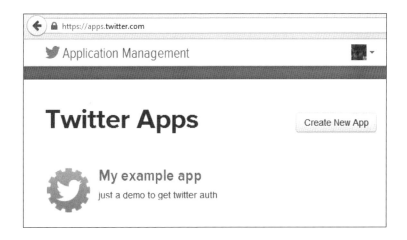

이제 위의 그림에서 애플리케이션 이름을 클릭하면 애플리케이션에 대한 세부 내용을 볼 수 있다. 화면에는 앱 이름과 함께 바로 아래에 메뉴가 나타나는 데, 세부 정보, 설정, 키와 접근 토큰, 퍼미션이 있다. 또한, Test OAuth 버튼이 있는데 이 버튼을 클릭하면 테스트에 사용될 접근 키와 토큰을 활성화한다. 아래의 그림은 애플리케이션 메뉴를 보여준다.

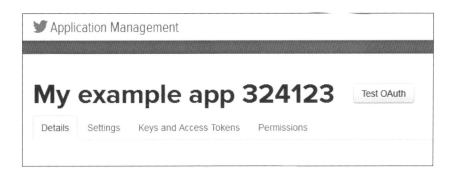

[Keys and Access Tokens] 메뉴를 선택하면 애플리케이션을 위한 접근 키와 토큰을 생성할 수 있다. 이번 섹션에서의 각 애플리케이션별 설정 및 토큰은 API 키와 secret 키를 가지고 있다. 이런 형태로 다음의 그림에서 볼 수 있는 것과 같이 Consumer Key와 Consumer Secret이라는 이름으로 나타나 있다(물론, 보안상의 이유로 키와 계정 정보는 제거하였다).

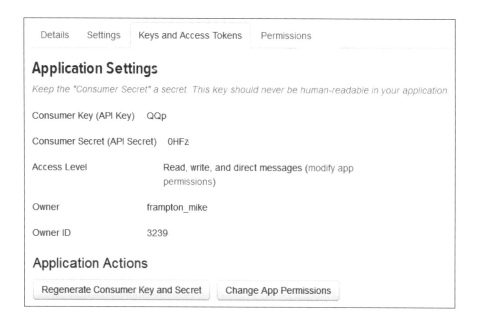

위의 그림 아랫부분을 보면 키를 생성하거나 앱의 퍼미션을 변경시키는 버튼도 볼 수 있다. 다음의 그림은 애플리케이션 접근 토큰에 대한 자세한 내용을 보여준다. 접근 토큰에는 Access Token과 Access Token Secret이 있으며, 토큰값을 생성하거나 접근을 제한하는 등의 옵션도 버튼으로 제공한다.

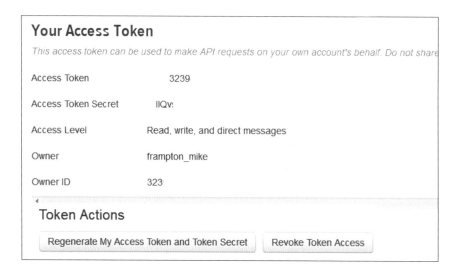

이런 식으로 네 가지의 영문자와 숫자로 구성된 문자열 값을 이용하여 스칼라 예제 프로그램이 트위터 스트림에 접근하도록 할 수 있다. 필요한 4개의 값을 정리하면 다음과 같다.

- Consumer Key
- Consumer Secret
- Access Token
- Access Token Secret

이제 소개할 예제 코드에는 보안상의 이유로 키값은 모두 생략하였다. 그 자리에는 여러분이 직접 구한 값을 넣으면 된다. 이번 예제를 위해 먼저 로컬 서버에서 제대로 동작하는지를 확인하였다. 이렇게 하는 이유는 비용을 줄이기 위해서이다. 즉, 데이터브릭스에 올리고 나면 그때부터 디버깅을 포함하는 모든 행동이 비용으로 나가기 때문에 시간과 비용을 최소화하기 위해서는 로컬에서 충분히 시험을 하는 것이 좋다. 이제 본격적으로 코드를 살펴보자. 먼저, 패키지를 정의하고 스파크 스트리밍과 트위터 자원과 관련된 클래스를 import 하였다. 그리고 객체 클래스 twitter1을 정의하고 main 함수를 생성하였다.

```
package nz.co.semtechsolutions

import org.apache.spark._
import org.apache.spark.SparkContext._
import org.apache.spark.streaming._
import org.apache.spark.streaming.twitter._
import org.apache.spark.streaming.StreamingContext._
import org.apache.spark.sql._
import org.apache.spark.sql.types.{StructType,StructField,StringType}

object twitter1 {

  def main(args: Array[String]) {
```

다음으로, 애플리케이션 이름을 이용하여 스파크 설정 객체를 생성하였다. 스파크 마스터 URL은 아직 사용하지 않았는데, spark-submit과 데이터브릭스에서 URL을 지정토록 할 것이다. 계속해서, 설정 객체를 이용하여 스파크 컨텍스트를 생성하고 트위터 consumer와

access 값들을 정의하였다.

```scala
val appName = "Twitter example 1"
val conf    = new SparkConf()

conf.setAppName(appName)
val sc = new SparkContext(conf)

val consumerKey       = "QQpl8xx"
val consumerSecret    = "0HFzxx"
val accessToken       = "323xx"
val accessTokenSecret = "I1xx"
```

System.setProperty 호출을 통해 트위터 접근 속성을 설정하는 데, 앞에서 설정한 키와 토큰값을 이용하여 twitter4j.oauth 속성을 설정하였다.

```scala
System.setProperty("twitter4j.oauth.consumerKey", consumerKey)
System.setProperty("twitter4j.oauth.consumerSecret",
consumerSecret)
System.setProperty("twitter4j.oauth.accessToken", accessToken)
System.setProperty("twitter4j.oauth.accessTokenSecret",
accessTokenSecret)
```

다음으로, 스파크 컨텍스트를 이용하여 스트리밍 컨텍스트를 생성하였다. 스트리밍 컨텍스트는 트위터 기반의 스파크 DStream을 생성하는 데 사용된다. 스트림은 공백 글자로 나뉘어 단어로 분리된 다음, 앞에 #이 붙은 단어를 필터링하여 해시 태그를 추출하도록 하였다.

```scala
val ssc = new StreamingContext(sc, Seconds(5) )
val stream = TwitterUtils.createStream(ssc,None).window(
Seconds(60) )

// 스트림에서 해시 태그를 추출
```

```
    val hashTags = stream.flatMap( status => status.getText.split("
").filter(_.startsWith("#")))
```

SQL 컨텍스트 싱글톤^{singleton}을 구하는 함수 SQLContextSingleton은 예제 코드 마지막에 정의되어 있다. 그래서, 해시 태그의 각 RDD에 관해 단일 SQL 컨텍스트가 생성된다. 이 SQL 컨텍스트는 implicits를 import 하는데, toDF를 사용하여 RDD를 데이터 프레임으로 변환시키는 것을 허용한다. 데이터 프레임은 dfHashTags라는 이름의 각각의 rdd로부터 생성되는 데, 이를 이용하여 임시 테이블을 등록한다. 이렇게 임시 테이블을 생성한 다음, SQL문을 실행하여 행의 수를 구하고 출력하였다. 결과에 같이 출력한 가로줄은 spark-submit을 사용할 때 결과를 잘 확인하도록 하는 것을 목적으로 넣었다.

```
hashTags.foreachRDD{ rdd =>

val sqlContext = SQLContextSingleton.getInstance(rdd.sparkContext)
import sqlContext.implicits._

val dfHashTags = rdd.map(hashT => hashRow(hashT) ).toDF()

dfHashTags.registerTempTable("tweets")

val tweetcount = sqlContext.sql("select count(*) from tweets")

println("\n=========================================")
println(  "=========================================\n")

println("Count of hash tags in stream table : " + tweetcount.
toString )

tweetcount.map(c => "Count of hash tags in stream table : " +
c(0).toString ).collect().foreach(println)

println("\n=========================================")
println(  "=========================================\n")

} // for each hash tags rdd
```

현재의 트위터 스트림 데이터 창에 있는 트윗 중 상위 5개를 출력하였다. 그 내용을 아래의 코드에서 확인할 수 있을 것이다. 이 부분은 GitHub의 스파크 예제에서 차용하였다. 다시 한 번 언급하지만, 가로줄은 결과가 눈에 더 잘 띄도록 하기 위한 시각적인 효과일 뿐이다.

```scala
    val topCounts60 = hashTags.map((_, 1))
                                .reduceByKeyAndWindow(_ + _,
Seconds(60))
                                .map{case (topic, count) => (count,
topic)}
                                .transform(_.sortByKey(false))

    topCounts60.foreachRDD(rdd => {

      val topList = rdd.take(5)

      println("\n=========================================")
      println(  "=========================================\n")
      println("\nPopular topics in last 60 seconds (%s total):".
format(rdd.count()))
      topList.foreach{case (count, tag) => println("%s (%s tweets)".
format(tag, count))}
      println("\n=========================================")
      println(  "=========================================\n")
    })
```

그리고 애플리케이션을 시작하고 멈출 때까지 애플리케이션이 계속해서 실행하려고 스파크 스트림 컨텍스트 ssc를 통해 start와 awaitTermination을 사용하였다.

```scala
    ssc.start()
    ssc.awaitTermination()

  } // end main
} // end twitter1
```

마지막으로, SQL 컨텍스트 싱글톤 함수를 정의하였다. 그리고 해시 태그 데이터 스트림 rdd의 각각의 행에 관해 `dataframe case class`를 정의하였다.

```scala
object SQLContextSingleton {
  @transient private var instance: SQLContext = null

  def getInstance(sparkContext: SparkContext):
    SQLContext = synchronized {
    if (instance == null) {
      instance = new SQLContext(sparkContext)
    }
    instance
  }
}
case class hashRow( hashTag: String)
```

이렇게 작성한 코드를 SBT를 이용해 컴파일 하여 'data-bricks_2.10-1.0.jar' 파일로 만들었다. SBT 설정 파일의 내용은 아래와 같다.

```
[hadoop@hc2nn twitter1]$  cat twitter.sbt

name := "Databricks"
version := "1.0"
scalaVersion := "2.10.4"
libraryDependencies += "org.apache.spark" % "streaming" %
"1.3.1" from "file:///usr/local/spark/lib/spark-assembly-1.3.1-
hadoop2.3.0.jar"
libraryDependencies += "org.apache.spark" % "sql" % "1.3.1" from
"file:///usr/local/spark/lib/spark-assembly-1.3.1-hadoop2.3.0.jar"
libraryDependencies += "org.apache.spark.streaming" % "twitter"
% "1.3.1" from file:///usr/local/spark/lib/spark-examples-1.3.1-
hadoop2.3.0.jar
```

컴파일한 애플리케이션을 로컬에서 시험하기 위해 데이터브릭스에 있는 아파치 스파크와 같은 버전(1.3.1)의 아파치 스파크를 로컬 클러스터에 다운받은 후, 클러스터의 긱 노드의 /usr/local/ 디렉터리에 설치하였다. 그리고 클러스터 매니저로 동작하는 스파크에서 로컬 모드로 실행시켰다. 이때 사용한 실행 스크립트 내용은 아래와 같다.

```
[hadoop@hc2nn twitter1]$ more run_twitter.bash
#!/bin/bash

SPARK_HOME=/usr/local/spark
SPARK_BIN=$SPARK_HOME/bin
SPARK_SBIN=$SPARK_HOME/sbin

JAR_PATH=/home/hadoop/spark/twitter1/target/scala-2.10/data-
bricks_2.10-1.0.jar
CLASS_VAL=nz.co.semtechsolutions.twitter1

TWITTER_JAR=/usr/local/spark/lib/spark-examples-1.3.1-
hadoop2.3.0.jar

cd $SPARK_BIN

./spark-submit \
  --class $CLASS_VAL \
  --master spark://hc2nn.semtech-solutions.co.nz:7077  \
  --executor-memory 100M \
  --total-executor-cores 50 \
  --jars $TWITTER_JAR \
  $JAR_PATH
```

자세한 내용은 앞에서 많이 설명하였기 때문에 생략하겠지만, CLASS_VAL 값으로 nz.co.semtechsolutions.twitter1이 바뀐 부분은 주의 깊게 살펴보기 바란다. 이 값은 패키지 클래스 이름에 애플리케이션 객체 클래스 이름이 합쳐진 것이다. 이제 이 애플리케이션을 로컬에서 실행시키면 다음과 같이 결과가 나타날 것이다.

```
========================================
Count of hash tags in stream table : 707
========================================
Popular topics in last 60 seconds (704 total):
#KCAMÉXICO (139 tweets)
#BE3 (115 tweets)
#Fallout4 (98 tweets)
#OrianaSabatini (69 tweets)
#MartinaStoessel (61 tweets)
========================================
```

결과를 통해 애플리케이션이 제대로 동작하는 것을 확인할 수 있다. 애플리케이션은 트위터에 연결하여 데이터 스트림을 생성하고, 해시 태그 데이터를 필터링한 후, 이를 이용해 임시 테이블을 만들었다. 결국 트위터 데이터 스트리밍을 하는 JAR 라이브러리를 만들어 제대로 동작하는 것을 확인하였기 때문에 이제 이 애플리케이션을 데이터브릭스 클라우드에 올릴 것이다. 아래의 그림은 데이터브릭스 클라우드의 작업 메뉴 joblib1로부터 작업 하나를 생성하는 것을 보여준다. 조금 전에 만든 JAR 라이브러리를 업로드 하기 위해 Set Jar 옵션이 사용되었다. 전체 패키지 이름은 twitter1 애플리케이션 객체 클래스로 지정되었다.

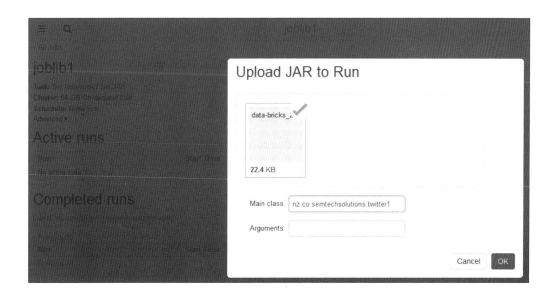

아래의 그림은 `joblib1` 작업이 실행할 준비를 마친 화면이다. 스파크 클러스터는 on demand로 지정되어 Active runs 세션이 Run Now를 클릭히여 직업이 실행될 때 클러스터도 생성될 것이다. 스케줄링 옵션은 사용하지 않았지만, 작업은 지정된 일시에 실행토록 정의할 수도 있다.

‹ All Jobs

joblib1

Task: nz.co.semtechsolutions.twitter1 in data-bricks_2.10-1.0.jar uploaded at 2015-06-15 18:56:55 - Edit / Remove
   o Arguments:
Cluster: 54 GB On-demand Edit
Schedule: None Edit
Advanced ▸

Active runs

Run	Start Time	Launched	Duration	Status
No active runs. Run Now				

Run Now를 클릭한 후 실행 중인 모습은 아래의 그림을 통해 확인할 수 있다. 이것을 보면 active run으로 Run 1이 실행 중이라는 것을 알 수 있다. 그리고 지금까지 6초 동안 실행하였으며, 수동으로 실행되고 on−demand 클러스터가 생성될 때까지 pending 상태를 유지한다. 목록에서 Run 1을 클릭하면 작업에 대한 자세한 내용을 볼 수 있으며, 특히 로그 내용도 볼 수 있다.

joblib1

Task: nz.co.semtechsolutions.twitter1 in data-bricks_2.10-1.0.jar uploaded at 2015-06-15 18:56:55 - Edit / Remove
   o Arguments:
Cluster: 54 GB On-demand Edit
Schedule: None Edit
Advanced ▸

Active runs

Run	Start Time	Launched	Duration	Status
Run 1	2015-06-15 18:57:26	Manually	6s	Pending - Cancel

아래의 그림은 `joblib1`의 Run 1을 실행한 결과를 보여준다. 시작 시각과 실행 시간이 먼저 나오고, 현재 상태가 Running이며 작업 세부사항인 클래스와 JAR 파일을 보여준다. 클래스 파라미터도 나타내는 데 이번에는 없었다. 그리고 54GB on-demand 클러스터를 사용 중임을 나타냈는데, 이와 함께 상위 5개의 해시 태그값까지 나타냈다.

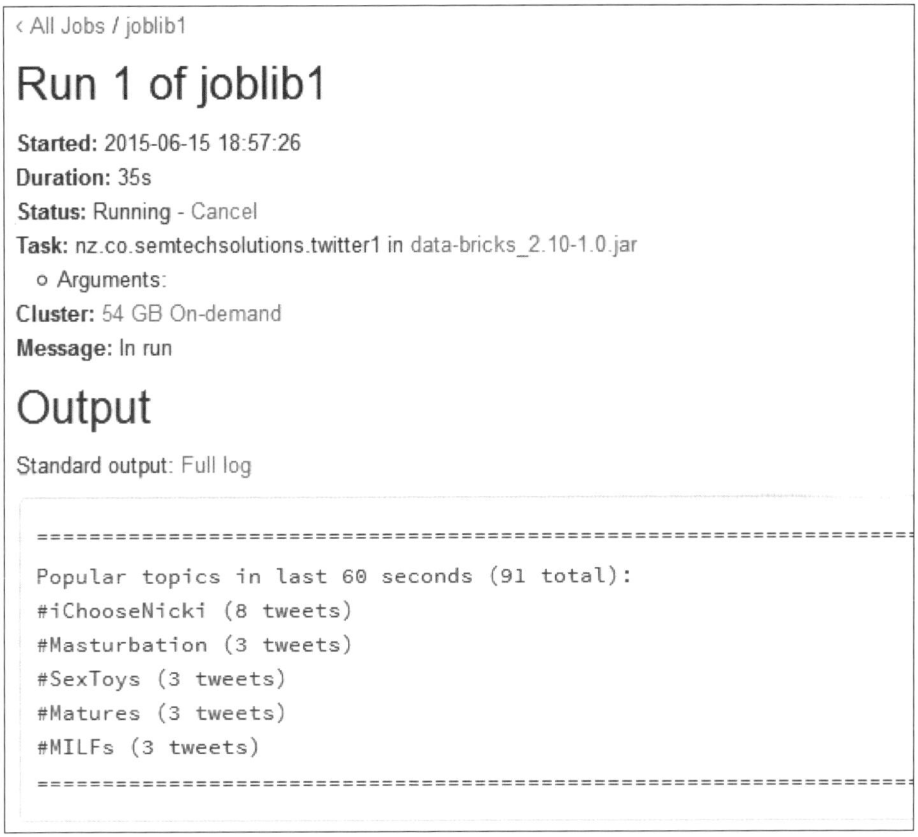

```
< All Jobs / joblib1

Run 1 of joblib1

Started: 2015-06-15 18:57:26
Duration: 35s
Status: Running - Cancel
Task: nz.co.semtechsolutions.twitter1 in data-bricks_2.10-1.0.jar
  o Arguments:
Cluster: 54 GB On-demand
Message: In run

Output

Standard output: Full log

================================================
Popular topics in last 60 seconds (91 total):
#iChooseNicki (8 tweets)
#Masturbation (3 tweets)
#SexToys (3 tweets)
#Matures (3 tweets)
#MILFs (3 tweets)
================================================
```

다음의 그림은 같은 작업이 데이터브릭스 클라우드 인스턴스에서 실행된 결과를 보여준다. 하지만 이번에는 SQL count (*)를 이용하여 임시 테이블의 현재 데이터 스트림 트윗 창에 있는 해시 태그 개수를 보여준다.

```
Output
Standard output: Full log

====================================================================
Count of hash tags in stream table : 523
====================================================================
```

지금까지 트위터 기반의 아파치 스파크 스트리밍을 이용하여 데이터 스트림을 데이터 프레임으로 변환시키고 이를 이용하여 임시 테이블을 생성하는 애플리케이션을 로컬에서 동작하도록 작성하였다. 로컬에서 애플리케이션을 작성한 후 데이터브릭스 클라우드로 포팅하는 것이 비용을 줄일 수 있는 좋은 방법이다. 이번 예제에서는 임시 테이블과 데이터 프레임을 형상화하지 않았을 뿐만 아니라 데이터브릭스 그래프도 선보이지 못했는데, 그 이유는 집필 시간에 여유가 없었기 때문이다. 만일 시간적인 여유가 있었다면 스트림에서 파일로 넘어가는 과정도 보여주고 애플리케이션이 죽는 경우도 보여주었을 것이다. 하지만 스파크 스트리밍에 대한 내용은 3장에서 자세히 다루고 있으므로 스트리밍에 흥미를 느꼈다면 3장으로 돌아가기 바란다. 다음 섹션에서는 데이터브릭스 REST API를 다룬다. REST API는 데이터브릭스 클라우드 인스턴스와 외부 애플리케이션 간의 연동이 더 잘되도록 하기 위해 제공하는 인터페이스이다.

9.2. REST 인터페이스

데이터브릭스는 스파크 클러스터를 다루기 위해 REST 인터페이스를 제공한다. REST 인터페이스는 클러스터 관리, 라이브러리 관리, 명령 실행, 컨텍스트 실행 등이 가능하는 데, REST API에 접근하기 위해서는 AWS EC2 기반의 데이터브릭스 클라우드에 있는 인스턴스가 34563 포트를 사용할 수 있어야 한다. 다음의 'telnet' 명령은 필자의 데이터브릭스 클라우드 인스턴스의 34563 포트가 접근 가능한지를 보여주고 있다.

```
[hadoop@hc2nn ~]$ telnet dbc-bff687af-08b7.cloud.databricks.com
34563
Trying 52.6.229.109...
Connected to dbc-bff687af-08b7.cloud.databricks.com.
Escape character is '^]'.
```

만일 telnet으로 연결이 안 된다면 데이터브릭스에 연락하기 바란다(help@databricks.com). 다음 섹션에서는 REST 인터페이스를 이용하여 데이터브릭스 클라우드에 있는 인스턴스에 접근하는 예제를 살펴볼 것이다.

9.2.1. 설정

인터페이스를 사용하기 위하여 데이터브릭스 클러스터 인스턴스에 접속하는 데 필요한 IP 주소의 화이트리스트가 필요했다. 화이트리스트에는 REST API 명령을 실행시킬 장비의 IP 주소가 들어있다. IP 주소의 화이트리스트를 만듦으로써 데이터브릭스는 데이터브릭스 클라우드 인스턴스에 접속하고자 하는 안전한 사용자 리스트를 확보할 수 있게 된다.

이를 위해 필자는 앞에서 소개한 이메일 주소를 이용하여 데이터브릭스 지원센터에 연락하였는데, 이렇게까지 할 필요 없이 클라우드 인스턴스의 Workspace 메뉴의 화이트리스트 IP 가이드를 참조하면 된다.

Workspace | databricks_guide | DevOps Utilities | Whitelist IP

REST API 호출은 데이터브릭스 클라우드 인스턴스의 리눅스 명령 줄에서 'curl' 명령을 입력하여 실행시킬 수 있다. 간단한 'curl' 명령 예제를 아래에서 보여주고 있는데, 데이터브릭스 클라우드 인스턴스의 사용자 이름, 암호, 클라우드 인스턴스 URL, REST API 경로, 기타 파라미터를 사용하는 것을 알 수 있다.

더 자세한 내용을 알고 싶다면 데이터브릭스 포럼 또는 앞에서 소개한 데이터브릭스 지원 이메일 주소를 활용하면 된다. 다음 섹션에서는 간단한 REST API 예제를 소개한다.

```
curl -u '<user>:<paswd>' <dbc url> -d "<parameters>"
```

9.2.2. 클러스터 관리

우선 클라우드 인스턴스 사용자 인터페이스를 통해 데이터브릭스 스파크 클러스터를 생성해야 한다. REST API 명령 list는 아래와 같다.

```
/api/1.0/clusters/list
```

'list' 명령은 파라미터가 없다. list 명령을 실행하면 클러스터 목록을 보여주는 데, 클러스터의 상태, IP 주소, 이름, 포트 번호 등도 같이 보여준다. 아래의 출력 결과를 보면, 클러스터 semclust1이 pending 상태로 클러스터가 생성 중임을 알 수 있다.

```
curl -u 'xxxx:yyyyy' 'https://dbc-bff687af-08b7.cloud.databricks.
com:34563/api/1.0/clusters/list'

 [{"id":"0611-014057-waist9","name":"semclust1","status":"Pending","
driverIp":"","jdbcPort":10000,"numWorkers":0}]
```

클러스터가 정상적으로 생성된 다음에 같은 REST API 명령을 실행시키면 다음과 같이 클러스터 semclust1의 상태가 running이며 1개의 worker도 갖고 있음을 확인할 수 있다.

```
[{"id":"0611-014057-waist9","name":"semclust1","status":"Running","d
riverIp":"10.0.196.161","jdbcPort":10000,"numWorkers":1}]
```

이 클러스터를 종료시키고 새로운 클러스터 semclust를 생성시키면 REST API list 명령의 결과는 아래와 같이 바뀐다.

```
curl -u 'xxxx:yyyy' 'https://dbc-bff687af-08b7.cloud.databricks.
com:34563/api/1.0/clusters/list'

[{"id":"0611-023105-moms10","name":"semclust", "status":"Pending","d
riverIp":"","jdbcPort":10000,"numWorkers":0},
```

```
{"id":"0611-014057-waist9","name":"semclust1","status":"Terminated"
,"driverIp":"10.0.196.161","jdbcPort":10000,"numWorkers":1}]
```

9.2.3. 컨텍스트 관련 호출

이와 같은 API 호출을 통해 실행 컨텍스트를 생성하고, 상태를 확인하거나, 제거할 수 있다. 이에 대한 REST API 호출에는 다음과 같은 것이 있다.

- /api/1.0/contexts/create
- /api/1.0/contexts/status
- /api/1.0/contexts/destroy

아래의 REST API 호출 예제는 curl을 이용하여 클러스터 semclust에 스칼라 컨텍스트를 생성시킨다. 이때, 클러스터 semclust는 클러스터 ID로 구분한다.

```
curl -u 'xxxx:yyyy' https://dbc-bff687af-08b7.cloud.databricks.
com:34563/api/1.0/contexts/create -d "language-scala&clusterId=0611-
023105-moms10"
```

실행 결과로 오류가 나거나 컨텍스트 ID가 반환된다. 아래는 3개의 결과를 보여주는 데, 첫 번째는 잘못된 URL을 지정하여 발생한 오류이며, 나머지 2개는 컨텍스트 ID를 출력하며 정상적으로 실행되었음을 보여준다.

```
{"error":"ClusterNotFoundException: Cluster not found: semclust1"}
{"id":"8689178710930730361"}
{"id":"2876384417314129043"}
```

9.2.4. 명령 관련 호출

아래의 명령들은 명령을 실행시키고, 명령 상태를 나타내며, 명령을 취소하거나 명령을 실행한 결과를 보여준다. 해당하는 REST API 호출은 다음과 같다.

- /api/1.0/commands/execute
- /api/1.0/commands/cancel
- /api/1.0/commands/status

다음의 예제는 cmap 테이블에 관해 SQL 구문을 실행시키는 것을 보여준다. 이때, 컨텍스트가 이미 존재하고 있어야 하며, 컨텍스트 타입은 SQL 타입이어야 한다. -d 옵션을 통해 파라미터가 HTTP GET 호출로 전달되도록 한다. 파라미터로는 언어, 클러스터 ID, 컨텍스트 ID, SQL 명령이 있다. 실행 결과로 명령 ID가 반환되는 것을 알 수 있다.

```
curl -u 'admin:FirmWare1$34' https://dbc-bff687af-08b7.
cloud.databricks.com:34563/api/1.0/commands/execute -d
"language=sql&clusterId=0611-023105-moms10&contextId=769063226617264
9068&command=select count(*) from cmap"

{"id":"d8ec4989557d4a4ea271d991a603a3af"}
```

9.2.5. 라이브러리

라이브러리와 관련된 REST API도 있는데, 라이브러리를 클러스터에 업로드 시키거나 라이브러리 상태를 체크하는 명령이 있다. 실제 API 호출은 다음과 같다.

- /api/1.0/libraries/upload
- /api/1.0/libraries/list

다음의 예제는 라이브러리를 클러스터 인스턴스 semclust에 업로드시킨다. -d 옵션을 사용하여 파라미터를 HTTP GET을 사용하여 넘겨주는 데, 파라미터에는 언어, 클러스터 ID, 라이브러리 이름 및 URI 등이 있다. 성공적으로 호출이 실행되면 다음과 같이 라이브러리 이름과 URI가 결과로 나타난다.

```
curl -u 'xxxx:yyyy' https://dbc-bff687af-08b7.cloud.databricks.
com:34563/api/1.0/libraries/upload -d "language=scala&clusterId=0611-
023105-moms10&name=lib1&uri=file:///home/hadoop/spark/ann/target/
scala-2.10/a-n-n_2.10-1.0.jar"

{"name":"lib1","uri":"file:///home/hadoop/spark/ann/target/
scala-2.10/a-n-n_2.10-1.0.jar"}
```

참고로, REST API는 콘텐츠와 버전에 따라 계속해서 변경되고 있으니 API를 사용하기 전에 데이터브릭스 포럼에서 먼저 확인을 한 후에 데이터브릭스 지원센터에 이메일로 연락하여 API 세부 내용을 확인하기 바란다. 지금까지 살펴본 간단한 예를 통해 REST API가 데이터브릭스와 외부 시스템 및 ETL 연결과 통합하는 데 사용될 수 있다고 확신한다. 다음 섹션에서는 데이터브릭스 클라우드로 데이터를 이동시키는 것에 대한 개요를 설명할 것이다.

9.3. 데이터 이동

데이터브릭스로 혹은 데이터브릭스로부터 데이터를 이동시키는 몇 가지 방법에 관해서는 이미 8장에서 설명하였다. 여기에서는 데이터를 이동시킬 수 있는 모든 메소드에 관해 테이블, workspaces, 작업, 스파크 코드 관점에서 설명하고자 한다.

9.3.1. 테이블 데이터

데이터브릭스 클라우드를 위한 테이블 import 기능은 데이터를 AWS S3 bucket, 데이터브릭스 파일 시스템(DBFS), JDBC와 로컬 파일 등으로부터의 import를 허용한다. 이번 섹션에서는 각각의 import 타입에 관해 간단히 설명할 것이다. 먼저 S3부터 시작하면, AWS S3로부터 테이블 데이터를 가져오기 위해서는 AWS 키, AWS secret 키, S3 bucket 이름이 필요하다. 다음의 그림은 예를 보여주는 데, 이미 이 예는 S3 bucket 생성 및 접근 정책을 추가하는 것까지 예제로 설명하였기 때문에 여기에서는 더 깊은 내용을 다루지는 않을 것이다.

이렇게 해서 form detail이 추가되면 데이터 소스를 S3 bucket을 이용하여 탐색할 수 있게 된다. 테이블 데이터 소스로 DBFS를 사용하여 DBFS 폴더를 활성화 시킨 후 파일이 나타나 도록 하였다. 데이터 소스가 한 번 선택되면 아래와 같이 미리 보기 화면을 제공한다.

JDBC를 테이블 데이터 소스로 선택하면 원격 SQL 데이터베이스를 데이터 소스로 지정할 수 있게 된다. 여기에 URL, Username, Password에 대한 접근 권한만 추가하면 된다. 그리고 테이블을 정의하고 소스에 해당하는 컬럼을 정의하기 위해 몇 가지 SQL문을 사용하였다.

또한, 아래 그림에서 보이는 [Add Property] 버튼을 클릭하여 별도의 속성을 추가할 수도 있다.

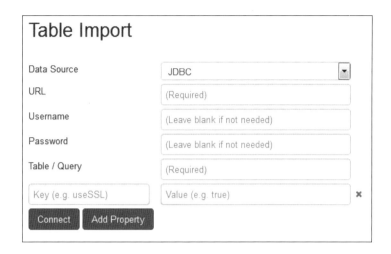

데이터 소스로 File을 선택하고 파일을 드래그하거나 탐색 창을 통해 가져오는 방법으로도 데이터브릭스 클라우드 인스턴스 테이블을 만들 수 있다. 이러한 업로드 방식은 앞에서 CSV 데이터를 테이블로 업로드 하는 것과 같다. 데이터 소스가 결정되면 테이블을 생성하기 전에 데이터 구분 문자열을 지정하거나 헤더 줄을 지정하고, 컬럼 이름 또는 컬럼 타입을 정의한 후 미리보기까지 하는 것이 가능해진다.

9.3.2. 아이템 가져오기

　Workspace나 폴더 드롭다운 메뉴를 통해 아이템을 가져오는 것이 가능하다. 아래의 그림은 Import Item 메뉴를 선택하면 나타나는 컴파운드 이미지를 보여준다.

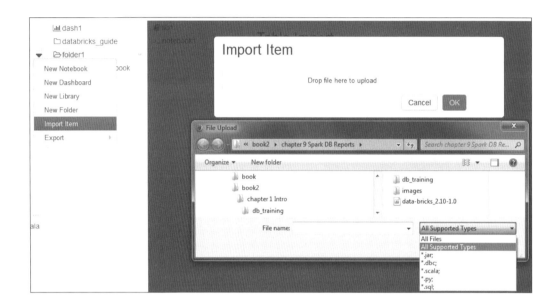

　Drop file here to upload라고 적혀있는 컴파운드 이미지에 파일을 드롭하거나 이미지를 클릭하여 파일 탐색 창을 생성하는 것으로 로컬 서버에 있는 import 할 아이템을 선정할 수 있다. All Supported Types 옵션을 선택하면 JAR, DBC, 스칼라, 파이썬, SQL 파일 등 imoprt 할 수 있는 아이템 타입을 확인할 수 있다.

9.3.3. 라이브러리 가져오기

　다음의 그림은 Workspace나 폴더 메뉴에서 선택한 New Library 기능을 보여준다. New Library 기능을 통해 외부에서 제작하거나 시험한 라이브러리를 데이터브릭스 클라우드 인스턴스에 저장할 수 있다. 저장소 접근을 위해 라이브러리는 자바나 스칼라 JAR 파일 형태로 될 수 있으며, 파이썬 에그 또는 메이븐 조합 형태가 될 수도 있다. 다음의 그림을 보면 JAR 파일이 로컬서버에서 탐색 창을 통해 선택된 것을 볼 수 있다. 이번 장에서 사용된 이러한 기능은 스트림 기반의 스칼라 프로그래밍을 테스트할 수 있다.

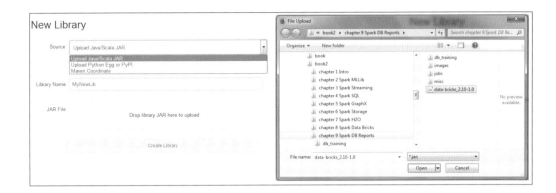

9.4. 참고 도서

이번 장을 마무리하기 전에 마지막으로, 데이터브릭스에서 클라우드 기반의 아파치 스파크를 사용하는 데 도움이 될 뿐만 아니라, 아파치 스파크와 데이터브릭스의 별도 정보를 얻을 수 있는 몇몇 자원을 알려주고자 한다. 먼저, 데이터브릭스 포럼은 `forums.databricks.cpm/`에 접속하면 되며, `https://databricks.com/`을 사용하는 것과 관련된 질문과 답변을 얻을 수 있을 것이다. 또한, 데이터브릭스 인스턴스를 통해 Workspace 메뉴에 들어가면 데이터브릭스 가이드가 있는데, 여기에도 많은 양의 유용한 정보가 들어있다. 아파치 스파크 웹 사이트 `http://spark.apache.org/` 역시 모듈 기반의 API 문서와 같이 많은 유용한 정보를 가지고 있다. 마지막으로 스파크 메일링 리스트 `user@spark.apache.org` 역시 스파크 사용 정보 및 문제 해결을 위한 훌륭한 정보를 제공하고 있다.

9.5. 요약

8장과 9장에서는 데이터브릭스에 관해 소개하였는데, 클라우드 설치, 노트북 및 폴더 사용 등에 대한 내용이 포함되었다. 또한, 계정 관리 및 클러스터 관리도 설명하였다. 그뿐만 아니라 작업 생성, 원격 라이브러리 생성 아이디어, 가져오기 등에 대한 내용도 다루었다. 데이터브릭스의 `dbutils` 패키지 기능과 데이터브릭스 파일 시스템은 8장에서 설명되었는데, 테이블 및 데이터 import 예제를 통해 데이터세트에 관해 SQL을 실행시킬 수 있다는 것도 알 수 있었다.

데이터 시각화에 대한 아이디어를 설명하며 다양한 종류의 그래프를 선보였다. 또한, 대시보드를 통해 이러한 데이터 프리젠테이션을 생성하고 공유하기가 얼마나 쉬운지도 보여주었다. 실제로 동작하는 예제를 이용하여 데이터브릭스 REST 인터페이스도 보여주었다. REST 인터페이스는 데이터브릭스 클라우드 인스턴스를 원격으로 사용하고 외부 시스템과 통합하는 데 사용된다. 마지막으로 데이터와 라이브러리를 이동시키는 것에 관해서도 workspace, 폴더, 테이블 관점에서 설명하였다.

아마도 왜 데이터브릭스와 같은 클라우드 기반의 서비스에 관해 2개의 장을 할애했는지에 관해 질문할지도 모르겠다. 그 이유는 데이터브릭스는 논리적이고 아파치 스파크로부터 클라우드 기반으로 진화하기 때문이다. 그리고 초기 수준의 서비스이지만 데이터브릭스는 아파치 스파크를 개발한 사람들이 참여하였을 뿐만 아니라 스파크 클라우드 서비스를 제공하는 것을 목표로 지속적으로 변화하고 있다. 이 말은 즉, 스파크를 사용하고자 하는 회사는 데이터브릭스를 사용함으로써 필요한 만큼만 클라우드를 사용하여 다이내믹한 스파크 기반의 머신 러닝, 그래프 처리, SQL, 스트리밍과 시각화 기능을 활용할 수 있음을 의미한다.

여전히 데이터브릭스를 다룬 장은 단지 사용할 수 있는 기능의 겉만 핥았을 뿐이다. 다음 단계는 아마도 여러분 자신만의 AWS 및 데이터브릭스 계정을 생성하고 이 책에서 제공한 정보를 이용하여 많은 실전 경험을 쌓는 것이 될 것이다.

이번 장이 마지막 장이므로, 필자의 연락처에 관해 다시 한 번 언급하고자 한다. 필자는 아마도 사람들이 아파치 스파크를 사용하는 방법에 많은 관심을 보일 것이다. 그리고 여러분이 생성하는 클러스터의 규모와 처리하는 데이터에 관해서도 많은 관심을 보일 것이다. 여러분은 프로세싱 엔진으로 스파크를 사용하는가? 아니면 스파크를 기반으로 시스템을 구축하는가? 이러한 부분에 대한 논의는 언제든지 환영하니 필자의 LinkedIn에 접속하기 바란다 (linkedin.com/profile/view?id=73219349).

혹은 필자의 웹 사이트 semtech-solutions.co.nz나 이메일 info@semtech-solutions.co.nz로 연락해도 좋다.

마지막으로, 시간이 날 때마다 오픈소스 소프트웨어와 관련된 프리젠테이션 자료 목록을 관리하고 있으니 누구든지 다운받고 사용하기 바란다. 이 자료들은 SlideShare http://www.slideshare.net/mikejf12/presentations에서 구할 수 있다.

만약 어떤 기회 혹은 문제에 직면하고 있다면 언제든지 위의 경로를 통해 필자에게 연락하기 바란다.

찾아보기

A

Access Key ID ························· 13
ANN Artificial Neural Network ········· 51
AUC ·························· 261
awaitTermination ·············· 75

B

bucket ························ 289

C

connectcdComponents ··········· 171
cqlsh ························ 205
Cypher 쿼리 ················· 178

D

DBFS ·························· 295
DbUtils ······················ 293
Docker ······················ 173

E

ETL ························· 23

F

filter ························· 123
Flume ························· 85
FlumeUtils ···················· 89
fsutils ························ 295

G

Giraph ······················· 159
groupBy ······················ 124

H

H2O ························· 227
H2O Flow ····················· 250
HBase ···················· 186, 190
HDFS ·························· 18
hive—site.xml ·················· 146

I

inline ························· 137

J

JSON ························· 117
jsonFile ······················· 117

K

Kafka ························· 99
K—평균 클러스터 알고리즘 ········· 44

M

Markdown ····················· 276
MLlib ························· 21
MNIST ······················ 249
MNIST 시험과 훈련 ·············· 237

N

nc	82
Neo4j	172, 177
netcat	82
newRequiredInterval	79
nodetool	204

P

PageRank	168, 180
Parquet	121
PostgreSQL	147

S

sbt	23
sbt compile	26
sbt package	26
Secret Access Key	13
socketTextStream	80
Sparkling Water	229
SparkOnHBase	197
SQL 콘텍스트	116
start	75
stronglyConnectedComponents	171
StructField	118
StructType	118

T

TCP 스트림	80
textFile	117
textFileStream	83
toJSON	119

U

UDF	133

W

wholeTextFile	117
world map	303

ㄱ

간선 edge ·· 157
강한 연결 요소 strongly connected components ··· 183
검사점 ··· 76
그래프 ··· 157
그렘린 ·························· 188, 192, 206
그루비 Groovy ·· 214
근접중심도 ·· 181

ㄴ

나이브 베이즈 알고리즘 ························· 31
노드 node ·· 157
노트북 ·· 275

ㄷ

대시보드 dashboard ······························· 305
데이터브릭스 Databricks ························· 265
데이터브릭스 파일 시스템(DBFS) ··········· 293
데이터프레임 ······························ 115, 122
딥 러닝(Deep Learning) ····················· 240

ㅁ

메소스 Mesos ··· 11
메이즈러너 ··· 172

ㅂ

발행/구독 메시징 시스템 ······················ 99

ㅅ

사용자 정의 함수 ·································· 133
삼각형 카운팅 ····························· 169, 181
수렴 허용오차 ·· 65
스칼라 Scala ·· 23
스트리밍 모듈 ··· 73

스파크 MLlib ··· 3
스파크 스트림 콘텍스트 ······················ 75

ㅇ

아마존 AWS EC2 ······································ 12
아파치 스파크 Apache Spark ·················· 1
얀 YARN ··· 11
에이전트 ·· 85
에지 노드 edge node ································· 7
연결 요소 connected components ········ 170, 182
인공 신경망 ··· 51

ㅈ

정점 vertex ··· 157

ㅋ

카산드라 Cassandra ························· 186, 203

ㅌ

타이탄 ·· 186
팅커팝 TinkerPop ···································· 187
팅커팝 하둡 그렘린 패키지 ·················· 217

ㅍ

파일 스트림 ··· 83
폴더 ·· 278

ㅎ

하둡 파일 시스템 ···································· 18
하이브 Hive ································· 116, 139